Basisbuch
Gerätturnen ... für alle

Wo Sport Spaß macht

Ilona E. Gerling

Basisbuch
Gerätturnen ... für alle

Von Bewegungsgrundformen
mit Spiel und Spaß zu Basisfertigkeiten

Meyer & Meyer Verlag

Die Deutsche Bibliothek – CIP-Einheitsaufnahme

Gerling, Ilona E.:
Basisbuch Gerätturnen ... für alle / Ilona E. Gerling.
2. Aufl. – Aachen : Meyer und Meyer, 2000
(Wo Sport Spaß macht)
ISBN 3-89124-537-8

© 1999 by Meyer & Meyer Verlag, Aachen
Olten (CH), Wien, Oxford, Québec, Lansing/ Michigan, Adelaide,
Auckland, Johannesburg, Budapest
Member of the World
Sportpublishers' Association
2. Auflage 2000
Grafiken und Fotos: Ilona E. Gerling
Alle weiteren Abbildungen siehe unter Bildnachweis S. 213
Titelfoto: Peter Huber, Ilona E. Gerling
Umschlaggestaltung: Birgit Engelen, Stolberg
Umschlag-, Satzbelichtung und Scans: frw, Reiner Wahlen, Aachen
Lektorat: Dr. Irmgard Jaeger, Aachen
Druck: Burg Verlag Gastinger GmbH, Stolberg
Printed in Germany
ISBN 3-89124-537-8
E-Mail: verlag@meyer-meyer-sports.com

INHALT

WIDMUNGEN

Meiner ersten Turnlehrerin, Annemarie VON GAGERN aus Flensburg, gewidmet.

Frau VON GAGERN verstand es, mit hoher Sachkompetenz und Liebe ehrenamtlich innerhalb kürzester Zeit in meinem ersten Verein, SV Adelby bei Flensburg, unzählig viele Menschen zum Gerätturnen zu motivieren. 1967, schon nach kürzester Zeit ihres Wirkens, konnten die von ihr initiierten Vereinsmeisterschaften im Gerätturnen mit fast 200 Teilnehmern des 600 Mitglieder umfassenden Vereins vor Hunderten von Zuschauern durchgeführt werden.

Sie wollte über Gerätturnen in spielerischer, kindgemäßer Form fördern durch Fordern. 1968 organisierte sie mit Unterstützung des Deutschen Turner-Bundes bereits Gerätturn-Sommerfreizeiten. Sie wünschte sich auch Vergleichswettkämpfe für Kinder, weil Sich-Vergleichen und Sich-Messen zum Kind gehört. Als Landeskinderturnwartin von Schleswig-Holstein führte sie 1969 die ersten Landeskindermeisterschaften im Bundesgebiet ein. Ein regelmäßiges, über Jahre bestehendes „Sportballett" mit der Verpflichtung der Ballettmeisterin Vera MAHLKE wurde von Frau VON GAGERN für das „Leistungsgerätturnen" eingeführt. Frau von Gagern war in vielem ihrer Zeit voraus. Als Musiklehrerin eröffnete sie mir nicht zuletzt auch den Zugang zur Musik. Sie hat mir die Grundlagen, auch durch ihr Vorleben, für meinen heutigen Beruf als Berufung gegeben.

„Die Welt lebt von den Menschen, die mehr tun als ihre Pflicht" (BALSER). Ich wünsche allen Heranwachsenen eine solche engagierte, verantwortungsbewusste und vorbildliche Lehrerin.

Annemarie VON GAGERN ist heute Lehrerin an meiner ehemaligen Schule, wo sie immer noch große Schulfeste organisiert. Sie ist eine bemerkenswerte Persönlichkeit und für mich stets eine hochinteressante Gesprächspartnerin geblieben. Ich fühle mich Annemarie VON GAGERN sehr verbunden.

Für Hendryk, einem Kind dieser Welt.

DANKSAGUNGEN

Herr Karl-Heinz FRIEDRICH aus Leipzig, einer der engagiertesten Turnfotografen der letzten Jahrzehnte, hat mir ein Foto von dem Altersturner Paul LIEBERT (S. 188) zur Verfügung gestellt. Dafür möchte ich mich ganz herzlich bedanken.

Ich bedanke mich ganz herzlich auch bei Frau Tina-Nadine SEIFRIED für die zeitaufwendige, fachliche und organisatorische Hilfe beim Erstellen dieses Buches.

Erftstadt/Köln im Februar 1999   *Ilona E. Gerling*

VORWORT

Im Zuge der rasanten Entwicklung immer neuer Sportangebote haben die traditionellen Kernsportarten, wie Leichtathletik, Schwimmen, Sportspiele und besonders auch das Gerätturnen, einen schweren Stand. Dennoch ist unverkennbar, dass gerade diesen Sportarten immer noch und − je differenzierter die Sportkultur wird, um so mehr eine grundlegende und sportartübergreifende Bedeutung für die Ausformung eines vielseitigen und variabel einsetzbaren Bewegungsrepertoires zuerkannt wird. Sie gehören nach wie vor zu den Grundsportarten des Schulsports; sie bilden den Kern der Bundesjugendspiele und des Deutschen Sportabzeichens.

Im Rahmen eines Schwerpunktprogramms bemüht sich der Deutsche Turner-Bund um neue Impulse für eine Wiederbelebung und Entwicklung des Gerätturnens im Verein und in der Schule. Unter der Leitung der Autorin dieses Buches ist das Wettkampfsystem von Grund auf überarbeitet und ein dem angepasstes Kampfrichtersystem entwickelt worden; ebenso wurde eine Aus- und Fortbildungsoffensive in Form des mobilen DTB-Forums gestartet und Lehrhilfen wie Broschüren, Bücher, Videos etc. begleitend erarbeitet.

Das hier vorgelegte „Basisbuch Gerätturnen − für alle" ist ein unverzichtbarer Baustein im Rahmen des DTB-Schwerpunktprogramms. Die wichtigsten Kernelemente der Pflicht- und Kürübungen und des neuen Gerätturnabzeichens des Deutschen Turner-Bundes stehen im Mittelpunkt dieses Buches. Auch die Basisfertigkeiten aus den Richtlinien der Schulen und die Turnfähigkeiten des neuen Deutschen Sportabzeichens werden behandelt; ebenso werden Hilfen gegeben für die Schulwettbewerbe Bundesjugendspiele und Jugend trainiert für Olympia. Die gesamte stoffliche Aufarbeitung wird getragen von dem didaktisch-methodischen Prinzip, dass das Erlernen der Basisfertigkeiten vor allem Spaß machen muss und nicht in ein Einpauken von Bewegungsmustern abgleiten darf.

Der Deutsche Turner-Bund wünscht sich, dass diese Schrift bei Trainern, Übungsleitern und Lehrern in gleicher Weise Verbreitung findet und damit der Zugang zum Gerätturnen erleichtert wird.

Der DTB dankt der Autorin, dass sie ihren in Forschung und Lehre an der Deutschen Sporthochschule Köln vielfach ausgewiesenen Sachverstand sowie ihre jahrelangen Erfahrungen in der nationalen und internationalen Turnverbandsarbeit in die vorgelegte Schrift eingebracht und damit wichtige Grundlagen für die weitere Entwicklung des Gerätturnens geschaffen hat.

Prof. Dr. Herbert Hartmann
Vizepräsident Allgemeines Turnen
Deutscher Turner-Bund

ZUM BUCH

Ist fertigkeitsorientiertes Gerätturnen „trendy"?

Ja! Das gerätturnerische Können ist überall gefragt: In der Werbung tauchen Balkenturnerinnen und Seitpferdturner auf, ein gut angezogener, junger Mann springt eine Fechterflanke über ein Geländer, eine Bierbrauerei wirbt mit einer Handstanddame und so weiter ... Zirkusprogramme werden von ehemaligen Gerätturnern gestaltet, auch die Musik-Videoclips, Actionfilme, Musicals, Breakdance-Wettbewerbe beinhalten inzwischen turnerisches Können. Gerätturnen scheint aktuell zu sein – aber nur zum Zuschauen?

Zahlreiche Sportarten haben das Gerätturnen als Vielseitigkeitsschulung in ihr Grundlagentraining integriert, wie in der Leichtathletik und im Judo. Viele Sportarten beinhalten turnerische Elemente oder ehemalige Turner sind auf Anhieb in neuen Sportarten, wie z.B. im Sportklettern, sehr erfolgreich.

„Alles ganz toll, aber so rumturnen – das ist bestimmt nichts für mich", denken die meisten jetzt vielleicht. Viele Lehrende glauben auch, dass Gerätturnen mit ihren Schülern nicht machbar ist, bei ihnen nicht ankommt ... oder ist der Lehrer vielleicht nicht mehr in der Lage, es für die heutige Generation zeitgemäß – und kompetent – aufzubereiten? Die *Turn*vereine haben oft keine Gerätturngruppen mehr, wogegen das Kinderturnen heute wieder überlaufen ist! Das Kinderturnen hat sich in den letzten Jahren stark verändert und das Gerätturnen?

Gerätturnen für alle – gibt es das überhaupt?!

Ja, das gibt es, wenn eine Methodik im Gerätturnen sich am Menschen orientiert, an seinem Können, seinen Bedürfnissen und Wünschen. Früher hat es nicht die Konkurrenz anderer Trendsportarten gegeben. Nun müssen alle Grundsportarten den Mut haben, neue Wege zu gehen, um konkurrenzfähig zu bleiben. Die Gerätturnstunden müssen einen neuen, bedürfnisorientierten „Pepp" bekommen.

Das vorliegende Buch hat sich das „fertigkeitsorientierte Turnen an Geräten für alle" zum Thema gemacht. Kunststücke zum Vorführen, für Schauturnen, Zirkusveranstaltungen und für die Teilnahme an schulischen Wettkämpfen (Bundesjugendspiele und Jugend trainiert für Olympia), am Sportabzeichen des Deutschen Sportbundes oder an den Vereinswettkämpfen des Deutschen Turner-Bundes („A"- und „B"-Wettkämpfe) brauchen eine solide methodische Heranführung an die Turntechniken. Diese müssen gesundheitlich förderlich und auf eine freizeit- und breitensportliche Übungsgruppe ausgerichtet sein. Gleichzeitig soll diese Turnmethodik und -technik für die sich gut entwickelnden Turner im Hinblick auf den Leistungssport im Gerätturnen eine solide Basis bilden.

Eine Turnmethodik muss Spaß bringen. Dies Buch versucht aufzuzeigen, dass gute Turntechniken erlernt werden können, wobei beim methodischen Vorgehen und Üben die Spiel- und Spaßkomponenten, das gemeinsame Erleben von Turnen, das sich gegenseitige Hilfegeben, das Einsetzen von Alltagsmaterialien und das Einbringen von Musik und kreativen Anwendungsformen neue Akzente für ein modernes, fertigkeitsorientiertes Gerätturnen geben sollen.

Die moderne Turnmethodik geht von turnspezifischen konditionell-koordinativen Voraussetzungen aus und räumt ihrer Schulung und Verbesserung einen großen Raum ein. Spielerische Aufgaben zu zweit oder in der Gruppe, mit lustigen Aufgabenstellungen und Musik, führen alle – egal, welche Könnensstufe oder welches Alter – zum Stützenkönnen, Hängenkönnen, Springenkönnen oder Balancierenkönnen. Darauf aufbauend werden mit gegenseitiger Partner- und Gerätehilfe in fünf Basislernschritten die Basisfertigkeiten des Gerätturnens erlernt. Die Turntechniken und damit auch die Bewegungsmerkmale sind an den Voraussetzungen, dem Können und dem Wunsch nach schnellen Erfolgserlebnissen des freizeit- und breitensportlichen Gerätturners orientiert. Die Techniken können sich deshalb von denen des Kunstturnens unterscheiden, auch ist die Methodik eine andere.

Diejenigen, die in das Gerätturnen einsteigen wollen, sollten zunächst *die spielerischen Übungsformen und Variationen zur Schaffung von Lernvoraussetzungen* anbieten. Diejenigen, die die Turnfertigkeiten erstmalig durchführen möchten, sollten sich mit den Bewegungsmerkmalen beschäftigen und die Basislernschritte turnen lassen. Diese können oftmals alle innerhalb einer Stunde durchgeführt werden. Interessant ist, daraus eine *Übungslandschaft* zu bauen, wo jeder, je nach Eingangskönnen, seine Lernstufe auswählen kann. Die Lehrenden, die bereits eine Gerätturngruppe mit Basiskönnen führen, werden das Buch als Nachschlagewerk schätzen lernen, vor allem auch, um zusätzliche Übungsformen und spielerische Variationen zu finden, um die nachfolgenden Übungsstunden abwechslungsreicher und spannender zu gestalten. Die Turnterminologie am Ende des Buches soll helfen, Gerätturnübungen oder Richtlinien verstehen zu können. Studenten und Übungsleiter haben im Rahmen ihrer Ausbildung ein Basisbuch zur Didaktik und Methodik des modernen, fertigkeitsorientierten Gerätturnens vor sich.

Die Techniken und Übungen sind in Gruppen mit unterschiedlichem Könnensstand sowie mit allen Altersgruppen in den verschiedensten Institutionen jahrelang erprobt worden. Ein fertigkeitsorientiertes Gerätturnen für alle – das gibt es! Man sollte sich trauen, es anzubieten. Man sollte es für sich neu entdecken, um dann andere Gerätturnen neu erleben zu lassen, denn: Man muss es erlebt haben!

Viel Spaß beim Auf- und Umschwingen, beim Überkopfstehen und Radschlagen, viel Spaß beim Balancieren und Springen!

Ihre

Einleitung: Gerätturnen – Uralt und heute so aktuell wie nie

Turnen – das „Sich-turnerisch-Bewegen" – begann nicht erst mit der Wortschöpfung unseres Turnvaters Fr. L. JAHN, der in „turn" einen „deutschen Urlaut" vor sich zu haben glaubte. Die Beziehungen zum lateinischen *tornare*, dem französischen *tourner* und dem englischen Wort *turn* – ist aber ausgesprochen passend: *Drehen*. Sich-turnerisch-Bewegen strebt letztlich stets ein Drehen um die Längs- oder Breitenachse an: das Drehen, um auf dem Kopf zu stehen, rückwärts in die Brücke zu drehen, abspringen zum Überschlagen, in den Knien an der Stange zu hängen, um gedreht die Welt auf dem Kopf zu sehen; springen, abheben und Salto drehend und die Möglichkeit, sich über Kopf zu hängen und um die Stange zu drehen – alles, um einen Bewegungsrausch zu erleben und zu genießen.

Genetisch in uns Menschen veranlagt, ist dieses Erlebenwollen der Antrieb für wichtige Entwicklungsreize, die sowohl koordinativ (Körpersteuerung, Orientierungs- und Gleichgewichtsfähigkeit) als auch konditionell (Entwicklung vor allem der Rumpfkraft für eine gesunde aufrechte Haltung) begründet sind. Kaum eine andere Bewegungsaktivität als die turnakrobatische kann dies leisten. Damit unterscheidet das Turnen sich deutlich von den Fußgängersportarten. Gerade heute, in einer Zeit der Bewegungsarmut, sind bei der Generation der „Sitzkinder" und der vor dem Computer u.ä.m. sitzenden Jugendlichen schon die Folgen des fehlenden turnerischen Bewegens zu verzeichnen, erscheint es dringlicher denn je, – vor allem in der Entwicklungszeit der Heranwachsenden – wieder forciert turnerische Bewegungsangebote zeitgemäß anzubieten.

Das im gesunden Menschen in einer „normalen, natürlichen" Umwelt immanente „turnerische Bewegungsbedürfnis" war in der Menschheitsgeschichte immer präsent (vgl. LUKAS 1969, 14f.).

Wie alles begann ...

Der für das „Turnen" urgeschichtliche Ausgangspunkt scheint der Tanz als Kultritual gewesen zu sein. Im Laufe der Zeit entwickelten sich die Rituale zahlreicher Naturvölker auf der ganzen Welt hin zur Darbietung vor Publikum. Der Zuschauer gewann an Bedeutung und damit auch die bewusste Zurschaustellung von „Kunststücken". Der geschichtliche Ausgangspunkt war das Bodenturnen.

Die ältesten Zeugnisse stammen u.a. aus Ägypten und Griechenland. In Abbildungen zeigt sich das turnerische Bewegen durch die Jahrhunderte und Jahrtausende auf Vasenmalereien, Kalksteinscherben (Abb. 1a) und Höhlenzeichnungen in Form von Brücken, Handständen und Überschlägen (Abb. 1b). Im Altägyptischen hat das Wort *hbj* die Bedeutung von Tanz und wird auch für die gymnastisch-turnerische Übung der „Brücke" benutzt, die ab 2.000 v. Chr. mehrfach dargestellt wird.

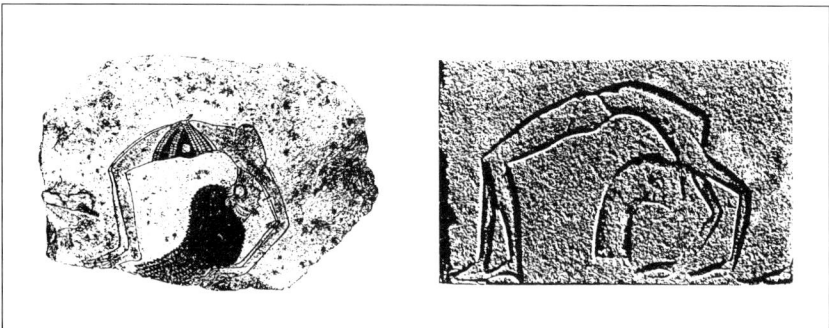

Abb. 1a: Brücke einer Akrobatin. Abb. 1b: Überschlag vor 3.500 Jahren

Aber auch „Turnübungen" an Geräten sind zu finden.

Bei den verschiedensten Naturvölkern gibt es jahrhundertealte Zeugnisse von Turnübungen an Geräten. Die *Eskimos* drückten Bilder ihrer Kultur in Elfenbein- und Knochenschnitzereien aus. Auch eine silhouettenartige Darstellung von Boden- und Reckturnern ist dabei gefunden worden. Sie turnten an einem reckähnlichen Gerät mit Lederseilen einen Auf- oder Umschwung. Wahrscheinlich im Tanz ein Tier darstellend wird am Boden ein Kopfstand oder eine Rolle vorwärts abgebildet (Abb. 2).

Abb. 2

Abb. 3

Auch von *Mikronesien,* einer Inselgruppe im nordwestlichen Ozean, wird vom Reckturnen berichtet. Auf einer Zeichnung einer alten *persischen Gymnastik* um 1800 in Zurchâna sind Handstände im Raum – als Wandhandstand am Brett, das vom Rücken eines Partners gestützt wird –

abgebildet. In *Japan* malte HOKUSAI (1770-1849) eine „Reckübung" an einem Bambusstab (Abb. 3).

Kinder scheinen sich im freien Bewegungsleben schon immer „turnerisch" bewegt zu haben. Eindrucksvoll bezeugt dies ein Bild von 1556 mit dem Titel *„Kinderspiele"* vom niederländischen Maler P. BRUEGEL DER ÄLTERE (um 1530-1569), der Kinder u.a. im Kopfstand, Kniehang, bei der Rolle und beim Bockspringen malte. Um die gleiche Zeit schrieb der Italiener ARCHANGE TUCCARO das erste methodische Bodenturnbuch der Welt (s.u.).

Die Entwicklung schwieriger akrobatischer Übungen wurde im Mittelalter allmählich zur Domäne von Leuten, die als Berufsakrobaten ihre Kunst und Geschicklichkeit auf Jahrmärkten und an Königshöfen vorführten. Auch J.W. v. GOETHE beschreibt in seinem um 1796 erschienenen Werk „Wilhelm Meisters Lehrjahre" im 2. Buch/4. Kapitel mit bewundernden Worten die Künste der Seiltänzer, Springer und Tänzer. Die zunehmend anspruchsvolleren Darbietungen der akrobatischen Gaukler – der ersten „Profiturner" – waren nur über eine zielgerichtete „turnerische" Ausbildung möglich.

Das erste methodische Bodenturnbuch der Welt

Große Bedeutung für die Weiterentwicklung der Akrobatik hatte ein Werk eines italienischen Berufsakrobaten: ARCHANGE TUCCARO, ein Gaukler, geboren um 1536 in Aquila in den Abruzzen/Italien, lebte zuerst am Hofe Kaiser Maximilians II., begann dann als königlicher Hofspringer – als 'Saltarin du roi '– am Hofe Karls IX. von Frankreich und verfasste in Paris 1599 das außergewöhnliche Buch „Trois dialogues de l'exercise de sauter et voltiger en l'air" mit 88 Holzschnitten.

Es ist faszinierend, das älteste Werk über Bodenturnen in den Händen zu halten[1], darin zu blättern – und zu lesen! Überraschend modern stellt sich seine Lehrweise von Sprüngen, freien Überschlägen (Salti) am Boden, am Tisch und Sprung- und Sturmbrett dar. Sie werden ausführlich in Text und Bild beschrieben. Die Abbildungen sind lehrhaft mit Buchstaben und Pfeilen der Rotationsrichtungen versehen. Bewegungsteilphasen werden herausgestellt und methodisch über verschiedene Geräthilfen zu Kunststücken erarbeitet. Er schreibt, dass frühzeitig mit der Ausbildung begonnen werden soll. Für die Sieben- bis Achtjährigen verlangt er jedoch, zunächst Vorübungen zu machen. Interessant ist z.B. sein „Rückgratturnen" (voltiger de l'eschine), das Beweglichmachen der Wirbelsäule (vgl. die erste Abbildung der Abb. 4). Für TUCCARO dürfen erst Jugendliche an die Salti herangeführt werden.

Liegt es an der Darstellung oder war es der Stil von TUCCARO: Die Bewegungen sind nicht wie im heutigen Kunstturnen voller Spannung dargestellt, sondern eher gelöst, eine spielerische Leichtigkeit ausdrückend. Die behandelten Fertigkeiten sind die gleichen Bodenturnfertigkeiten, wie wir sie im heutigen

---

[1] In der Zentralbibliothek der Deutschen Sporthochschule Köln befindet sich im Archiv ein Exemplar von 1599.

Abb. 4

Gerätturnen finden: Rolle, Handstand und Rad (vgl. Abb. 4), verschiedenste Handstützüberschläge, freie (Salti-) Überschläge vorwärts, rückwärts (auch Auerbachsalto) und seitwärts, Hecht- und Schraubensalti. Aber auch Überschläge gehechtet, frei und mit Schraube über den Tisch werden beschrieben (Tischspringen = Tresteau), seinen Hechtsprung nennt er „Löwensprung" (saut du lion). Das Brettspringen wird als „Trampellin" bezeichnet und die wohl beiden bekanntesten Abbildungen von Tuccarro zeigen den Sprung vom gepolsterten Sprungbrett über einen Partner und vom elastischen „Bretter-Sprungbrett" über zehn reifenhaltende Männer (vgl. auch Gasch 1928, S. 391f. und Diem 1971, 464).

Archange Tuccarro starb fast 80-jährig. Genau 200 Jahre nach seinem Tode, 1816, erwähnt Jahn dieses Buch in seiner „Turnkunst". Die einzige deutsche Übersetzung liegt nur – handgeschrieben (!) – von H.F. Maßmann von 1890 [2] vor und ist für die heutigen Leser leider kaum zu entziffern.

Turnen für alle

Das planmäßige, erzieherische Turnen begann mit dem 18. Jh. Die Theorie einer naturgemäßen Erziehung zur Vervollkommnung des Menschen und seiner Gesellschaft, verstärkt durch Schriften von John Locke (1632-1702) („Gedanken zur Erziehung") und des französischen Kulturphilosophen Jean-Jacques Rousseau („Emile"), wurde Grundlage für die physischen Erziehungsziele und -inhalte der *Philantrophen* (Dessauer Kreis: Basedow; u.a. die Systematiker Vieth, Pestalozzi und Fröbel i.w.S.; Schnepfenthaler Kreis: Salzmann, GutsMuths).

GutsMuths (1759-1839) legte mit seinen „Freizeitturnern" im Schnepfenthal den Grundstein des Turnens an Geräten. Es wurden Balancierübungen am „Schwebebaum" (in Kupferstichen abgebildet) sowie Kletter- und Sprungübungen durchgeführt. Mit seiner Schrift *„Gymnastik für die Jugend – enthaltend eine praktische Anweisung zu Leibesübungen. Ein Beytrag zur nöthigsten Verbesserung der körperlichen Erziehung"* von 1793 gab er den Anstoß für die darauf folgenden Entwicklungen. Er kann als Großvater des Turnens bezeichnet werden.

„Turnvater" Fr. L. Jahn (1778-1852) baute mit seinen zahlreichen Anhängern (u.a. Eiselen, Maßmann) als Kern seiner Übungsangebote zur Körpererziehung das Turnen an Geräten aus. Jahn erfand nicht nur eine Vielzahl *neuer Geräte* (Reck, Barren). Unzählige Übungen wurden ausprobiert, schriftlich fixiert und Jahn bezeichnete die Turnübungen. Er legte damit den Grundstein der heutigen Turnsprache. Jahn strukturierte das umfangreiche Übungsangebot der turnerischen Bewegungen, er entwickelte eine *Turnmethodik* zum Erlernen der Fertigkeiten: Ausgehend von Lernvoraussetzungen ließ er *vorturnen, erklären, üben* und

---

[2]   In der Zentralbibliothek der Deutschen Sporthochschule Köln einsehbar.

wiederholen. Die Kernübungen wurden *ganzheitlich* erarbeitet und mit der Zeit zur Feinform abgerundet. Schließlich zeigte er *Helfergriffe* auf. JAHNS Turner turnten schwungvoller als bisher und es gab Haltungsvorschriften zur Erhöhung des Schwierigkeitsgrades. JAHN ließ die Hälfte der Turnzeit – als „Turnkür" bezeichnet – *frei turnen.* „Während dieser freiwilligen Beschäftigung ... hat der Lehrer die beste Gelegenheit, sich von dem Selbsttriebe und der Selbsttätigkeit eines jeden und von den Neigungen, Anlagen, Bestrebungen, Entwicklungen, Fortschritten und Fertigkeiten anschaulich zu überzeugen" (JAHN 1816, 223). Im „geselligen Wettstreben" wurden unzählige neue Bewegungen gemeinsam erfunden. „Es ist nicht mehr genau auszumitteln, wer dies und wer das zuerst entdeckt, erfunden, ersonnen, versucht, erprobt und vorgemacht <hat>" (JAHN 1816, 68).

SPIEß (1810-1858), einer der ersten Systematiker und Methodiker des Turnens, machte das gezielte turnerische Bewegen schließlich (nach Aufhebung der Turnsperre um 1842) als Begründer des „Schulturnens" allen Heranwachsenden zugänglich. Zwar erstarrte dessen Methodik zu einem als „Gliederpuppenturnen" bekannt gewordenen Stil, eine Anbindung unter Staatsaufsicht war damit aber in die Wege geleitet, der Wert des Turnens auch von staatlicher Seite her anerkannt.

Um das Wirken aller angemessen darzustellen, dazu bietet dieser kleine geschichtliche Aufriss keine Möglichkeit. Unzählige waren als „Lebensaufgabe" damit ausgefüllt, dafür als Wegbereiter unermüdlich zu kämpfen, was wir heute als Leibes-, Körper- oder Bewegungserziehung bezeichnen, als Spiel- und Sportkultur erleben, was sich als Vereins-, Freizeit- oder Schulsport etabliert hat und schließlich, was im Kunst- und Gerätturnen heute als Selbstverständlichkeit und als wertvoll angesehen wird.

Und auch heute wird wieder dafür gearbeitet, dass das Gerätturnen weiterhin gepflegt wird und seinen Stellenwert in unserer Gesellschaft behält. Von einer Krise des Gerätturnens scheinen einige zu sprechen und nach „Wiederbelebungsmaßnahmen" zu rufen. Das ist nicht neu; schon vor zehn, zwanzig Jahren gab es zahlreiche Artikel in Fachzeitschriften zu dieser Problematik. Aber sogar schon vor ca. 150 Jahren schrieb A. SPIEß „In der Lehre der Turnkunst" (3. Band) von 1843 in einem Vorwort unter der Überschrift „Die Wiederbelebung der Turnkunst": „Die Wiederbelebungsaufrufe dauern schon 100 Jahre an, und wenn sich unter den Wiederbelebungsbemühungen weitere 100 Jahre so gut mit solchen vielfältigen Entwicklungen im Turnen erwarten lassen, können wir optimistisch in die Zukunft schauen." Und dass es schon damals wichtig war, am Schulturnen festzuhalten, die Kinder die turnerischen Reizsetzungen für ihre körperliche Entwicklung brauchten, zeigt anschaulich eine Abbildung aus BÖTTCHERS Buch „Der Turnunterricht für die Volksschule von 1861" (Abb.5).

Ab 1880 blühte der englische Sport in den Vereinen auf. Der Sport war gekennzeichnet durch das Leistungsstreben. Damit entwickelte sich nun auch das „Wettturnen" einzelner Turner und folglich auch die ersten Wettkämpfe, sowohl im „Volksturnen" (auch als „Naturturnen" bezeichnet) als auch im „Kunstturnen" (auch „Schönturnen" genannt und dem heutigen Gerätturnen eher zuzuordnen). Mit der Jahrhundertwende waren die Breiten- und Spitzenturner mit ihren ersten Vergleichswettkämpfen nur noch – unter den

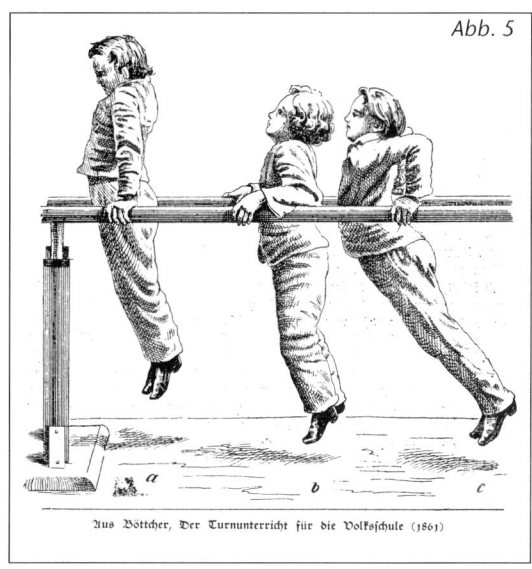

Abb. 5

Aus Böttcher, Der Turnunterricht für die Volksschule (1861)

Rahmenbedingungen der gesellschaftlichen Veränderungen – eine logische Folge.

Zu Beginn des 20. Jahrhunderts versuchten, parallel zum aufkommenden Leistungsstreben im Turnen, die österreichischen Turnpädagogen GAULHOFER und STREICHER das Gerätturnen – auch im Kontrast zum „Gliederpuppenturnen" von SPIEß – auf natürliche Bewegungsformen zurückzuführen, sich von der Überbewertung der beabsichtigten Fertigkeit freizumachen und die jeweilige Konstitution des Übenden in den Mittelpunkt zu stellen.

In einem „Leitfaden für das Mädchenturnen an preußischen Schulen" von 1913 wird als Aufgabe des Turnunterrichtes formuliert:

„Das Turnen soll die gesamte leibliche Entwicklung fördern, insbesondere die Gesundheit stärken, den Körper an eine gute Haltung gewöhnen, sowie Kraft, Gewandtheit und Anmut entwickeln helfen. Gleichzeitig soll es dazu beitragen, den Charakter zu bilden, indem es Frische des Geistes, Selbständigkeit, Selbstvertrauen und Selbstbeherrschung, Geistesgegenwart, Umsicht, Mut und Ausdauer, Frohsinn und Verträglichkeit, Gemeinsinn und Hilfsbereitschaft fördert ...", „ ... daß es mit frischem, fröhlichem Sinne betrieben werde und der Jugend die Lust gewähre, welche das Gefühl gesteigerter Kraft, erhöhter Sicherheit in der Beherrschung des Körpers, sowie namentlich auch das Bewußtsein jugendlicher Gemeinschaft zu edlen Zwecken mit sich führt" (S. 13).

Weiter wird gefordert:

„1. Der Unterricht ist in fröhlichem Geiste und so anregend zu erteilen, daß die Schülerinnen auch außerhalb der Pflichtstunden und nach der Schulentlassung sich gern in gesunden Leibesübungen betätigen.

2. Die Lehrin erwerbe und erhalte sich möglichst große Turnfertigkeit und sei auch in der Turnkleidung (vgl. hierzu Abb. 6) vorbildlich.

3. Die Schülerinnen sollen so oft und so früh als möglich die Freude am Gelingen und an der Steigerung der Leistungsfähigkeit erleben. Diesem Zwecke dienen auch, namentlich bei schwächeren Turnerinnen geeignete Hilfen, die z.B. bei den Gerätübungen von den zur Sicherheit aufgestellten Schülerinnen geleistet werden können ... Die Lehrerin karge nicht mit verdientem Loben namentlich bei schwächeren Schülerinnen, sei aber sparsam mit dem Tadel. Anerkennung des guten Willens steigert die Turnfreudigkeit, das Selbstvertrauen und die Leistung" (S. 17).

Abb. 6: Turnkleidung zu Beginn des 20. Jahrhunderts

An dieser Stelle soll die geschichtliche Reise beendet werden. Es gibt selbstverständlich noch vieles aus den letzten 70, 80 Jahren zu den enormen Entwicklungen der Geräte und den heute – noch vor Jahrzehnten nicht vorstellbaren – gezeigten menschlichen Höchstleistungen im Kunstturnen zu schreiben. Da sich dieses „Basisbuch Gerätturnen ... für alle" auf turnerische Grundlagen und Grundfertigkeiten für den Freizeit- und Breitensport in Schule und Verein beschränkt, wurden auch nur diesbezügliche geschichtliche Anmerkungen und Abbildungen gewählt.

Tradition ist, was als gut befunden wurde und sich bewährt hat.
Tradition behält, was zeitgemäß interpretiert und stets neu entdeckt wird.

Über Jahrzehnte, ja Jahrhunderte andauernde Diskussionen hat sich das Turnen als wertvoll herauskristallisiert. Aus Spiel- und Bewegungslust, aus Lust am eigenen Können und Darstellen hat es turnerisches Bewegen in allen Jahrhunderten und in unzähligen Kulturen als Erscheinung gegeben.

Das Turnen am Boden und an den Geräten hat auch heute seine Erscheinungsformen, nicht nur an den Geräten in der Turnhalle. Turnen ist „hip" statt „hop": Die Skateboard- und Inlinefahrer auf den Plätzen in den Städten und in den Halfpipes trainieren tage- oft wochenlang turnerische Kunststücke wie Handstände für ihre Darbietungen. Die Breakdancer haben unzählige Formen von Kopfständen und Überschlägen entwickelt. Die brasilianischen Capoiratänzer auf den Straßen haben natürliche Ausführungsformen bei der Einbindung der Überschläge seitwärts, vorwärts und rückwärts als eigenen Stil gefunden und sind auch in Großstädten in Deutschland auf Straßen und in Veranstaltungen zu bewundern. Die Karnevalsgruppen, Rock'n'Roll-Tänzer, die Darsteller in Musicals und Modern Dance-Theatern turnen; in Actionfilmen, Videoclips ... überall ist in den letzten Jahren wieder eine Einbindung der Bodenturn- und Gerätturnfertigkeiten zu beobachten.

Aber auch im „Sportförderunterricht", vormals Schulsonderturnen, in der Krankengymnastik, im Bewegungssicherheitstraining für Kinder, im Grundlagentraining verschiedenster Sportarten und in Talentfördergruppen wird an Geräten geturnt ... weil einfach so viel wertvolle Reizsetzungen in diesem turnerischen Bewegen stecken, die kaum durch andere (kindgemäße) Bewegungsaktivitäten zu setzen sind. Für die Kinder und Jugendliche hat das Abenteuer- und Erlebnisturnen, für die jugendlichen Turner das Gruppenturnen und die turnerischen Schauvorführungen viele Facetten. Auch das wettkampforientierte Gerätturnen hat wieder an Boden zurückgewonnen, seit für die breitensportlichen Gruppen bis ins hohe Alter auch freigestaltete Übungen in Wettkämpfen (Kürübungen der B-Wettkämpfe) und Qualifikationswettkämpfe für die „allgemeinen" Gerätturner angeboten werden.

Wir brauchen *Turn*vereine, die Gerätturnen für Jungen und Mädchen einführen und modern anbieten. Wir brauchen Lehrer, die es sich „zutrauen", Gerätturnen durchzuführen, sich die Mühe machen, mit ihren Schülern Geräte aufzubauen, keine Angst vor Hilfegebungen haben, auch Musik einsetzen und bereit sind, neue Kenntnisse zu erwerben. Wir benötigen die zupackenden Sportlehrer, die die Mühe nicht scheuen, eine Gruppe oder Klasse dazu zu führen, dass sie sich helfen und gemeinsam Turnübungen entdecken, üben und gestalten. Es gibt unzählige Möglichkeiten, mit viel Spaß zu turnen. Hierzu gehören jedoch Kenntnisse. Fortbildungen werden zahlreich angeboten, leider aber nicht ausreichend wahrgenommen.

Gut gemacht ist Gerätturnen einfach ein tolles Erlebnis, alle sollten es erlebt haben!

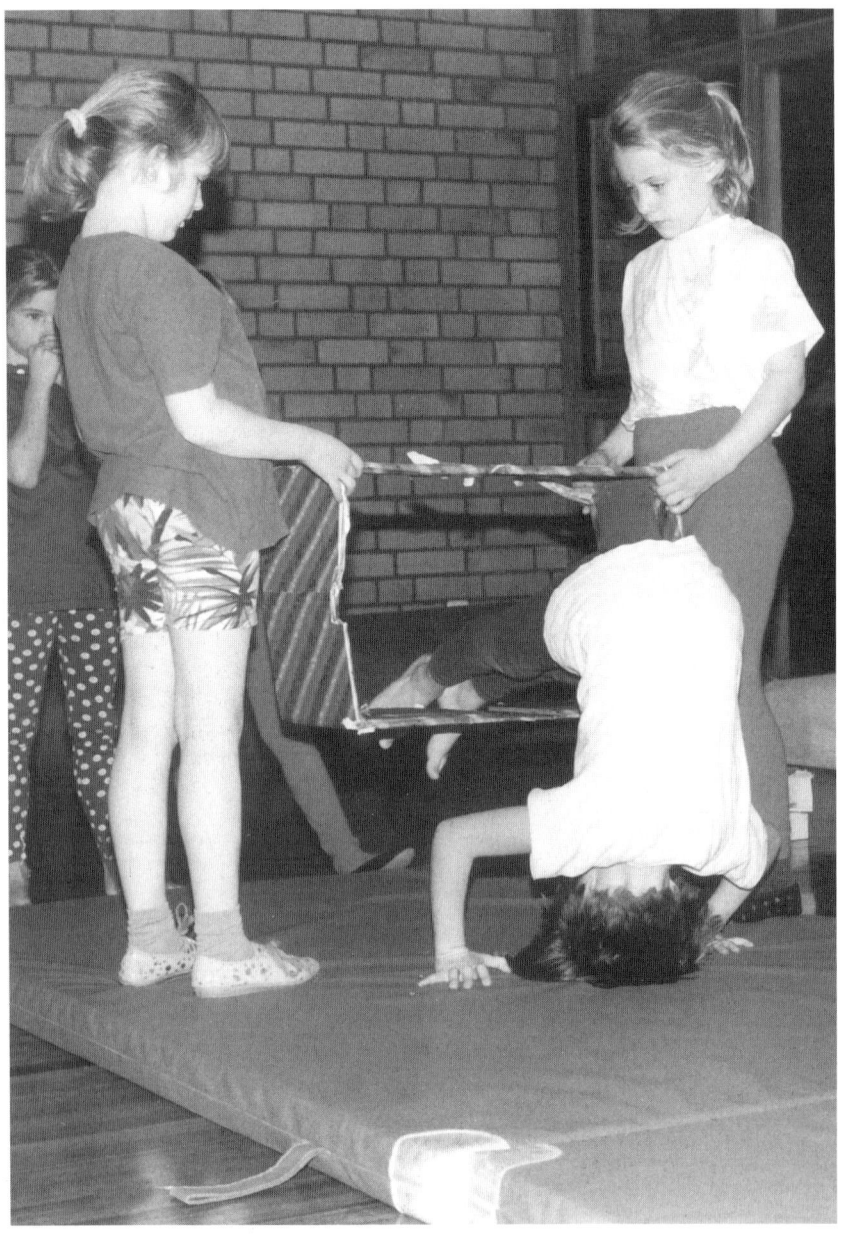

A DIDAKTIK UND METHODIK EINES GERÄTTURNENS FÜR ALLE

1 DIDAKTIK

Die Basis eines Methodikbuches bildet eine Didaktik des Gegenstandbereiches. Was versteht man unter einer Didaktik des Gerätturnens?

Die Didaktik des Gerätturnens beschäftigt sich mit den Möglichkeiten an Inhalten des Gerätturnens, der Strukturierung der Inhalte und der Definition ihres Sportbereiches. Sie fragt nach den Sinn- und Bildungsgehalten des Gerätturnens, den lernprozessorientierten Gesichtspunkten, den personalen Interaktionen und den organisatorischen Notwendigkeiten. Schließlich werden Lernziele, Lehr- und Lerninhalte, Themen, Handlungs- und Vermittlungsformen erarbeitet und formuliert. Erst ganz zum Schluss werden Lehrmaßnahmen und Lernschritte festgesetzt, das, was landläufig unter dem Begriff „Methodik" verstanden wird.

Die *Methodik* ist demnach ein Teilaspekt der Didaktik, sie resultiert aus den didaktischen Vorüberlegungen. Erst wenn die Fragen nach dem „Was" und „Warum" beantwortet sind, kann das (Lehr- und Lern-) Ziel formuliert werden. Wenn das Ziel feststeht, kann die Frage nach dem „Wie", dem Weg zum Ziel, beantwortet werden. Dabei schließt sich nicht aus, dass auch der Weg das Ziel sein kann.

Anders formuliert: Wenn man Gerätturnen unterrichten möchte, sollte man somit nicht nur wissen, wie ein Element erlernt wird, d.h. welche methodischen Schritte es für bestimmte Fertigkeiten gibt, sondern es ist genauso wichtig zu wissen, *was* man alles aus dem Füllhorn Gerätturnen anbieten kann und *warum* man bestimmte Inhalte für eine Gruppe ausgewählt hat. Damit gelangt man zu den didaktischen Fragestellungen.

1.1 Was ist Gerätturnen?

Um die methodischen Ansätze des vorliegenden Buches zu verstehen, muss eine Definition des Gerätturnens gegeben werden, die die Basis der praktischen Vorschläge dieses Buches bildet:

> **Gerätturnen für alle ist**
> spielerisches Erproben und Erfinden, Variieren
> und Gestalten, Optimieren und Anwenden von
> **vielfältigen Bewegungsmöglichkeiten des Körpers,**
> ausgelöst durch den **Anreiz der unterschiedlichen Turngeräte
> und deren Kombination.**

Ausgehend von dieser Definition löst sich das Gerätturnen von der Einengung, ausschließlich eine Individualsportart zu sein, die nur darauf abzielt, normorientierte Fertigkeiten zu erlernen und zu automatisieren, um sie an vordefinierten Geräten in Bewertungssituationen vorzuzeigen.

Das Hochleistungsturnen an Geräten, als Kunstturnen oder olympisches Gerätturnen bei uns bekannt, muss sich dagegen als Wettkampfsport an internationale Normen halten. Zum einen gibt es die internationalen Wertungsvorschriften (Code de Pointage), die vorgeben, welche Fertigkeiten zu trainieren lohnend sind. Zum anderen sind auch die Geräte in Art und technischer Beschaffenheit genauestens definiert. Die „Profis" unter den Gerätturnern besitzen für das Hochleistungsturnen ausgewählte Fähigkeiten und Talente. Sie trainieren fast täglich mehrere Stunden in speziell ausgestatteten Hallen, um sich über nationale auf internationalen Meisterschaften mit der Weltelite zu messen. Die ausgesuchten und speziell geförderten Talente haben ihr größtes Ziel stets vor Augen: „Einmal an den Olympischen Spielen teilnehmen!"

Das allgemeine Gerätturnen spricht alle anderen an. Um unterschiedlichen Voraussetzungen und Bedürfnissen „aller" entgegenzukommen, sind auch die inhaltlichen Angebote und Zielsetzungen umfangreicher und sehr viel weiter gefasst.

Zielbestimmung als didaktische Grundlage

Gerätturnen für alle spricht Menschen aller Altersgruppen in Schule und Freizeit an. Das Bewegungsangebot ist vielfältig und umfasst sowohl ein *normiertes Fertigkeitsrepertoire* (z.B. Rad schlagen, Aufschwingen in den Handstand, Aufschwung auf die Stange turnen) als auch normfreies, kreatives, gestalterisches Turnen. Dies auch als *freies Turnen* bekannte Feld ist unerschöpflich, weil die Vielfalt an turnerischen Bewegungsmöglichkeiten unendlich ist. Hinzu kommen unzählig viele und unterschiedlichste Geräte und Gerätearrangements, die jedes Mal neue Bewegungsmöglichkeiten entdecken lassen. Im *Gerätturnen für alle* wird die Gemeinschaft gesucht und gefunden. Das *Miteinander* hat nicht nur über die gegenseitige Hilfegebung und das gemeinschaftliche Auf-, Um- und Abbauen seinen Platz in den Turnstunden; gemeinsames Erarbeiten von Kunststücken, Partneraufgaben und Gruppenturnen gehört in die Turnstunden von heute. Auch das Zirkusturnen mit seiner Trapez-, Balancier-, Boden-, Partner- und Gruppenakrobatik, das Abenteuer- und Erlebnisturnen oder das Trampolinturnen, um nur Beispiele zu nennen, machen Turnen zum Gruppenerlebnis.

In dem vorliegenden Buch wird der Teilaspekt des fertigkeitsorientierten Gerätturnens für alle als Ausgangspunkt angeboten. Das motorische Lernen schließt mit einer modernen, an die Bedürfnisse der Teilnehmer orientierten Turnstunde über die Art und Weise der Unterrichtsgestaltung die anderen Handlungsmöglichkeiten nicht aus, sondern *integriert* sie: Soziales und kognitives Lernen, spielend Üben und Gestalten gehört neben dem Erlernen von Fertigkeiten, dem Leisten, Trainieren und dem Wettbewerb dazu.

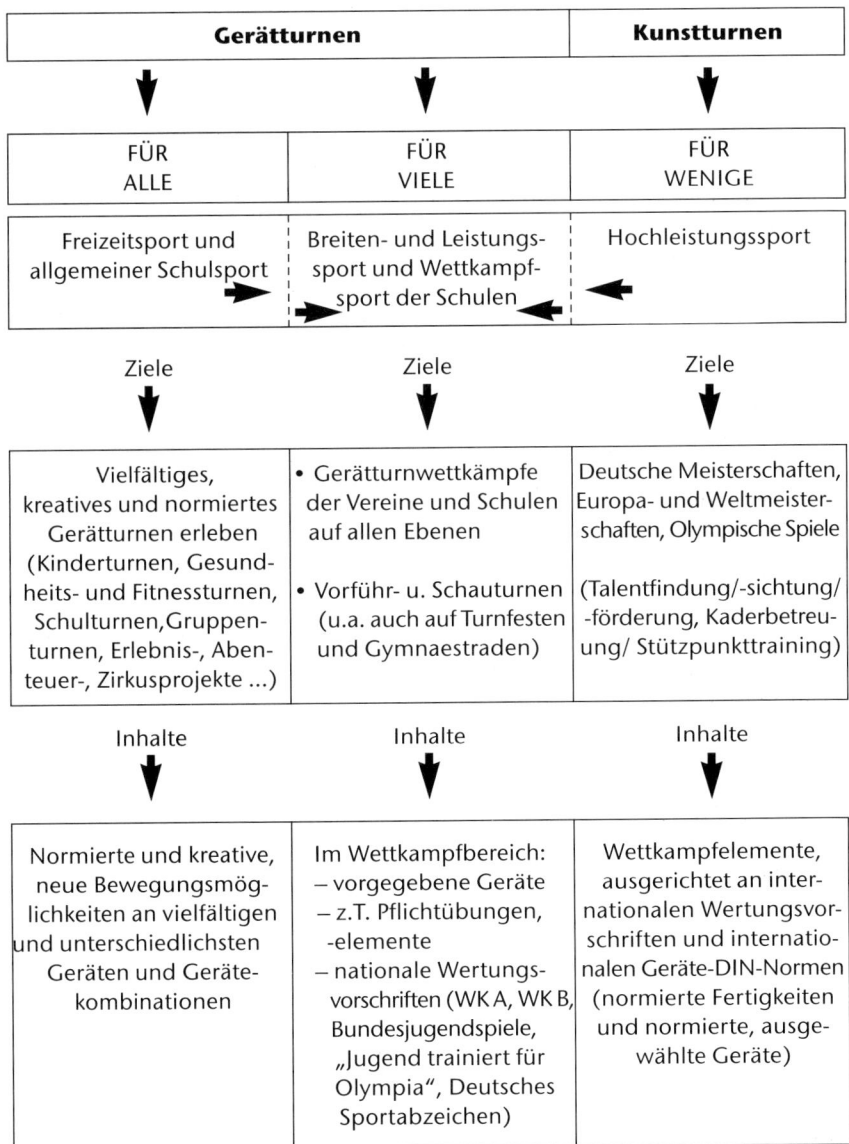

Abb. 7: Zielgruppen, Zielsetzungen und Inhalte des Gerät- und Kunstturnens

Viele im Gerätturnen haben Freude am Sich-Messen und -Vergleichen und wollen das Gelernte in Wettkämpfen zeigen. Hierfür gibt es inzwischen für die Kinder Wettbewerbe, Gerätturnabzeichen, in der Schule die Bundesjugendspiele und die Qualifikationswettkämpfe von „Jugend trainiert für Olympia" und in den Vereinen die Pflichtübungen des Deutschen Turner-Bundes. Die Jugendlichen verlangen nach Kürübungen, um sich mit ihrer Persönlichkeit und ihrem individuellen Können zu präsentieren. Sie freuen sich an ihren Leistungen und können sich auch mit zwei-, dreimaligem Training in der Woche – in ihrer „Amateurklasse" – bis auf Bundesebene hochturnen. Selbst die ältesten Turner, die im Rentenalter sind, haben Spaß an Wettkämpfen. Hierfür gibt es inzwischen sogar Wettkämpfe auf Bundesebene. Viele jugendliche und erwachsene Gerätturner haben auch Interesse an Vorführgruppen gefunden, wo sie ihr turnerisches Können mit Showeffekten vor Publikum demonstrieren können.

Die Übersicht auf Seite 25 fasst die Zielgruppen im Gerätturnen, ihre äußeren Zielsetzungen und beispielhaften Inhalte zusammen. Als Zielsetzungen sind zunächst nur „äußere" Ziele genannt; Zielsetzungen zu Sinngebungen und Werten, die über Gerätturnen gesucht und angestrebt werden, siehe im nachfolgenden Kapitel 1.2.

1.2 Warum Gerätturnen?

Gerätturnen nicht als Selbstzweck sehen, sondern als Mittel, um bei den Menschen etwas Positives zu bewirken ...

Ausgehend von der Fragestellung, welchen Wert Gerätturnen für den Menschen in seinen Lebensabschnitten und für die soziale Gemeinschaft hat, wird als weiterer didaktischer Ausgangspunkt Folgendes gesetzt:

> Ausgangspunkt für eine Didaktik des *Gerätturnens für alle*
> ist der Mensch als Individuum und der Mensch in seinem sozialen Kontext.

Der Mensch als Ausgangspunkt für ein Gerätturnen für alle

Beim *Gerätturnen für alle* ist ein Lehrender nur dann gut und erfolgreich, wenn er weiß, was er alles anbieten kann und *warum* er daraus eine bestimmte Auswahl für seine Gruppe getroffen hat und durchführt.

Er sollte sich bewusst machen,

- welche Aspekte Priorität haben (z.B. Gesundheit verbessern, Gruppengefühl schaffen, Fertigkeitsrepertoire erweitern, Wettkampffähigkeiten schaffen ...), um dann
- die Inhalte (Turnen in Kleingruppen, Turnen mit Erlebnissen beim Fliegen, Drehen, Überschlagen, Überschlag oder Salto lernen) und schließlich
- die Methoden aus der Vielfalt zu bestimmen.

Wenn beispielsweise eine Entscheidung für ein Gerätturnen mit Kindern unter der Zielsetzung der „Verbesserung, Erhaltung und Steigerung der Gesundheit" durchgeführt werden soll, werden alle Inhalte und methodischen Wege gezielt daraufhin abgestimmt. Die anderen Gerätturnstunden für andere Zielgruppen beinhalten den gesundheitlichen Aspekt zwar auch, andere Aspekte werden jedoch als Schwerpunkte thematisch und methodisch herausgearbeitet.

Warum Gerätturnen für die Gesundheit heute so wichtig ist
Die Krankenkassen schlagen Alarm. Rapide hat sich allein in den letzten Jahren der Gesundheitszustand der Kinder Besorgnis erregend verschlechtert. Neben Allergien, Asthma und Herz-Kreislauf-Schwächen sind die für das Gerätturnen relevanten Zahlen zur körperlichen Situation der Grundschulkinder zu nennen:

50-65%	zeigen *Haltungsschwächen/-schäden*
30-40%	sind motorisch auffällig und weisen *koordinative Schwächen* auf
70%	haben *Fußschäden*
30-40%	haben *Übergewicht*.

Zum einen sind diese Kinder in Schule und Verein der Ausgangspunkt didaktischer Überlegungen im Gerätturnen. Eine Methodik im Gerätturnen muss so z.B. berücksichtigen, dass über 1/3 der Kinder Übergewicht hat! Die Angebote müssen darauf abgestimmt sein.

Zum anderen zeigen diese Zahlen auf, wie wichtig gerade heute das Turnen an Geräten ist: 2/3 der Kinder hat Haltungsauffälligkeiten. Der Generation der „Sitzkinder" fehlen über Jahre ihrer körperlichen Entwicklung die Reizsetzungen für die Muskulatur (und für die Knochenentwicklung!) des Halteapparates. Es fehlt das tägliche Herumturnen mit Stützen, Hängen, Hangeln und Schwingen. Sie haben keinen Bewegungsraum zum Radschlagen, Aufschwung turnen und in den Handstand schwingen. In den Vereinen werden zu selten zeitgemäße Gerätturnstunden angeboten und in der Schule wird in fast allen Bundesländern immer weniger an Geräten geturnt.

Fast die Hälfte aller Kinder ist motorisch auffällig. Die Unfallzahlen sprechen von einer auffälligen Zunahme an Stürzen (über 50% aller Unfälle). Die Modesportart Inlineskating stellt auch die Kinder ohne Bewegungserfahrungen auf die Rollen (natürlich ist es gut, dass sie überhaupt einen Impuls erhalten haben, sich zu bewegen) und die Folgen sind den Statistiken der Unfallhäufigkeit zu entnehmen. Das Balancieren, Klettern, Herunterspringen und auch Fallenkönnen gehört zum „Bewegungssicherheitstraining" eines Kindes. Gerätturnen ist mit dem Turnen auf dem Balken, dem Springen über den Bock, dem Turnen am Stufenbarren für die Verbesserung der Bewegungssicherheit *die* koordinative Schulung.

Über 3/4 aller Kinder zeigt Fußdeformationen, was wiederum Auswirkungen auf Knie- und Hüftgelenke und auf die Wirbelsäule hat. Die Generation zuvor sprang noch täglich Hüpfekästchen, Gummitwist, Seilchen, rannte und hüpfte barfuß oder mit leichten Schuhen. Heute sitzen und fahren die Kinder – in festes Schuhwerk eingepackt! Barfuß auf dem Balken turnen, abspringen und landen – Gerätturnen ist Turnen für die Füße.

Und noch ein ganz anderer Aspekt: die kognitive Leistungsfähigkeit. Die Konzentrationsfähigkeit und Lernleistungen sind schon in den ersten beiden Klassen auffällig schlechter geworden. Mathematikleistungen stehen mit räumlichem Vorstellungsvermögen in Zusammenhang. Kinder diesen Alters wissen aber z.T. nicht, wo rechts und links ist, haben kein Gefühl für oben und hinten. Es fehlt den Kindern an Raumerfahrungen, die sie beim Turnen an Geräten (in der Natur und zu Hause in ähnlichen Situationen), beim Überkopfhängen und -stehen, beim Abspringen, Drehen, Fliegen und Überschlagen sammeln können. Es ist festgestellt worden, dass über die Hälfte der Kinder schon heute in einer ersten Klasse nicht mehr auf einer Linie rückwärts gehen kann. Dies hängt eng mit der Gleichgewichtsfähigkeit zusammen. Wer nicht rückwärts gehen kann, hat auch Schwierigkeiten, rückwärts zu zählen. Im Turnen wird an allen Geräten rückwärts – ohne visuelle Kontrolle – geturnt. Interessante Untersuchungsergebnisse kommen aus Israel: Kinder, die täglich eine 1/2-Stunde balancierten, waren auffällig besser in den schulischen Leistungen! Balancieren zwingt zur Konzentration und fordert Aufmerksamkeit ein.

Gerätturnen kann auf diese Probleme Antwort geben, wenn es ausreichend, adressaten- und bedürfnisgerecht sowie zeitgemäß angeboten wird.

Darum Gerätturnen: Argumente

Zusammenfassend kann gesagt werden:

- „Der Mensch wird – im Gegensatz zu „Fußgängersportarten" – im Gerätturnen von den Beinen geholt. Damit erfährt er die „dritte Dimension" im Raum. Abspringen, fliegen, drehen, überschlagen, über Kopf hängen, schwingen und schaukeln oder das Gleichgewicht halten, all das wird durch Turnbewegungen an Geräten ermöglicht.
- Gerätturnen beinhaltet, seinen Körper in den unterschiedlichsten Situationen zu *steuern, ihn zu kontrollieren und zu beherrschen.* Die Qualität der Bewegung steht im Vordergrund. Dies kann einerseits eine Voraussetzung zum Gelingen eines „Kunststückes" sein oder in der Freude begründet sein, sich ästhetisch zu bewegen.
- Gerätturnen bietet unzählige Gelegenheiten, die eigene *Leistungsfähigkeit* zu erleben. Wettbewerbe, Wettkämpfe und Vorführungen geben Gelegenheit, das Gelernte zu zeigen und sich zu vergleichen.

- Im Gerätturnen steht auch das *Miteinander* im Vordergrund. Ein weites Feld sozialer Interaktionen eröffnet sich über das Helfen und Sichern der Turnenden untereinander, das Üben in Kleingruppen sowie das Gruppen- und Synchronturnen.
- Gerätturnen leistet einen wertvollen Beitrag zur *Gesunderhaltung* des Menschen. Turnerische Bewegungen werden vorwiegend durch Krafteinsätze im Arm-, Schultergürtel- und Rumpfbereich realisiert. Dies hat wiederum entscheidende Auswirkungen auf das muskuläre Gleichgewicht und wirkt sich vorbeugend gegen Haltungsschwächen bzw. -schäden aus. Zudem wird die Fußmuskulatur durch Springen und Landen sowie durch Balanceübungen gestärkt. Im Gerätturnen werden *konditionelle und koordinative Fähigkeiten* einzigartig und umfassend geschult. *Die kognitiven und emotionalen Bereiche* werden derart angesprochen, dass sie helfen, sich zu einer starken Persönlichkeit zu entwickeln.

Gerätturnen wird durch seine zahlreichen Besonderheiten *unersetzbar* im Kanon des sportlichen Bewegens und Handelns" (GERLING/STEURI 1994, 24).

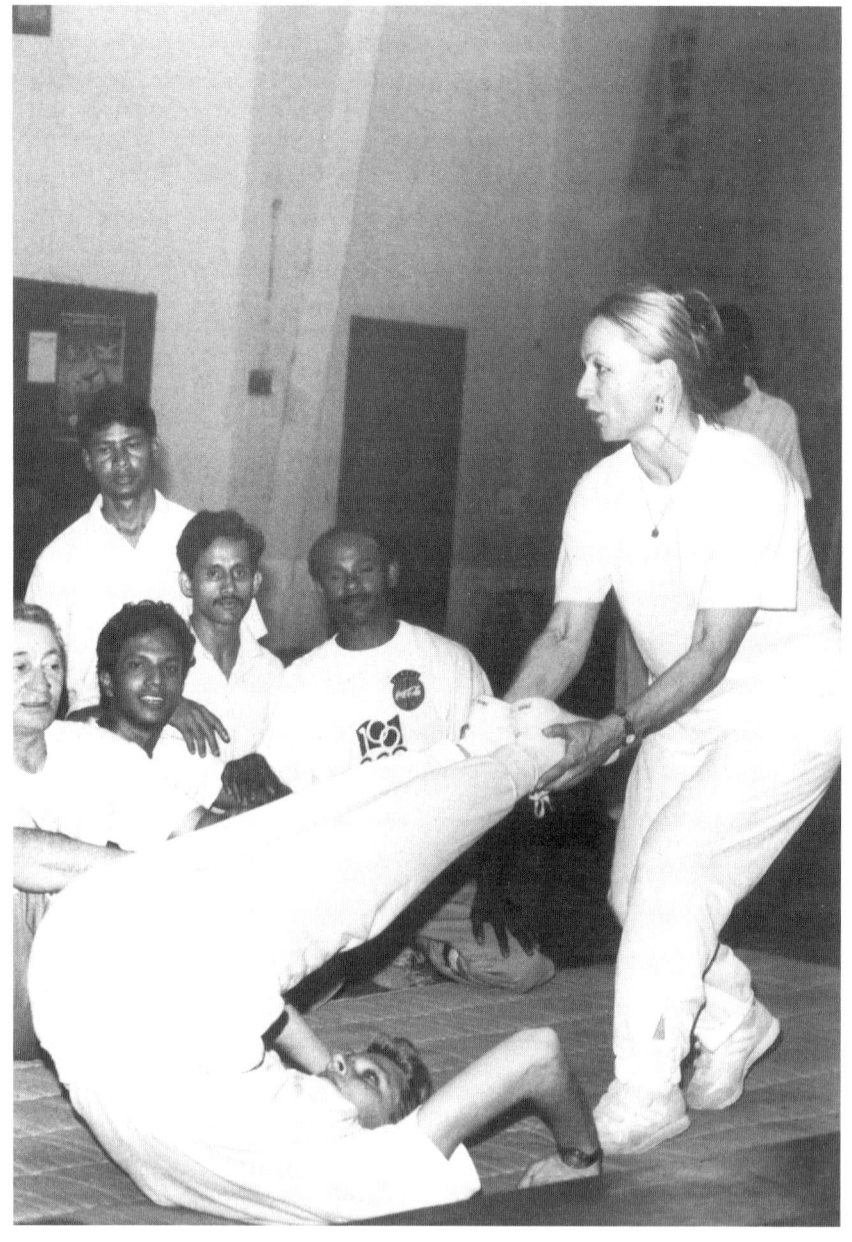

2 METHODIK: WIE WIRD GERÄTTURNEN DURCHGEFÜHRT?

2.1 Was ist Methodik?

Die Methodik (griech. 'methodos' = „der Weg zu etwas") wird als Weg zum angestrebten Ziel verstanden.

> Die *Methodik im Gerätturnen* – als Weg zum Ziel –
> ist die Lehre von *planmäßigen, wohl durchdachten, zielsicheren*
> Vermittlungs- und Aneignungsverfahren
> im Hinblick sowohl auf ein angestrebtes pädagogisches Ziel
> als auch auf motorische Fähigkeiten und Turnfertigkeiten.

Die Methodik ist die praktische Umsetzung der in der Theorie formulierten Rahmenbedingungen und angestrebten Zielsetzungen. Sie beinhaltet die Vermittlungs- und Aneignungsverfahren, die in Wechselwirkung zu den

- vorher bestimmten *Zielsetzungen* (z.B. Rad schlagen können),

- *Inhalten* (Bewegungsgrundformen und -fertigkeiten) und

- *Themen* der gerätturnspezifischen Didaktik (z.B. Schaffung von turnspezifischen konditionellen Voraussetzungen) und zu den

- als notwendig erachteten *Handlungsformen und -schwerpunkten* (z.B. üben, leisten, darbieten und anwenden ...) stehen (vgl. Abb. 8).

2.2 Methodischer Aufbau nach Handlungsinhalten und -schwerpunkten

Die *Handlungsinhalte* sind im Gerätturnen – ausgehend von den allgemeinen und turnspezifischen Bewegungsgrundformen – die turnerischen Basisfertigkeiten und die Turnfertigkeiten höheren Niveaus, die in Bewegungsverbindungen geturnt werden sollen. Jede Stufe der Handlungsinhalte hat ihre zugeordneten Handlungsformen bzw. -schwerpunkte (vgl. Abb. 8).

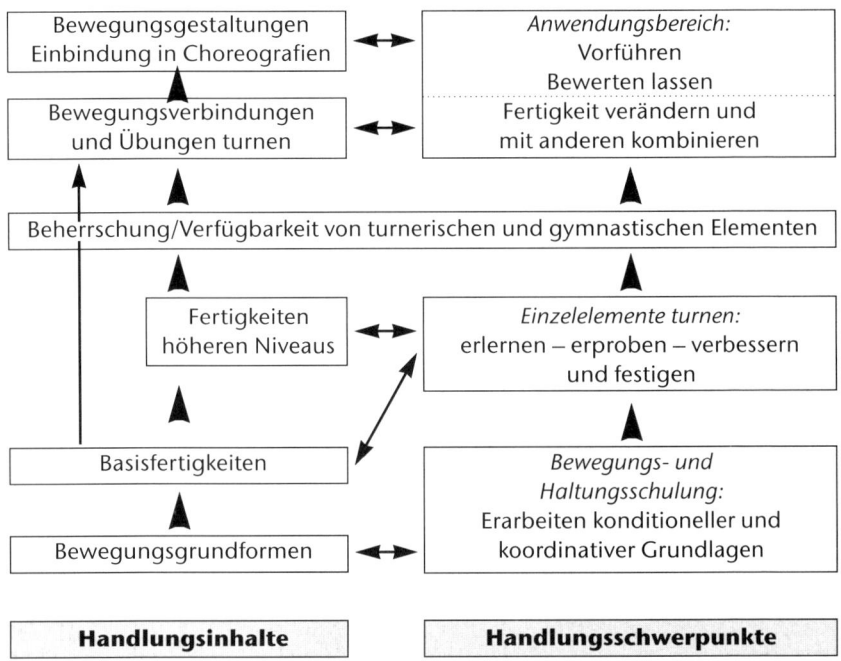

Abb. 8: Übersicht über die Gruppierungen von Handlungsinhalten und -schwerpunkten im Gerätturnen

2.3 Turnerische Bewegungsgrundformen und Basisfertigkeiten

Handlungsinhalte im Gerätturnen sind vielfältig. Im vorliegenden Buch werden in diesem Sinne die gerätturnspezifischen *Bewegungsgrundformen und Basisfertigkeiten* für die Praxis aufgearbeitet. Abbildung 9 gibt hierzu sowohl auf die didaktische Frage, was es *an Inhalten* im Gerätturnen rund um die Turnfertigkeiten gibt als auch auf die methodische Frage nach dem *„Wie* soll vorgegangen werden?"* Auskunft: Allgemeine und turnerische Bewegungsgrundformen bilden die Basis. Basisfertigkeiten bauen darauf auf.

Turnen lernen ist wie eine Sprache oder Schreiben lernen.

Zuerst sind da die „Laute und Buchstaben": greifen und hängen. Erste kleine „Buchstabenzusammensetzungen" bilden „Worte": schwingen können. Darauf-

Abb. 9: Vereinfachte Darstellung der Niveaustufen turnerischer Bewegungsgrundformen und Basisfertigkeiten nach Gerätegruppen ▶

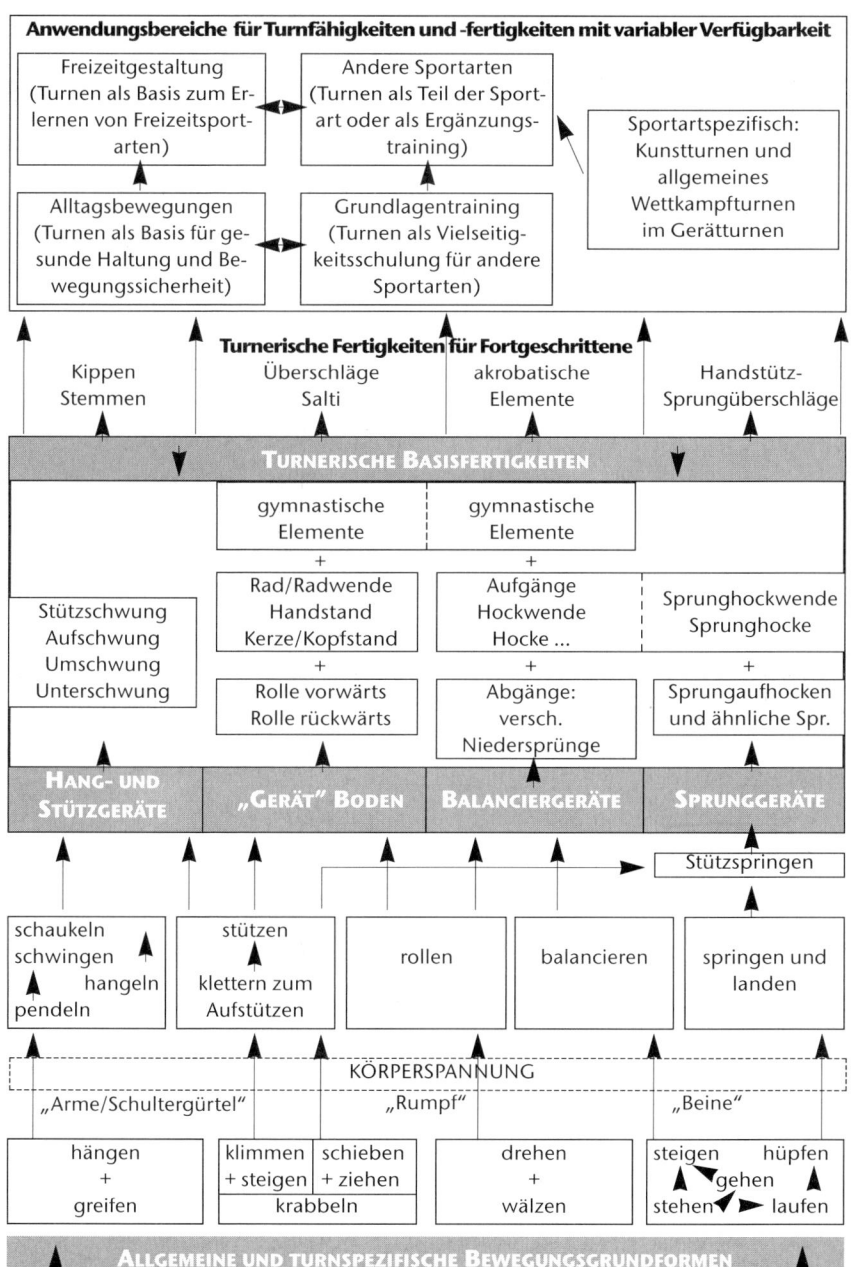

Anwendungsbereiche für Turnfähigkeiten und -fertigkeiten mit variabler Verfügbarkeit

Freizeitgestaltung (Turnen als Basis zum Erlernen von Freizeitsportarten)

Andere Sportarten (Turnen als Teil der Sportart oder als Ergänzungstraining)

Sportartspezifisch: Kunstturnen und allgemeines Wettkampfturnen im Gerätturnen

Alltagsbewegungen (Turnen als Basis für gesunde Haltung und Bewegungssicherheit)

Grundlagentraining (Turnen als Vielseitigkeitsschulung für andere Sportarten)

Turnerische Fertigkeiten für Fortgeschrittene

Kippen Stemmen

Überschläge Salti

akrobatische Elemente

Handstütz-Sprungüberschläge

TURNERISCHE BASISFERTIGKEITEN

gymnastische Elemente

gymnastische Elemente

+

+

Stützschwung Aufschwung Umschwung Unterschwung

Rad/Radwende Handstand Kerze/Kopfstand

Aufgänge Hockwende Hocke ...

Sprunghockwende Sprunghocke

+

+

+

Rolle vorwärts Rolle rückwärts

Abgänge: versch. Niedersprünge

Sprungaufhocken und ähnliche Spr.

HANG- UND STÜTZGERÄTE

„GERÄT" BODEN

BALANCIERGERÄTE

SPRUNGGERÄTE

Stützspringen

schaukeln schwingen hangeln pendeln

stützen klettern zum Aufstützen

rollen

balancieren

springen und landen

KÖRPERSPANNUNG

„Arme/Schultergürtel"

„Rumpf"

„Beine"

hängen + greifen

klimmen + steigen schieben + ziehen krabbeln

drehen + wälzen

steigen hüpfen gehen stehen laufen

ALLGEMEINE UND TURNSPEZIFISCHE BEWEGUNGSGRUNDFORMEN

hin werden aus „Worten" „Sätze" gebildet: abspringen, greifen, schwingen und landen wird zum Unterschwung. Mit diesen Sätzen werden erste „Erzählungen" möglich: Basisfertigkeiten werden zu Bewegungsverbindungen aneinander gereiht. Die Anwendung des Sprachschatzes in „Geschichten" oder in den verschiedensten Situationen führt zu Turnchoreografien oder zum Einsetzen des Könnens in anderen Lebenssituationen.

Eine Ebene (vgl. Abb. 10) hat *Voraussetzungscharakter* für die andere. *Damit wird über das Niveau der Inhalte ein methodischer Aufbau vorgegeben.*

2.4 Methodisches Vorgehen

Vereinfacht kann das methodische Vorgehen beim Erlernen von Fertigkeiten in folgende Stufen gegliedert werden, wobei im „Gerätturnen für alle" in allen Stufen über spielerische Formen – vorzugsweise über Partner- oder Gruppenarbeit – die Fertigkeiten erarbeitet werden sollten.

1. Allgemeine, vorbereitende Übungen und turnspezifische Vorübungen (vorbereiten)	**Ziel:** Schaffung von Lernvoraussetzungen (LV) - konditionell-koordinative LV, - psychische LV, - soziale Reife (Vertrautmachen mit der Partner- und Gruppenarbeit, der Hilfegebung) und - Kenntnisse für den Umgang mit Geräten.
2. Techniken der Fertigkeiten aneignen (erlernen und erproben)	**Ziel:** Grobform aneignen. **Zur Umsetzung:** • Über *methodische Lernschritte* eine Fertigkeit zum Gelingen bringen. • Die entscheidenden, *wesentlichen Bewegungsmerkmale,* die für ein gutes Gelingen relevant sind, herausarbeiten. • Gewährleistung der *Übungsintensität* durch Kleingruppenarbeit, viele Gerätstationen, angemessene Wiederholungen und Einbindung von gegenseitiger Hilfegebung.
3. Techniken optimieren (üben)	**Ziel:** Feinform ausprägen.
4. Fertigkeiten gestalten, variieren und anwenden (festigen, variabel anwenden)	**Ziel:** Automatisierung und variable Verfügbarkeit. Anwendung in Bewegungsverbindungen, Übungen, Wettkämpfen, Gestaltungen, Vorführungen und in der Freizeit.

Abb. 10: Methodisches Vorgehen beim Erlernen von Fertigkeiten.

2.4.1 Lernvoraussetzungen

Ein methodisches Vorgehen beginnt stets bei den Lernvoraussetzungen. Diese Lernvoraussetzungen können aus unterschiedlichen Bereichen kommen:

- *Konditionelle Lernvoraussetzungen* verlangen z.b. im Gerätturnen die Haltekraft, die Grifffestigkeit der Hände (z.b. für den Auf- und Unterschwung), oder die Stützkraft (z.b. für den Handstand, den Umschwung oder die Wende am Parallelbarren).
- *Koordinative Lernvoraussetzungen* wie die Orientierungsfähigkeit (z.b. für Salti) oder die Gleichgewichtsfähigkeit (für Schwebebalkenturnen).
- *Körperspannung* ist die zentrale Lernvoraussetzung, deutlich wird dies beim Handstand oder Umschwung am Reck.
- *Technische Lernvoraussetzungen* beinhalten die o.g. Lernvoraussetzungen, sind damit Voraussetzungen höheren Niveaus. *Beispiele:* In diesem Buch wird für das Rad der Scherhandstand genannt, der folgende Voraussetzungen verlangt: das Stützenkönnen im konditionellen Bereich, die Orientierungsfähigkeit und die Steuerungsfähigkeit beim Scheren der Beine im koordinativen Bereich sowie Körperspannung und als psychischer Aspekt, ausreichendes Selbstvertrauen, die Situation über Kopf erfolgreich zu meistern.
- *Psychische Lernvoraussetzungen* haben im Gerätturnen stark mit Erfahrungen des Rotierens, Fliegens und des Überkopfturnens zu tun. Aufgund von dabei entstehenden Ängsten kann das Bewegungslernen nicht nur erschwert werden, daraus werden auch falsche (kompensierende) Techniken abgeleitet. *Beispiele:* Aus Angst vor dem Rollen wird die Stirn aufgesetzt, der Übende „sperrt" sich. Aus Angst, beim Rad auf den Rücken zu fallen, werden die Beine nicht über die Senkrechte über den Kopf geschwungen, die Hüfte wird stattdessen gewinkelt. Aus Angst, die Kontrolle beim Umschwung an der Stange zu verlieren, wird nach dem Schwungholen der Oberkörper über die Stange vorverlagert, der Übende sperrt sich instinktiv und es kommt nicht zum Umschwung. Oder: Beim Flick-Flack wird aus Angst vor der Rückwärtsbewegung der Kopf zur Seite zum Über-die-Schulter-schauen gedreht, der Übende springt schief ...

Lernvoraussetzungen müssen langfristig geschult werden (z.B. Übungen zur Körperspannung) und im Rahmen einer Turnstunde bezüglich neu zu erlernender Fertigkeiten vorher überprüft werden (z.B. Rückenschaukel für Rolle vorwärts). Stellt sich bei der *Überprüfung* heraus, dass die Voraussetzungen nicht ausreichen, muss gegebenenfalls in die *Schulung* dieser umgeschwenkt werden. Die Überprüfung kann aber auch sofort zeigen, dass eine gute Ausgangsbasis für das Erlernen einer schwierigeren Fertigkeit gegeben ist. Damit war diese Überprüfung gleichzeitig eine *Einstimmung* auf den Hauptstundenteil. Je anspruchsvoller Fertigkeiten sind, umso notwendiger ist die Einstimmung mit einer Lernvoraussetzung, da sie die Kernbewegung abbildet.

2.4.2 Lernschritte: Methodische Prinzipien im Gerätturnen

Eine gute Stundenplanung ist die Basis eines langfristig erfolgreichen, methodischen Vorgehens.

Da Gerätturnen als technisch-kompositorische Sportart unzählige komplexe Bewegungsmöglichkeiten beinhaltet, müssen deutlicher als in anderen sportlichen Bereichen die allgemeinen methodischen Prinzipien berücksichtigt werden.

Diese sind:

- **Vom Leichten zum Schwierigen**
  Beispiele: Rolle vorwärts von einer Erhöhung → Rolle vorwärts auf der waagerechten Ebene am Boden → Rolle vorwärts auf eine Erhöhung → Rolle vorwärts als Aufgang auf den Schwebebalken.
  Mittel: Übungserleichterungen durch Gerätehilfen (z.B. von Erhöhungen/schiefen Ebenen turnen), bzw. Erschwerung durch Veränderung der Übungs- bzw. Ausführungssituation (z.B. breiter Kasten → schmaler Schwebebalken).
- **Vom Einfachen zum Komplexen**
  Beispiele: Hockstütz + Rückenschaukel → Rolle vorwärts; Handstand + Rolle → Handstand-Abrollen; Rolle rückwärts + Handstand → Rolle rückwärts in den Handstand; Rad + Handstand → Radwende; Laufen + Hüpfen + Rad → Anlauf, Anhüpfer und Rad.
  Mittel: Turnen von Teil- oder Kernbewegungen, dann komplexe Gesamtbewegung; Turnen von Einzelelementen und Verschmelzung zu einer neuen Fertigkeit oder zu Bewegungsverbindungen.
- **Vom Bekannten zum Unbekannten**
  Beispiele: Scherhandstand → durch zusätzliche Längsachsendrehung: Rad; Handstand → durch Erweiterung der Breitenachsendrehung: Überschlag (vor- oder rückwärts).
  Mittel: Erweitern der Bewegungen durch Erweiterung der Drehungen und Veränderung der Übungs- bzw. Ausführungsbedingungen.
- **Vom Langsamen zum Schnellen**
  Beispiele: Senken rückwärts vom Kasten in den Handstand → Senken rückwärts mit Partnerhilfe in den Handstand → Sprung rückwärts in den Handstand mit Partnerhilfe → Flick-Flack.
  Mittel: Verlangsamung der Bewegung durch Partner- und/oder Geräthilfe.
- **Von der Grobform zur Feinform**
  Beispiel: Gelingen des Rades → Rad mit deutlichem Nacheinanderaufsetzen von Füßen und Händen, mit weitem Grätschen der Beine bei gestreckten Hüften.
- **Vom Können zur variablen Verfügbarkeit**
  Beispiele: Aufschwung vom unteren zum oberen Holm am Stufenbarren → Aufschwung am Reck → Aufschwung mit Absprung vom Minitrampolin an das

Hochreck zum Stütz → Aufschwung am schaukelnden, hohen Trapez aus dem Pendelschwung → Aufschwung am Schwebebalken.
Mittel: Angebot an unterschiedlichsten Geräten und Gerätearrangements; Turnen unter „natürlichen" Ausführungsbedingungen (z.b. Sand statt Matte); gestalten und variieren der Ausführungsform (Ausgangs-, Kern- und/oder Endbewegung).

Es wird sehr schnell an den Beispielen deutlich, dass sich hinter den methodischen Prinzipien unsere bekannten Lernschritte finden. Ausgewählte und geplante Lernschritte führen im Gerätturnen zum „Schwierigen", zum „Komplexen", zum „Unbekannten", zum „Schnellen", zur „Feinform" und zur „variablen Verfügbarkeit".
Lehrende sollten sich ständig selbst kontrollieren, ob sie diese methodischen Prinzipien in ihrer Turnstunde ausschöpfen. Optimal wäre es, möglichst viele, wenn nicht alle Prinzipien – z.T. sogar parallel – in die Lernschrittfolgen einzubinden.

2.5 Methodische Hilfen im Turnen

2.5.1 Geräte- und Partnerhilfen

Innerhalb der o.g. methodischen Prinzipien finden sich für die praktische Umsetzung typische Erscheinungsformen des Gerätturnens: die *Geräte- und Partnerhilfen.*
Die *Gerätehilfen* gliedern sich, je nach Zielsetzung, in *Gelände- und Formungshilfen:*

- *Geländehilfen* erleichtern meistens das Erlernen und Turnen einer Fertigkeit. Zu den Geländehilfen zählen u.a.:
  - die „schiefe Ebene" (z.B. für die Rollbewegungen),
  - die Erhöhungen (z.B. zur Verlängerung der Flugzeit bei Überschlägen und Salti),
  - die Absprung- und Abdruckhilfen (z.B. Minitrampolin für die Sprunghocke) und
  - die Gleichgewichtshilfen (z.B. Wand für den Handstand).
- *Formungshilfen* können Bewegungen beim Erlernen der Grob- oder Feinform bewusster machen und ausprägen helfen. *Beispiele:* Unterschwung über ein Seil; Rolle vorwärts durch einen Reifen oder über einen Mattengraben; Pferdchensprung auf dem Balken über ein Hindernis; Rad mit Berührung einer hochgehaltenen Gummischnur oder eines Toilettenpapierstreifens; Sprungaufhocken mit Aufsetzen der Hände auf Moosgummihände oder über Linien ...

Die *Partnerhilfe* ermöglicht ein aktives Eingreifen in den Bewegungsablauf, um ihn zu unterstützen, zu lenken oder ihn zu korrigieren. Im Gerätturnen wird oft erst über die Hilfegebung das Gelingen eines Bewegungsablaufes ermöglicht. Zudem kann über das unterstützende Helfen eine zu übende Bewegung mehrfach wiederholt werden, da die Helfenden die fehlende Kraft des Turnenden kompensieren können. Koordinative Defizite werden ebenfalls ausgeglichen und durch Lenken und Steuern der Bewegung verbessert. Die Bewegungsvorstellung wird nicht nur bei den Turnenden verbessert, sondern auch bei denen, die helfen. Gegenseitige Hilfegebung in gewohnten Kleingruppen vermindert nicht zuletzt die Angst beim Turnen.

Gegenseitige Hilfegebung setzt Fähigkeiten, Können, Kenntnisse und Bereitschaft voraus, die parallel zu den Fertigkeiten, Schritt für Schritt, vermittelt werden müssen. Die Reaktionsfähigkeit, Aufmerksamkeit, Konzentrationsfähigkeit und Anpassungsfähigkeit an Partnerbewegungen sollte hierfür schon mit dem einleitenden Stundenteil geweckt werden. Gute Hilfegebung verlangt nicht nur die Kenntnisse der Helfergriffe, des Standortes beim Helfen, sondern auch Technikkenntnisse über die zu unterstützende Bewegung. Die Helfenden müssen wissen, dass sie so dicht wie möglich, u.U. unter dem Turnenden, beim Hilfegeben stehen müssen. Sie gehen mit den Händen dem Turnenden entgegen, um schon im Bewegungsansatz zu helfen; sie greifen möglichst nahe am Rumpf. Bei Griff an die Extremitäten sollten sich möglichst wenig Gelenke zwischen Griffstelle und Rumpf befinden. Eine Bewegung sollte immer bis zur sicheren Landung gehalten werden. Schließlich sollten die Helfenden lernen, „so viel wie nötig und so wenig wie möglich" zu unterstützen und zu steuern, um ein aktives Turnen herauszufordern.

Umfangreiche Hinweise zu Techniken und eine methodische Heranführung an die gegenseitige Hilfegebung sind dem Buch „KINDER TURNEN – HELFEN UND SICHERN" der Autorin zu entnehmen.

2.5.2 Verbale Hilfe

Verbale Bewegungsbegleitung ist neben der Geräte- und Partnerhilfe das Mittel zum Erlernen von Turnelementen. Lernen die Kinder zunächst noch durch Beobachten, Nachmachen und durch Versuch und Irrtum (was auch seinen Wert hat), so werden bei anspruchsvolleren, komplexen Abläufen die verbalen Informationen immer wichtiger.

Entscheidende Bewegungsmerkmale müssen über wenige Worte zum Ausdruck gebracht werden (als Vorinformation oder rückmeldende Informationen) oder sie begleiten helfend den Übenden während eines Bewegungsablaufs.

Grundsätzlich sollte nur *eine* Information für die direkte Umsetzung eines Ablaufs gegeben werden. Bei einem längeren Bewegungsablauf können auch zum Bewegungsansatz ein, zwei Merkmale angeführt werden, die zum Beispiel in der ruhenden Ausgangsposition eingenommen werden müssen. Für das Bewegungsende wird wieder eine Information gegeben wird (z.B. für Handstand: „Großer Schritt – Arme hoch!".... „Aufrichten!").

> Wird während des Bewegungsablaufes von außen durch Zuruf mit ausgewählten Worten (Signalworte oder Basaltext) verbale Hilfe für die Koordinierung einer Turnfertigkeit gegeben, wird dies als *verbale Bewegungsbegleitung* bezeichnet.

Das Auswählen und Bilden von Signalworten für eine qualitativ hochwertige Hilfe setzt zunächst Vorinformationen und dann Kenntnisse voraus, später präzise Erfahrungen mit dieser Form der Hilfe. Jeder kann sicher aus eigener Erfahrung ein Beispiel dafür geben, wie entscheidend der Hinweis eines Sportlehrers oder Trainers für das Gelingen einer Fertigkeit gewesen ist.

Stichworte für den Prozess des Aneignens von Signalworten

Vorbereitung
1. Aneignen von *Wissen/Kenntnissen* über die Technik der Turnbewegung.
2. Herausstellen und Aneignen der *Bewegungsmerkmale.*
3. Herausstellen der für das Gelingen *entscheidenden Bewegungsmerkmale.*
4. Erstellen einer *Hierarchie* bzgl. der Bedeutung der Bewegungsmerkmale für das Gelingen (unter Berücksichtigung von Lernvoraussetzungen – auch des Faktors Angst).
5. Setzen von *Signalworten/Basaltexten* für die Bewegungsmerkmale. Dies können sein:
   - Körperteile („Füße!", „Kopf!").
   - Bewegungsgrundformen („Stütz!", „Schwingen, Schwingen ...").
   - Bildhafte Beispiele („Päckchen!", „Schildkröte!", „Ball").
   - Raumorientierte Signalworte („vor ...", „ zurück ...", „hoch ...", „tief ...") und
   - Zeitpunktorientierte Hinweise (diese sollten mit Inhalten (s.o.) belegt werden, z.B. „Hock!" statt „Jetzt!" oder „Hopp!", um abrufbare Verknüpfungen von Signalworten und passenden Bewegungen zu legen).

Maßnahmen in der Stunde
1. *Einsetzen* der ausgewählten Signalworte. Bei Bedarf zunächst Zusatzinformation für den danach eingesetzten Begriff geben (z.B. „Kopf!" bedeutet beim Handstand, ihn nicht in den Nacken oder auf die Brust zu nehmen).
2. *Überprüfen,* inwieweit die Signalworte (Begriffe) von den Adressaten verstanden wurden. Bei Wirkungslosigkeit solange alternative Begriffe suchen und

einsetzen, bis das Signalwort verstanden und hilfreich wird. Nützlich ist es auch, den Übenden gut zuzuhören, wie sie es sich selbst erklären, um eine adressatengemäße Sprache zu finden.

3. *Anwendung:* Den für eine bestimmte Bewegungshandlung, für ein bestimmtes Bewegungsmerkmal erfolgreich gesetzten Begriff im weiteren Übungsverlauf nicht mehr ändern, um die angelegte Verknüpfung im Gehirn von Signalwort und Bewegungshandlung auszunutzen. Zum Beispiel werden bei „Hock!" automatisch die Beine angehockt, jetzt nicht noch „Beine beugen!" oder „Beine anziehen!" zurufen, das verwirrt.

2.5.3 Fehlerkorrektur

Die Fehlerkorrektur erfolgt meistens unmittelbar nach dem Turnen einer Fertigkeit. Es wird ein Abweichen oder Nichtgelingen beobachtet: Er ist nicht hochgekommen, nicht herumgekommen ... Was beobachtet wird, ist oft nicht die Ursache für das Nichtgelingen! Es gibt viele Möglichkeiten, warum etwas nicht gelungen ist, wenn es für eine Beobachtung mehrere Ursachen gibt, müssen auch die Korrekturmaßnahmen differenzierter ausfallen. „Der Flick-Flack war zu hoch, spring ihn niedriger!", hört man in den Turnhallen häufig als verbale Korrekturmaßnahme. Ja, warum war er denn zu hoch? Wie macht man es, niedriger zu springen?

Fehlerursachen gibt es viele: Technische Fehler liegen oft schon im Bewegungsansatz oder in einer vorgeschalteten Bewegung. Aber auch der Turnende selbst ist Ausgangspunkt für fehlerhafte Bewegungsausführungen: „Hatte er Angst? Hat er keine richtige Bewegungsvorstellung? Hat er sich zu wenig konzentriert? Hatte er koordinative Probleme? Hatte er keine Kraft ...?"

Wie bei der Herausarbeitung von Bewegungsmerkmalen für das Erlernen von Bewegungen und der Bildung von Signalworten müssen bei der Korrektur auch für auftretende Fehler Prioritäten in der Fehlerhierarchie gesetzt werde. Haltungsfehler sind zunächst uninteressant, so weit sie nicht Technikfehler verursachen. Es sollte möglichst nur eine Fehlerquelle zur Korrektur benannt werden, nach erfolgreicher Umsetzung dann die nächste Ursache und Maßnahme nennen. Die Fehler im Bewegungsansatz werden meistens zuerst behoben, danach wird die Realisierungsphase verbessert.

Neben der verbalen Rückmeldung und die Hilfe durch Signalworte müssen auch aufwendigere Hilfen angeboten werden. Oft ist es günstig, einen Lernschritt zurückzugehen, da der gewünschte Lerneffekt nicht erreicht werden konnte. Geräte- und Partnerhilfen (s.o. Kap. 2.5.1) müssen dann ergänzend eingesetzt werden, um zu verlangsamen und zu verdeutlichen. Manchmal müssen Zusammenhänge noch einmal erklärt werden.

2.6 Unterrichtsgestaltung

2.6.1 Zeitliche und inhaltliche Gliederung der Einzelstunde

Das Grundmodell einer Übungsstunde im Gerätturnen für alle ist – wie in nahezu allen Sportstunden – dreiteilig:

1. *Aufwärmphase* auf den/die Stundenschwerpunkt/e einstimmender Stundenteil: Laufen, auch nach Musik; gymnastische Formen und Spielformen, die turnspezifische Bewegungsformen enthalten und die Aufmerksamkeit für die Stunde wecken; Schaffung einer fröhlichen Lernatmosphäre.
2. *Hauptteil:* Lernen von neuen Bewegungsabläufen und -verbindungen, Verbessern, Optimieren und Gestalten von turnerischen und gymnastischen Bewegungen.
3. *Stundenausklang:* Gemeinsames Turnen, Spiel- und Wettbewerbsformen, Gruppen- oder Synchronturnen, vorturnen oder vorführen oder auch entspannen.

2.6.2 Stichworte zu Rahmenbedingungen guter Turnstunden

Folgende Aspekte sollten stets in Gerätturnstunden eingebunden sein:

*   *Vielseitigkeit und abwechslungsreiches Turnen:* Stütz- und Balancieraufgaben; Spannung und Entspannung; Spiel, kreatives Turnen und konzentriertes Techniklernen, ...
*   *Schwerpunktbildung:* Weniger ist oft mehr, manche „Kunststücke" brauchen ihre Zeit.
*   *Variationen:* Lernschritte durch neue Variationen vertiefen.
*   *Effektivität:* Nur so viele Lernschritte wie nötig, so wenig wie möglich, um schnellstmöglich zum Ziel zu kommen, das motiviert!
*   *Intensität:* Anstreben einer bewegungsintensiven Turnstunde durch Kleingruppenarbeit an vielen Geräten und -stationen und gegenseitige Hilfegebung mit häufigen Übungswiederholungen.
*   *Optimale Bewegungszeit*: Ausnutzen der Zeit durch Einplanen von Zusatzaufgaben für den Rückweg nach dem Turnen, die den Gegenstandsbereich vertiefen. Aber bei Bedarf auch anders belastende Aufgaben für den Rückweg stellen oder zwischen den eigentlichen Übungen anbieten.
*   *Differenzierung:* Für jüngere und ältere, dicke und dünne, leistungsschwache und leistungsstarke Turnende durch geschickte Aufgabenstellungen und Gerätearrangements das Lernen interessant gestalten und individuellen (Teil-) Erfolg sichern.
*   *Spontaneität:* Auf situative Gegebenheiten flexibel und spontan eingehen, statt sich starr an vorher aufgestellte zeitliche und inhaltliche Pläne zu klammern.

- *Spielerische Akzente* im Turnunterricht setzen: Übungen als Spiel anbieten; kleine, kurze Wettbewerbe; Übungen zu zweit ...
- Möglichst viel in *Kleingruppen* arbeiten.
- *Gegenseitige Hilfegebung* so viel es geht, mit einbinden.
- *Ausnutzung aller Geräte,* auch alternative Geräte zu den traditionellen „erfinden".
- *Musik einbinden:* Erwärmung nach Musik, Turnen von Übungsverbindungen nach Musik, Üben nach Musik.
- *Angst im Turnen vermeiden:* Angst vor Blamage, vor Misserfolg, vor Verletzungen und vor Konkurrenz durch vorbereitende methodische Schritte, gute Hilfegebung, ausreichende Absicherung durch Matten und Informationsgaben ausschließen und durch Schaffen einer vertrauens- und freudvollen Atmosphäre vermeiden.
- *Erfolgskontrollen:* Um die Turnstunden zu optimieren, *sich selbst* ständig hinterfragen, Lernfortschritte und Unterrichtsgeschehen beobachten. „War die Stunde erfolgreich? ... intensiv genug? ... abwechslungsreich? Haben alle gut zusammengearbeitet? Hat es allen Spaß gemacht?"

Eine Gerätturnstunde,
in der man mit vielen Freunden zusammen gelernt und gelacht hat,
wo man geschwitzt hat und Spiel und Spannung erlebte,
wo man etwas für Gesundheit, Fitness und Wohlbefinden getan hat,
wo man Neues erfahren hat und wo man mit Stolz etwas zeigen konnte –
das ist eine tolle Stunde gewesen!

B BASISFERTIGKEITEN AN DEN GERÄTEN

I Bodenturnen

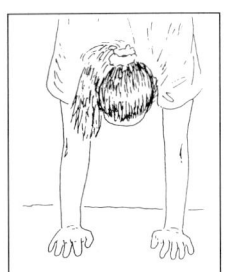

Das Üben am Boden führt zu schnellen Erfolgserlebnissen, da dieses „Gerät" dem natürlichen Aktionsfeld der Kinder entspricht. Und auch Jugendliche und Erwachsene fühlen sich vor allem als Ungeübte an diesem „Gerät" noch am wohlsten, da sie ja beim Üben „nicht so runterfallen" können. Aus diesem Grund sollten auch die turnerischen Grundvoraussetzungen zunächst am Boden geschaffen werden.

Das Bodenturnen teilt sich – grob strukturiert – in die Bereiche der Rollbewegungen und der gestreckten, gespannten Handstützelemente, aus denen sich die gestreckten Überschlagbewegungen (z.B. Rad) entwickeln. Schließlich gibt es noch die Kombinationen aus den beiden „gerundeten und gestreckten" Bewegungsgruppen (z.B. Handstand – Abrollen).

Für die Schulung von Bodenturnvoraussetzungen sollten – daraus ableitend – schwerpunktmäßig die zu den o.g. Bewegungsgruppen gehörigen turnspezifischen Bewegungsgrundformen geübt werden: Die zentralen Basisfähigkeiten sind die Rollfähigkeit auf dem runden Rücken, die Stützfähigkeit mit gestreckten Armen, das Einnehmen und Halten der gespannten und gestreckten Körperhaltungen.

Stützen und Körperspannung finden sich dann in der Position des „Liegestützes" vereint. Die *darauf* aufbauende erste Turnfertigkeit ist der Handstand, das zentrale Element im Gerätturnen. Darauf wiederum baut ein Großteil anderer Elemente – im leistungsorientierten Turnen dann auch an allen anderen Geräten – weiter auf.

Es wird empfohlen, die Niveaustufen sorgfältig zu durchlaufen, um zu einem erfolgreichen, technisch und qualitativ gut ausgeführten turnerischen Können zu gelangen.

1 MIT SPIELERISCHEN ÜBUNGSFORMEN VORAUSSETZUNGEN SCHAFFEN

1.1 Stützen

Stützen heißt übersetzt „tragen" oder auch „halten". Im turnerischen Stütz muss das eigene Körpergewicht über den Händen gehalten werden. Dazu werden meistens die Arme gestreckt. Die Armstrecker (m. triceps brachii) müssen die zum eigenen Körpergewicht in Relation stehende Kraft aufbringen, die Arme gegen die Schwerkraft zu strecken bzw. durch das Halten das „Einknicken" zu verhindern. Die muskuläre Stützschlinge (m. serratus-rhomboideus-Schlinge, der m. trapezius und der m. latissimus dorsi) unterstützt, um den Rumpf aufrecht zu halten. Auf Grund mangelnder Bewegungsreize sind diese Muskelgruppen heutzutage häufig sehr geschwächt. Es sollte viel Aufmerksamkeit darauf verwendet werden, die oben beschriebene Stützkraft in jeder Übungsstunde zu trainieren.

Spiel- und Übungsformen

Erstes, einfaches Stützen

Ziel: Überprüfen der Stütztechnik.
Aufgabe: Aus dem Hockstand, Aufsetzen der Hände, in der Hocke wippen und abstupsen zum Abheben der Füße vom Boden, die Beine sind in der Luft gehockt: Hockstütz (Abb. 11). Ein Partner überprüft den Turnenden auf folgende Punkte:

- Werden die Hände schulterbreit aufgesetzt?
- Werden die Handflächen mit der ganzen Handinnenfläche flach auf den Boden gesetzt?
- Zeigen die Fingerspitzen nach vorne?
- Sind die Arme auch ganz im Stütz gestreckt (durchgedrückte, überstreckte Arme/Ellenbogen vermeiden!)?
- Brechen die Schultern nach vorne vor?

Abb. 11

Weitere Übungsaufgaben

Ziehharmonika: Aus dem Hockstand, Vorsetzen der Hände zum Stütz, mit den Händen zwei, drei Handschritte vorwärts greifen, die Füße laufen dann bis zur Hocke nach, danach wieder mit den Händen vorgehen und die Füße kommen wieder nach (Abb. 12a).

Abb. 12a

Häschenhüpfen: Aus dem Hockstand, Vorstützen der Hände mit Abdruck/Absprung von den Beinen und Anhocken zum Nachhocken in den nun engen Hockstütz, Lösen der Hände vom Boden und wieder weit vorstützen zum Nachhocken ... (Abb. 12b)

Abb. 12b

1.2 Körperspannung und Stützen

1.2.1 Körperspannung

Die Körperspannung steht im Turnen als Begriff für das Fixieren von Gelenken durch Anspannen der gelenkbeeinflussenden Muskulatur. Der ganze Körper kann gestreckt gespannt gehalten werden, aber auch nur in Körperteilbereichen (z.B. im Langsitz in den Beinen). Das Halten des gerundeten Rückens in der Rolle ist eine Form der Körperspannung, natürlich auch das Halten des gestreckten Körpers im Handstand, wo es durch die Orientierungslosigkeit der Überkopfsituation für Turnanfänger erschwert ist. Die größte Schwierigkeit besteht zumeist darin, die Mittelkörperspannung aufzubauen und zu halten. Die Kontrolle des Hüftbereiches ist bewusstseinsfähig, aber nicht bewusstseinspflichtig. Das heißt, nicht alle können automatisch die Hüfte strecken, bzw. das Becken aufgerichtet halten. Das Anspannen des großen Hüftstreckers „großer Gesäßmuskel" (m. gluteus maximus) und das Anspannen der Bauchmuskulatur (m. rectus abdominus) zur Vermeidung des Hohlkreuzes, bereitet sehr vielen Schwierigkeiten, weil man zunächst kein Gefühl für das Anspannen dieser Muskulatur besitzt. Methodisch ist es für eine Überprüfung und Einprägung einer gerade Körperhaltung zunächst günstig, den Boden (dann auch die Wand) als Kontrollmittel zu nutzen.

1. Basisübung in Rückenlage

Die Arme sind am Körper angelegt und den ganzen Körper anspannen; sich dabei vorstellen, alle Körperteile an den Boden zu pressen. Ein Partner versucht, mit einer Hand unter den Rücken zu kommen, ist dort noch eine Hohlkreuztunnel? Dann versucht der Liegende, gegen die darunterliegende Partnerhand durch Anspannen der Bauchmuskulatur, das Hohlkreuz wegzudrücken (Abb. 13a).

Abb. 13a

Danach kann ein Partner an den Füßen den angespannten Körper vom Boden heben (Abb. 13b).

Abb. 13b

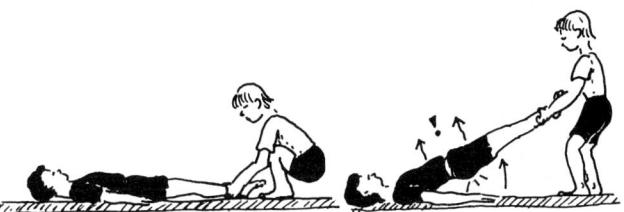

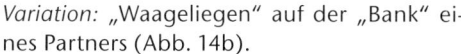

2. Basisübung in Bauchlage

Kopf liegt auf den Handrücken. Anspannen aller Muskeln und versuchen, den Bauch vom Boden abzuheben. Abheben der Ellenbogen und Beine und „hauchdünn" über Boden halten (Abb. 14a).

Variation: „Waageliegen" auf der „Bank" eines Partners (Abb. 14b).

Abb. 14a

Abb. 14b

1.2.2 Körperspannung halten in Kombination mit Stützen

Basisübung

Liegestütz vorlings: Ein Partner überprüft die Körperhaltung, hebt z.B. bei Hohlkreuzfehlhaltung unter dem Bauch den Körperschwerpunkt an; er macht den „Piekstest" am Po, ob er angespannt ist (obwohl er es zur Aufgabenbewältigung nicht muss). Die Hüfte sollte eher leicht gewinkelt sein, als im Hohlkreuz zu hängen. Der Kopf sollte eher nach vorne gezogen, als in den Nacken genommen sein (Abb. 15a u. b).

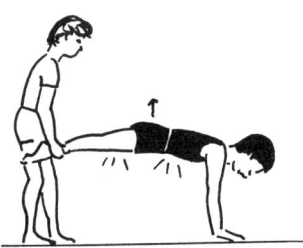

1.3 Rollen

Das Einnehmen und Halten des runden Rückens zum Rollen erfolgt bei vielen nicht automatisch und die Rollposition löst sich oft unter erschwerten Bedingungen auf. Vor allem die geraden Bauchmuskeln sind dafür verantwortlich. Somit sind Rollübungen auch als Bauchmuskelübungen zu verstehen – gerade für Kinder ist das DAS Bauchmuskeltraining!

Basisübung Rückenschaukel

Aus dem engen Hocksitz, Unterschenkel umfassen, Kopf zwischen die Knie stecken und zurückrollen, wieder vorrollen in den Hocksitz. Mehrere Wiederholungen (Abb. 16a). „ Wer kann die Rückenschaukel ohne umfassen der Beine turnen?", „Haltet die Arme an der Seite!" (Abb. 16b)

Abb. 16a und b

Abb. 17: Kreistraining für das Bodenturnen

1.4 Grundlagen-Kreistraining für das Bodenturnen

Hinweise: Motivierende, fröhliche Musik einsetzen. 45-60 Sekunden Belastung, 15-30 Sekunden Pause zwischen den Stationen (Abb. 17).

Station 1: *Wandwanderung unter dem Wandhandstand gehockt*
Wie: Wandhandstand gehockt, Partner geht unterdurch, macht auch Wandhandstand, der erste Partner geht vom Wandhandstand herunter und nun unter den zweiten Partner unterdurch ...
Warum: Stützkraftausdauer.

Station 2: *Ballwanderung um die Hüften*
Wie: Nackenbrücke dicht nebeneinander liegend und Ball unter dem Gesäß an den Partner geben, der führt den Ball auch unterm Gesäß zurück und über den Bauch zum Partner, usw.
Warum: Haltekraft der Hüftstrecker (Gesäßmuskeln) für Körpermittelspannung.

Station 3: *Luftballonpresse mit Ballübergabe*
Wie: Rückenschaukel mit Festklemmen eines kleinen Luftballons in der Hüfte, Ballübergabe an die gegenüberrollende Person.
Warum: Kräftigung der geraden Bauchmuskeln und des Hüftbeugers ohne Zuhilfenahme der Arme.

Station 4: *Grabensprünge*
Wie: Über mindestens drei Mattengräben fortlaufend gestütztes „Häschenhüpfen", 1/2- Drehung und zurück.
Warum: Dynamisches Auffangen im Stütz, Kräftigung der Schultergürtelmuskulatur und Haltekraft der Armstrecker.

Station 5: *Rückenkreisel zu zweit nebeneinander: „Wer ist zuerst einmal rum?"*
Wie: In der Rückenschaukel maximal versuchen, sich im Kreis herumzuschaukeln.
Warum: Haltekraft der Bauchmuskulatur unter dynamischen Bedingungen.

Station 6: *Liegestütz-Quadrat-Wanderung mit hochgehaltenen Beinen.*
Wie: Im Liegestütz je zwei Handschritte vor, zur Seite, rück, zur Seite und zurück, dann Wechsel.
Warum: Stützkraft und Halten der Körpermittelspannung.

Station 7: *Schiefes Brett überspringen*
Wie: Rückenlage mit erhöhtem Fußaufsatz (oder Liegestütz rücklings), Partner geht unterdurch, springt drüber, Wechsel.
Warum: Haltekraft für die Körperrückseite als Ganzkörperspannungsübung.

Station 8: *Kopfball im Vierfüßlergang*
Wie: Mit dem Kopf Softball, Luftballon, Wasserball o.ä. zuköpfen. Anzahl der Zuspiele in der vorgegebenen Zeit zählen.
Warum: Stützkraft unter dynamischen Bedingungen.

2 ROLLE VORWÄRTS UND SPRUNGROLLE

Rollen sind mit Translation verbundene Rotationen um momentane Drehachsen, die sich am jeweiligen Berührungspunkt zwischen Unterlage (Matte) und sich drehendem Körper (z.B. Rücken) befinden *(Abb. 18)*.

Abb. 18

Bewegungsmerkmale

1   Aus dem Stand,
2   ... absenken in den flüchtigen Hockstand, Arme gehen in Vorhalte.
3   Beginn der Beinstreckung und schulterbreites Aufsetzen der Hände bei gestreckten Armen.
4   Den Kopf zur Brust nehmen und den Rücken runden.
5   Die Beine weiter nach vorne oben strecken, das Gesäß wird über die Hände und den Kopf vorverlagert.
6   Die Arme werden, das Körpergewicht auffangend, gebeugt, um mit Aufsetzen des Nackens in die flüchtige Kipplage hineingetragen zu werden. Beginn der Rollbewegung.
7   Der gerundete Rücken rollt Wirbel für Wirbel ab und die Hände lösen sich vom Boden, um schnell in Vorhalte vorgestreckt zu werden. Der Oberkörper richtet sich dabei aktiv aufwärts auf.
8   Mit Erreichen des Hüftbereiches beim Rollen werden die Beine schnell angehockt, d.h. die Fersen ziehen zum Gesäß. Die Arme befinden sich in Vorhalte.
9   Gewichtsverlagerung auf die Füße zum Hockstand, Arme sind in Vorhalte.
10 Aufrichten zum Stand.

Lernvoraussetzungen

Konditionelle Lernvoraussetzungen:
-   Haltekraftfähigkeit der Armstrecker (m. triceps brachii)
-   Haltekraft der geraden Bauchmuskeln für die Körperrundung (m. rectus abdominis)

Technische Lernvoraussetzungen:
-   Rückenschaukel (Rollfähigkeit auf rundem Rücken)
-   Hockstütz (Stützfähigkeit)

Zur Hilfegebung

Grundsätzlich sollte bei der Rolle vorwärts keine Partnerhilfe gegeben werden, da mit Schub am Gesäß auf die Halswirbelsäule gedrückt wird. In Ausnahmefällen kann der Lehrende, durch Umfassen der Hüfte, das Gesäß (KSP) über die Stützstelle der Hände heben, um die Rollbewegung einzuleiten. Bei Kindern, die Schwierigkeiten haben, den Kopf auf die Brust zu nehmen, kann behutsam durch den Lehrenden mit der entfernten Hand am Hinterkopf die Rollbewegung eingeleitet werden.

Lernschritte und Übungsvariationen

1. Grundübung: Rückenschaukel zum Hockstand

Ziel: Festigen der Kernbewegung mit Einbindung der späteren Aufstehtechnik aus der Rolle vorwärts.

Aufgabe: Aus dem Hocksitz zurückrollen in die Rückenschaukel. Die Beine hierbei eng am Körper gehockt und Füße bewusst am Gesäß halten. Vorrollen auf die Füße, die gestreckten Arme gehen in Vorhalte. Mehrmals hintereinander diese Rückenschaukel auf die Füße turnen.

Hinweis: Kinder, denen das Halten der engen Hocke schwer fällt, können die Unterschenkel beim Anhocken und Hin- und Herrollen umfassen (Abb. 19).

Abb. 19

2. Grundübung: „Überkopfkullern" in die Rückenschaukel

Ziel: Erlernen des Vorwärtsrotierens in die Kernbewegung des Rollens auf dem runden Rücken und Halten des gerundeten Rückens unter Ausnutzung des Transfers „Rückenschaukel".

Aufgabe: „Geht in die Hocke, setzt die Hände vor die Füße, schaut euren Bauch an und lasst euch wie ein Ball/eine Kugel vorwärts rollen, rollt gleich wieder zurück, dann vor ... . "

3. Grundübung: Rolle vorwärts mit Stütz der Hände

Ziel: Erlernen des Stützens im Ansatz zur Vorwärtsrolle mit Gerätehilfen.

Aufgabe: Aufknien auf einer kleineren Erhöhung und schulterbreites Aufsetzen der Hände abwärts bei gestreckten Armen auf die Bodenturnmatte. Mit Beugen in den Armen haltendes Nachgeben und Hineintragen zum Abrollen. Die Füße lang auf dem Kasten/der Bank lassen, dann zum Aufstehen blitzschnell die Beine anhocken.

4. Grundübung: Rolle vorwärts mit Beinstreckung

Ziel: Erlernen und Ausprägen der Bein-schub- und Beinstreckbewegung (vgl. Foto 1).

Aufgabe: Fersensitz auf einer kleinen Er-höhung, Hände auf die tiefer gelegene Matte setzen und langsam abwärts rollen in die Kipplage, dort kurz verharren und visuell die Beine auf die gestreckten Knie hin kontrollieren, Fußrist bleibt lange auf der Erhöhung, weiterrollen und schnelles Anfersen zum Aufstehen (Abb. 20).

Foto 1

Abb. 20

5. Grundübung: Sprungrolle auf Erhöhungen

Ziel: Kopplung von Anlauf, Absprung und Stütz zum Einrollen vorwärts. Hin-führung zur Sprungrolle.

Aufgabe: Aus dem halben Hockstand vor der offenen, hohen Seite eines Sprung-brettes aufsetzen, mit aufgelegter Matte, die Hände auf das gepolsterte Sprung-brett aufsetzen, kräftiger Beinschub mit Beinstreckung und den Körperschwer-punkt über Kopf bringen, über die flüchtige Kipplage abwärts rollen. Der Körper-schwerpunkt muss durch die erhöhte Stützfläche höher als normal gebracht werden; dies muss durch energischeres Beinstrecken und Abspringen realisiert werden. Die schräge Abrollfläche kompensiert even-tuell fehlende Rotationsge-schwindigkeit (Abb. 21).

Abb. 21

Sprungrolle

Vorbemerkungen:

- Der *wichtigste verbale Hinweis* lautet: „Hände vor!"
- Zweiter wichtiger Hinweis: Die Sprungrolle sollte aus Sicherheitsgründen nie als Weiten- oder Höhenwettbewerb durchgeführt werden!
- *Anmerkung zur Absprungtechnik:* Wird die abgesprungene Rolle aus der Bewegung zunächst bei Anfängern noch durch schnellkräftiges Strecken in den Knien realisiert, so wird mit zunehmender Bewegungssicherheit und Anstreben einer bewegungsweiten Sprungrolle ein *Prellabsprung* von gespannten, gestreckten Beinen geturnt. Meistens ergibt sich das nach höherer Wiederholungszahl, da instinktiv eine kurze Bodenkontaktzeit angestrebt wird.
- *Methodische Anmerkungen:*
  Für den ersten Teil der Sprungrolle sollte vorbereitend aus dem Anlauf das *Aufrollen auf Erhöhungen* geübt worden sein, für den zweiten Teil ist das *Abrollen von Erhöhungen* (Abb. 22) oder das Handstand-Abrollen sinnvoll.

Abb. 22

Aufgabe: Aus dem Anlauf auf einer Mattenbahn, Absprung von einem – unter der letzten Matte gelegten – Sprungbrett mit weitem Vorschwingen der gestreckten Arme. Flug mit gestreckten Beinen, die Hüfte ist leicht gewinkelt und die Händen greifen weit nach vorne (Foto 2).

Foto 2

Stützaufnahme auf einen festen Weichboden und Auffangen des Körpers in die Abrollbewegung, schnellkräftig im letzten Moment die Beine zum Aufstehen anhocken, Kopf und Arme streben nach vorne zum Aufrichten in den Stand. *Tipp:* Bei Größeren, Älteren und Leistungsstarken zwei Weichböden hintereinander legen oder ausreichend großen Graben zwischen Absprungbrett und Weichboden einrichten.

* *Abbau der Gerätehilfen bei Bewegungssicherheit:* Sprungrolle mit Absprung von einer Matte auf doppelt/dreifach gelegte Matten (mindestens zwei Matten hintereinander für das Abrollen legen), Mattenhöhe mit den weiteren Übungsdurchgängen abbauen.
* *Zielfertigkeit:* Sprungrolle auf der Mattenbahn (Abb. 23).

Abb. 23

3 ROLLE RÜCKWÄRTS

Rolle rückwärts ist eine Rotation um 360° um die momentanen Drehachsen Füße/Wirbelkörper/Kopf/Hände-Matte. Die Fähigkeit des Rollens auf dem runden Rücken (Rückenschaukel) wird in der nachfolgenden Methodik als gekonnt vorausgesetzt, der veränderte Handaufsatz muss jedoch als entscheidende Voraussetzung für das Gelingen geschult werden.

Hinweis: Für Erwachsene ist ein intensives und häufiges Üben der Rückwärtsrolle nicht zu empfehlen, da der Halswirbelsäulenbereich auf solche Belastungen mit zunehmendem Alter „sensibel" reagiert.

Abb. 24

Po zu den Füßen!   Hände zu   Roll!   Drück dich hoch!   Stütz!   Auf die Füße!
                      den Schultern!

Bewegungsmerkmale
1   Aus dem Stand
2   ... mit geradem Oberkörper und Halten der Arme in schräger Vorhochhalte „fallend" absenken in den flüchtigen Hockstand.
3   Das Gesäß wird hinter den Fersen zur Einleitung der Rollbewegung auf den Boden gesetzt, der Oberkörper wird gerundet und die Schultern – bei gerundetem Oberkörper – zurück verlagert.
4   Der Körper rollt gerundet nach hinten und die Arme beugen sich mit Vorhochführen der Ellenbogen und Drehen den Fingerspitzen zu den Schultern.
5   Bei enger Hockhaltung am Körper (Fußsohlen oder gestreckte Fußspitzen zeigen zur Decke) setzen die Hände ganzflächig, mit den Fingerspitzen zu den Schultern ausgerichtet, vor den Schultern auf, die Ellenbogen zeigen nun zur Decke.

6 Mit Gewichtsverlagerung auf die Hände und Verlagerung des Beckens über den Kopf werden die Arme schnellkräftig zur Anhebung des Körpers und Entlastung des Kopfes gestreckt.

7 Nach Erreichen der Armstreckung zum hohen Hockstütz setzen die Füße bei gehockten Beinen zur Landung auf.

8 Landung im Hockstand.

Lernvoraussetzungen
Konditionelle Lernvoraussetzungen:
- Schnell- und Haltekraftfähigkeit der Armstrecker (m. triceps brachii)
- Haltekraft der geraden Bauchmuskeln für die Körperrundung (m. rectus abdominis)

Technische Lernvoraussetzungen:
- Rückenschaukel mit Handaufsatz vor den Schultern
- Hockstütz.

Grundsätzliches zur Hilfegebung
Schüler und Schülerinnen sollten sich *nicht* bei der Rückwärtsrolle am Boden helfen, da bspw. eine Schubhilfe am Gesäß für den Halswirbelbereich sehr belastend und somit ungesund ist. *Ausnahme:* In Problemfällen kann der Lehrende bei Kindern mit Anheben des Gesäßes (Körperschwerpunktes) durch Umfassen der Hüfte beim Entgegenrollen das Strecken der Arme erleichtern. Dabei wird der Kopf durch Hochheben des Körpers zum Überrollen entlastet.

Lernschritte und Übungsvariationen

1. Grundübung: Rückenschaukel mit Handaufsatz
Ziel: Kernbewegung mit speziellem Handaufsatz der Rolle rückwärts zum späteren Aufstützen; Erlernen des Handaufsatzes.
Aufgabe: Aus dem Hocksitz zurückrollen zur Rückenschaukel mit Handaufsatz neben dem Kopf. Die Hände werden bei Beginn bereits am Kopf gehalten, die El-

Abb. 25

lenbogen zeigen nach vorne und die Fingerspitzen werden mit dem Zurückrollen zu den Schulter geführt, im Nackenstand Hände ganzflächig vor den Schultern aufsetzen. Ellenbogen und Füße (Fußsohlen oder gestreckte Fußspitzen) zeigen zur Decke. Zurück in den Hocksitz rollen, Armhaltung dabei nicht verändern und erneut die Rückenschaukel (mehrmals hintereinander) (Abb. 25).

Bewegungsanweisung für kleinere Kinder:
„Setz dich als 'Päckchen' auf die Matte, Hände wie Häschenohren an den Kopf. Roll wie ein Ball zurück und setz die Hände auf die Matte!"

Über Fragestellungen verbale Hinweise zur Technikerarbeitung:
- „Liegen die Hände auch ganz flach auf der Matte auf?"
- „Zeigen die Ellenbogen zur Decke? Die Arme dürfen nicht zur Seite wegklappen!"
- „Könnt ihr mit den Händen gegen die Matte drücken? Hebt sich dabei vielleicht schon etwas die Schulter oder sogar der Kopf vom Boden?"

2. Grundübung: Aus dem Stand absenken zur Rückenschaukel

Ziel: Bewusstmachung der Technik des Absenkens zur Schwungeinleitung.

Aufgabe: Aus dem Stand, „fallend" absenken in den flüchtigen Hockstand, Gesäß wird dabei an die Fersen geführt, sofort anschließend rückwärts abrollen mit angehockten Beinen, die Hände

Abb. 26

gehen (mit den Fingerspitzen zu den Schultern zeigend) neben den Kopf mit der Handinnenfläche auf den Boden (Abb. 26).

Verbale Bewegungsbegleitungen:
„Fall in die Hocke", „Po an die Füße", „Hände an die Ohren" (Fingerspitzen zu den Schultern), „roll und hock".

3. Grundübung: Mit Geländehilfe rückwärts über den Kopf rollen

Ziel: Erfahren des geraden Überkopfrollens.

Abb. 27

Aufgabe: Hocksitz auf einer schiefen Ebene (z.B. schräg eingehängter Kastendeckel an einem Kastenrahmen). Zurückrollen aus dem Hocksitz mit Handaufsatz vor den Schultern, Knie zur Stirn und über den Kopf rollen, Landung mit den Füßen auf dem Boden vor dem Kastendeckel (Abb. 27).

Hinweis: Wer beim ersten Mal Angst hat, zur Seite wegzufallen, rollt zunächst ganz langsam, zwei Freunde stellen sich daneben. „Es ist wirklich ganz einfach!"
Differenzierte altersbezogene Ausgangsstellung zu Lernbeginn:

- Kleine Kinder starten aus dem engen Hockstand, Po berührt Rollfläche.
- Schulkinder starten aus dem Hocksitz (vgl. Abb. 27).
- Jugendliche und Erwachsene beginnen im Sitz auf der erhöhten Seite des schräg eingehängten Kastendeckels, Füße im Kastenrahmen: Mit einer Ausholbewegung des Oberkörpers nach vorne und anschließendem Abdruck der Füße vom Boden müssen die Beine sofort zur Rollbewegung eng an den Körper gehockt werden, d.h. *nicht* erst den Körper flach auf den Kastendeckel ablegen und die Beine nachhocken.

4. Grundübung: Rolle rückwärts mit Geländehilfe und Armeinsatz

Ziel: Kennenlernen des Zeitpunktes und der Schnellkraftaktivität der Armstreckung.
Aufgabe: Auf dem Kastendeckel längs, schräg eingehängt (s.o) sitzend, Hände (wie „Häschenohren") zu den Schultern führen, den Kastendeckel rückwärts herunterrollen. Wenn die Knie über den Kopf gehen, müssen die Arme schnellkräftig zum Hockstütz gestreckt werden. Landung erfolgt gehockt auf dem Boden vor dem Kastendeckel.
Aufgabenstellungen:
... zur Erarbeitung des Zeitpunktes und der Aktionen des Streckens der Arme:
- „Rollt zurück, wenn ihr auf den Füßen aufkommt, streckt euch schnell vom Kastendeckel weg. Guckt, ob die Arme gestreckt sind!"
- „Wer hat bei der Landung die Arme gestreckt vorgehalten?" Das ist ein guter Test, ob man sich mit den Armen abgedrückt hat!
- „Wer schafft es, bei der Rückwärtsrolle die Arme zu strecken, *bevor* die Füße den Boden berühren?!"
- „Macht einmal als Zwischenübung einen hohen Hockstütz/Hockhandstand mit völlig gestreckten Armen. Probiert nun aus, euch bei der Rückwärtsrolle blitzschnell – wenn die Knie sich über eurem Kopf befinden – in diesen hohen Hockstütz hochzudrücken".

5. Abbau der Geländehilfe

Kastendeckel längs, eine Kastendeckelseite liegt auf einem Mattenstapel von 3-4 Matten, die andere auf einer Matte, zum Landen noch eine Matte dahinter. Übungsabläufe wie oben, die Schräge wird jedoch durch Verringerung der Anzahl der übereinander gelegten Matten so weit abgeflacht, bis der Kastendeckel waagerecht liegt.

Erschwerung: Rolle rückwärts auf eine kleine Erhöhung
Ziel: Herausarbeiten der schnellkräftigen Armstreckung, Bewusstmachung der hohen Hockstützposition durch erschwerte Aufgabenstellung und Orientierungshilfe (= kleine Erhöhung als Landefläche).
Aufgabe: Aus dem Fersensitz auf einen (schräg eingehängten) Kastendeckel, Aufsetzen der Hände auf die davor liegende Bodenturnmatte. Rolle vorwärts in den flüchtigen, tiefen Hockstand herunterturnen (damit Distanzfestlegung für den nun nachfolgenden Aufgabenteil). Zurückrollen zur Rolle rückwärts und durch energische Armstreckung über den hohen Hockstütz die Unterschenkel, besser noch die Füße, auf den Kastendeckel setzen.

6. Zielfertigkeit: Rolle rückwärts auf einer Ebene

Aufgabe: Strecksprung, Landen und „fallend" Absenken in den flüchtigen Hockstand, zurückfallen zum Rollen, Rolle rückwärts über den hohen Hockstütz, Landung im *Grätsch*stand, stützend Beine vor den Händen zusammenhocken und aufrichten.
Variation: Landung im Hockstand.

4 AUFSCHWINGEN IN DEN HANDSTAND

Bevor die Technik des *Aufschwingens* in den Handstand vermittelt wird, sollten Erfahrungen mit dem Handstand an sich gesammelt werden. Dies erfolgt über den Handstand mit Geräthilfen. Dabei wird zunächst insbesondere die Stütz- und Spannungsfähigkeit im Zusammenhang mit Orientierungsaufgaben geschult. Mit dem „Aufschwingen" in den Handstand kommen Koordinations- und Gleichgewichtsaufgaben dazu. Gleichzeitig kann überschaubar für den Anfänger in der Hilfegebung das Helfen eingeführt werden.

Abb. 28

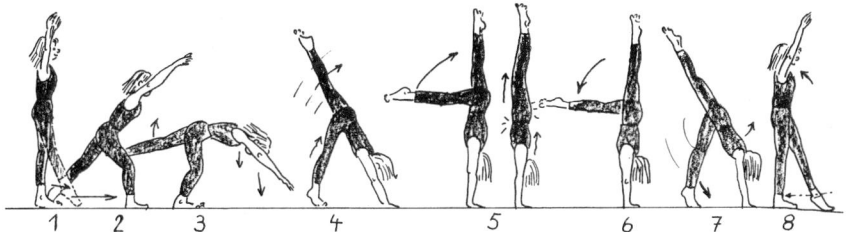

| 1 | 2 | 3 | 4 | 5 | 6 | 7 | 8 |

Arme in Hochhalte *Großen Schritt vor* *Hände vor!* *Schwungbein schwingt hoch* *Strecken!* *Bein senken – Po über Kopf lassen!* *Aufrichten!*

Bewegungsmerkmale

1 Aus dem Stand, der Arme in Verlängerung des Rumpfes hochnehmen und „Standbein" in den weiten Ausfallschritt vorführen.

2 Gewicht auf dem vorderen, tragenden Standbein, Arme werden weiter in Rumpflinie gehalten.

3 Frontales Absenken des Oberkörpers und schulterbreites Aufsetzen der Hände, wobei die Arme in Verlängerung des Rumpfes bleiben. Dabei tiefe Knie- und Hüftbeuge einnehmen, zeitgleich schwingt das Schwungbein nach hinten oben.

4 Bei gestrecktem Armrumpfwinkel Beginn der Streckung des Standbeines durch „Zug" des Schwungbeines.

5 Das Schwungbein schwingt weiter in die Senkrechte nach hinten oben, Reststreckung des Standbeines und Verlassen des Bodens. Armrumpfwinkel bleibt gestreckt, der Körperschwerpunkt wird bei gestrecktem Körper (kein Hohlkreuz!) über die Stützstellen gebracht, wobei das Gesäß (KSP) über den Händen (Stützstelle) gehalten wird. Die Beine schließen zum Handstand. Der Kopf wird in Verlängerung zum Rumpf gehalten, Blickkontakt zum Boden.

6   Absenken des Schwungbeines (nun erstes Landebein) relativ dicht vor den Händen und Lösen/Abdruck der Hände vom Boden.

7   Aufrichten des Oberkörpers und Aufsetzen des zweiten Beines (vormals Standbein) in Schrittstellung hinter dem Körper.

8   Die Arme gehen in Hochhalte und Gewichtsverlagerung auf das zweite, hintere Bein.

Lernvoraussetzungen

Konditionelle Lernvoraussetzungen:

- Haltekraft bei Stützaufnahme zur Haltung des gestreckten Armrumpfwinkels bei gestreckten Armen: dreiköpfiger Armstrecker (m. triceps brachii) und die Muskelschlinge des Rautenmuskels und des vorderen Sägemuskels (mm. serratii anterior und mm. rhomboidei) dann des breiten Rückenmuskels (m. latissimus dorsi) und des Kapuzenmuskel (m. trapezius).
- Kraftfähigkeit der tiefen, langen Rückenstreckmuskulatur (m. erector spinae).
- Ganzkörperspannung aller an der Streckung von Gelenken beteiligten Muskelschlingen.
- Schnell- und Haltekraft der Hüftstrecker (großer Gesäßmuskel/m. glutaeus maximus)

Koordinative Lernvoraussetzungen:

- Orientierungsfähigkeit in Überkopfsituationen.
- Gleichgewichtsfähigkeit.

Technische Lernvoraussetzung des Aufschwingens in den Handstand:

Scherhandstand (vgl. S. 66 u. 77).

Hilfegebung

Beim Aufschwingen in den Handstand stehen zwei Helfer seitlich *vor* dem Übenden und gehen mit der nahen Hand dem jeweiligen Oberschenkel entgegen, um ihn von unten frühzeitig zu heben. Die ferne Hand umfasst in der Senkrechten ebenfalls diesen Oberschenkel zum Stützgriff (Klammergriff) und verhindert ein Überfallen. Dieser Helfergriff dient danach zum einen als Gleichgewichtshilfe, zum anderen kann der im Handstand Stehende mit diesem Griff durch Anheben des Körpers im Stütz entlastet werden.

Lernschritte und Übungsvariationen

Hinweis: Die beiden Variationen der 2. bis 4. Grundübungen können als ergänzende Stationen im Unterricht zusätzlich angeboten werden.

1. Grundübungen: Flüchtiger Hockhandstand, Körperspannung und Liegestütz

Ziel: Abprüfen und Optimieren der Lernvoraussetzungen.

Aufgaben: Als vorbereitende, einstimmende Übungen sowie als einleitender Stundenteil werden die o.g. Lernvoraussetzungen als Übungen (Beispiel s.u.) durchgeführt.

- *Flüchtiger Hockhandstand am Ort:* Aus dem Hockstand, Hände aufsetzen und Abdruck von beiden Beinen zum flüchtigen Hockhandstand (Beine bleiben gehockt am Bauch) und wieder absenken in die Ausgangsstellung. Ein Partner überprüft das Stützverhalten (Hände schulterbreit und mit den Fingerspitzen nach vorne ausgerichtet aufgesetzt, Arme gestreckt). Dabei erfolgt einstimmend eine Sensibilisierung der Orientierungsfähigkeit durch die Kopfuntersituation (Abb. 29a).

Abb. 29a

- *Körperspannung der Körperrückseite* (Anspannung der Gesäßmuskeln und langen Rückenstrecker) bewusst machen: Rückenlage und alle Muskeln anspannen. Ein Partner hebt den Liegenden an den Füßen vom Boden ab, der Gehobene bleibt steif wie ein

Abb. 29b

Brett (Abb. 29b). *Variation:* Anheben aus dem Liegestütz rücklings.

- *Liegestütz vorlings:* Bewusstmachung der Körperspannung der Körpervorderseite (vierköpfiger Kniestrecker, Hüftbeuger und Bauchmuskulatur) in Kombination mit dem korrekten Stützverhalten (Abb. 29c). Der Übende geht in den Liegestütz vorlings und wird von dem Partner durchgecheckt („Piekstest" auf Anspannung in den haltenden Muskelgruppen s.o.). Danach wird der Übende an den Füßen vom Boden etwas über die Waagerechte angehoben und muss vor allem in der Körpermitte die gestreckte Fixierung des Körpers beibehalten.

Abb. 29c

2. Grundübung: Liegestütz gegen die Wand/Wandhandstand

Ziel: Halten des gespannten Körpers über Kopf unter erleichterten Bedingungen.
Aufgabe: Handstand mit Gerätehilfe.
„Liegestütz" gegen die Wand: Wandhandstand. Aus dem Hockstütz rücklings zur Wand mit den Füßen zum Handstand an der Wand hinaufklettern, kurz in der „Liegestützposition" an der Wand verharren (Abb. 30a).

Ein bis zwei Partner geben an der Seite stehend verbal und taktil Rückmeldung, ob der Körper gerade ist oder nicht (Gesäßmuskeln angespannt? Hohlkreuz? Beine gebeugt?).

Variation: Kastenhandstand am Längs- oder Querkasten

Bauchlage auf dem Kasten. Mit den Händen am Kasten entlang bis zur Matte herunterstützen. Beine durch Hüftstreckung in Rumpflinie zurücknehmen. Zwei Partner kontrollieren die Körperhaltung auf völlige Gestrecktheit, dabei bleibt die Hüfte am Kasten. Danach wieder schiebend den Kasten hinaufstützen bis zum Stütz vorlings auf den Kasten. Die Helfer können mit der fernen Hand unter der Schulter unterstützen (Abb. 30b).

Abb. 30a

Abb. 30b

Hinweis: Zwischen den Stützübungen stets anders belastende bzw. entlastende Aufgaben anbieten (Laufen durch die Halle/ Üben von gymnastischen Sprüngen/ Balancieraufgaben an Schwebebänken).

3. Grundübung: Wandhandstand/Kastenhandstand mit Partnerhilfe in die Senkrechte

Ziel: Einarbeiten der handstandspezifischen Haltungsmerkmale.

Aufgabe: Aus dem Hockstütz rücklings zur Wand mit einem großen Schritt in den Wandhandstand hinaufsteigen. Zwei Partner umfassen die Oberschenkel und heben den Turnenden von der Wand weg in den senkrechten Handstand. In zwei, drei Übungsdurchgängen werden Haltungsmerkmale abgeprüft (s.u.).

Abtesten von Haltungsmerkmalen:

1. Ist der Bauch eingezogen (kein Hohlkreuz!)?
2. Ist der Po angespannt? (Mit „Piekstest" auf Anspannung überprüfen, Po muss durch Zusammenkneifen die Hose in Falten ziehen!)
3. Ist der Kopf in Verlängerung des Körpers? (nicht in den Nacken nehmen, nicht auf die Brust ziehen, jedoch zur Orientierung den Boden angucken)
4. Ist der Armrumpfwinkel gestreckt? (Sonst nochmals bewusst machen: Mit dem Rücken an die Wand/Kasten setzen und die Arme gestreckt über Kopf halten: Berühren die Arme die Wand?)
5. Streckt sich der Turnende aus den Schultern zur Decke? (Statt breite ganz schmale Schultern machen. Erst im Stand mit hochgehaltenen Armen aus-

probieren. U.U. im Sitz mit hochgehaltenen Armen gegen den Widerstand von Partnerhänden, die aufgestützt werden, Hände zur Decke drücken.) Die Helfenden können an den Schultern stützentlastend, an den Oberschenkeln die Handstandturnenden vom Boden ziehen.

4. Grundübung: Wandhandstand mit geringem Schwungbeineinsatz

Ziel: Kennenlernen des Schwungbeineinsatzes aus geringer Amplitude mit schnellem Schließen der Beine zum Handstand mit Partnerhilfe.

Aufgabe: Aufsteigen zum Wandhandstand, ein Bein mit Schwung von der Wand abspreizen und in der Senkrechten abstoppen, wobei das zweite Bein verzögert zur Senkrechten nachfolgt (Abb. 31a). Zwei Helfer greifen schnell („schnappen") die Oberschenkel zum Abstoppen und Halten in der Senkrechte des Handstands.

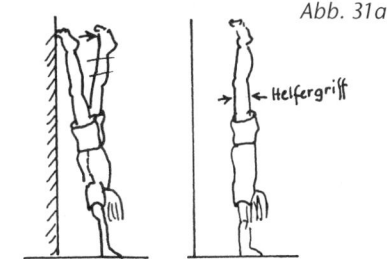

Abb. 31a

Variation (Abb. 31b): Kastenhilfe zum Handstand. Hochspreizen/Aufschwingen von einer kleinen Erhöhung. Aus dem Fersensitz auf einer kleinen Erhöhung (Blockkasten/zweiteiliger Kasten/Schwebebank o.ä.), Herunterstützen zum Hockstütz. Strecken eines Beines. Zwei Helfer umfassen jeweils einen Oberschenkel (Hände so drehen, dass der Daumen zu den Knien des Turnenden zeigt). Der Turnende wippt zweimal mit dem gestreckten Bein leicht aufwärts, beim dritten Mal schwingt er das „Schwungbein" energisch in die Senkrechte. Die Helfenden unterstützen die Aufwärtsbewegung und korrigieren in der Senkrechten den Handstand. Die Helfenden greifen später mit Bewegungssicherheit nur noch als Gleichgewichtshilfe schnell in der Senkrechten zu (Abb. 31c).

Abb. 31b

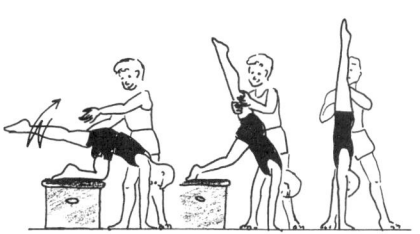

Abb. 31c

5. Grundübung: Aufschwingen in den Handstand in der Dreiergruppe und Absenken aus dem Handstand

Ziel: Übertragen der Kenntnisse vom Scherhandstand zum schnellen Schließen der Beine in den gestreckten Handstand und Erlernen des Absenkens aus dem Handstand.

Aufgabe: Aus dem Stand Arme hochnehmen und Schritt vorwärts in den weiten Ausfallschritt mit Gewichtsverlagerung auf das vordere „Standbein". Aufschwingen zum Scherhandstand. Absenken und aufrichten in den Ausfallschritt mit Hochführen der Arme, erneut absenken und aufschwingen in den gestreckten Handstand mit Gleichgewichtshilfe zweier Partner (s.u.). Abspreizen eines Beines bei hochgehaltenem Körperschwerpunkt (d.h. Gesäß lange oben halten!), langsam absenken in die Schrittstellung und aufrichten in den Stand.

Hilfegebung: Zwei Partner greifen, so früh es geht, unter dem Oberschenkel mit der nahen Hand hebend zu (Handinnenfläche zeigt dabei zur Decke, als ob man „bitte sehr" ausdrücken würde). So der Bewegung entgegengehend mit Stützgriff (Klammergriff) die Beine und damit den Körper in die Senkrechte heben. Mit Abspreizen eines Beines gehen die Hände in die Hüfte, um den Schwerpunkt beim Absenken in der Senkrechten zu halten (Foto 3a und 3b).

Foto 3a   Foto 3b

5 HANDSTAND-ABROLLEN

Nach dem Aufschwingen in den Handstand ist das Abrollen nach dem Handstand bei drohendem Überfallen oftmals eine „Rettungsmöglichkeit". Aber auch bei fortgeschrittenen Turnenden wird bewusst lieber der Handstand mit anschließendem Abrollen geturnt, als das Absenken zum Stand. Deutlich ist dies auch bei Studenten zu sehen, denen das Herunter- bzw. Abturnen in einer Übung freigestellt wird: Fast alle rollen ab. Es braucht die Bewegung aufwärts als Vorwärtsrotation nicht abgebremst zu werden, d.h. zum Absenken der Beine muss die Vorwärtsrotation nicht in eine Rückwärtsrotation umgekehrt werden.

Abb. 32

1   2 3 4 5   6 7 8   9   10   11

Handstand!   Trag dich!   Rollen   Hock!   Stehn!

Bewegungsmerkmale
(Genauere Beschreibung zum Aufschwingen in den Handstand siehe S. 61).

1   Aus dem Stand Schritt vorwärts in die Schrittstellung, Arme gehen dabei in Hochhalte.
2   Gewichtsverlagerung auf das vordere Bein und mit geradem Oberkörper absenken.
3   Schulterbreites Aufstützen der Hände bei gestrecktem Armrumpfwinkel
4   und Aufschwingen in den gestreckten Handstand.
5   Gestreckt fällt der Körper als Gerade – leicht von der Senkrechten weg – über, der Körperschwerpunkt wird hierbei über die Stützstelle hinausverlagert.
6   Die Arme werden gebeugt und tragen den Körper – bei leichtem Hüftwinkel – abwärts.
7   Der Kopf wird auf die Brust genommen und die Rollbewegung, mit Abrollen vom Hinterkopf beginnend, wird eingeleitet.
8   Wirbel für Wirbel rollen ab, die Beine werden dabei annähernd senkrecht gehalten.

9   Mit Hüft-Boden-Kontakt werden die Beine schnellkräftig an das Gesäß gehockt und der Oberkörper zieht sich gerundet aufwärts. Die Arme gehen
schnell nach vorne.

10   Flüchtiger Hocksitz mit Aufsetzen der Füße.

11   Aufrichten zum Stand.

Lernvoraussetzungen

Konditionelle Lernvoraussetzungen:
- Haltekraft der Armstrecker (m. triceps brachii) und Hüftstrecker (m. glutaeus maximus).
- Weiteres siehe unter Handstand und Rolle vorwärts (S. 51 und S. 61).

Technische Lernvoraussetzungen:
- (Aufschwingen in den) Handstand.
- Rolle vorwärts.

Grundsätzliche Hilfegebung

Zwei Helfer umfassen jeweils einen Oberschenkel, verlagern den Körperschwerpunkt über die Stützstelle hinweg nach vorne, halten beim Beugen der Arme das
Körpergewicht mit und lenken in die Rollbewegung hinein.

Lernschritte und Übungsvariationen

1. Grundübung: Kerze, abrollen zum Stand

Ziel: Erlernen des schnellkräftigen Anhockens und Aufstehens aus vorher gestreckt gehaltenen Beinen bei mäßigem, kontrollierbaren Schwung (geringe Lageenergie durch geringe Körper-
schwerpunkthöhe).

Aufgabe: Aus dem Hocksitz in die Kerze zurückrollen, mit fast gestreckter
Hüfte fällt der Körper zurück, abrollen mit Aufrichten des gerundeten
Oberkörpers und schnellkräftiges Anhocken der Beine zum Hocksitz (Abb.
33a).

Abb. 33a

2. Grundübung: Abrollen aus der Bauchlage von einer hüfthohen Erhöhung

Ziel: Abrollen mit verzögertem Anhocken der Beine zum Aufstehen aus hoher
Körperschwerpunktlage (beschleunigter Bewegungsablauf).

Aufgabe: Sprung in den Stütz auf einen Kasten/Pferd/Bock und ablegen in die
Bauchlage. Mit den Händen absenken (am Kasten entlang hinunterstützen) zum

Aufstützen auf die Matte. Arme beugen und die gestreckten Beine rutschen – mit dem Abrollen abwärts –
das hüfthohe Gerät entlang; wenn
die Füße das Gerät verlassen, schnellkräftiges Anhocken zum Aufstehen
(Abb. 33b).

Abb. 33b

3. Grundübung: Wandhandstand und Abrollen auf einer erhöhten Ab-
rollfläche

Ziel: Erfahren des gestreckten Anfallens zum Abrollen aus kontrolliertem Ansatz
unter geringer Abrollbelastung. Kennenlernen des Zeitpunktes zum Beugen in
den Armen.

Aufgabe: Aus dem Hockstütz rücklings zur Wand mit einem großen Schritt die
Wand zum Wandhandstand hochsteigen. Die Hände stützen ca. 30-40 cm von
der Wand entfernt auf einer Matte. Vor den Händen befindet sich eine ca. 20 cm
hohe Erhöhung (drei aufeinander gelegte Matten oder ein fester Weichboden).
Ein Bein spreizt leicht von der Wand ab, das zweite Bein folgt zum Handstand.
Der Körper fällt etwas an, d.h. er kippt über. Wenn die Füße sich über der Erhöhung befinden, setzt das Nachgeben in den Armen zum Abrollen ein. Anhocken der Beine zum Aufstehen.

Hinweis: Vor allem bei Ungeübten sollten zwei Helfer am Oberschenkel fassen,
die mit einem Fuß auf der Erhöhung stehend, die Bewegung lenken, halten und
führen.

Variation: Das Abrollen von einer erhöhten schiefen Ebene (Sprungbrett mit aufgelegter Matte) ist für die Abrollbewegung erleichternd, fordert aber durch die
erhöhte Rollgeschwindigkeit ein schnellkräftigeres Anhocken zum Aufstehen.

4. Grundübung: Handstand-Abrollen auf einer kleinen erhöhten Ab-
rollfläche

Ziel: Koordinierung des Anfallens und
Abrollens aus dem schwungvollen
Handstand mit entlastender Abroll-
fläche.

Aufgabe: Aus dem Stand, Ausfallschritt zum Absenken des Oberkörpers und in den Handstand vor einer
kleinen Abrollerhöhung aufschwingen (z.B. doppelt gelegte Matte).
Anfallen über die Senkrechte hinaus

Abb. 33c

und zum Stand abrollen. Übung mit ein bis zwei Partnern als Hilfegebung durchführen (s.u.), die mit einem Fuß auf der Erhöhung stehen (Abb. 33c).

5. Grundübung: Handstand-Abrollen mit Partnerhilfe auf einer Ebene

Ziel: Zielfertigkeit mit Steuerung und Absicherung durch Partnerhilfegebung.

Aufgabe: Aufschwingen in den Handstand und abrollen. Zwei Helfer verlagern das Körpergewicht über die Stützstelle (Hände) und tragen in die Rollbewegung hinein (dabei überkreuzend in Bewegungsrichtung zwei Schritte mitgehen!).

Hinweis zur Hilfegebung: Durch die Verlangsamung ist das Ausprägen einer Bewegungsvorstellung möglich. Durch den Helfergriff bedingt bleiben die Beine in der Senkrechten. Die Helfer wirken zudem einem Überschlagen oder Zusammenklappen entgegen. Zahlreiche Übungsversuche sollten mit guter Partnerhilfe durchgeführt werden! Die Hilfegebung wird mit zunehmender Bewegungssicherheit nach dem Prinzip „So viel wie nötig, so wenig wie möglich" abgebaut: Es wird nur noch mit „Fingerspitzengefühl" gehalten, die Beine gleiten nur noch durch die Helferhände abwärts, bis schließlich nur noch eine Sicherheitsstellung an der Seite mitgeht.

6. Handstand-Abrollen mit gestreckten Armen

Ziel: Variation/Differenzierung für Leistungsstarke.

Beim Anfallen des gestreckten Körpers (etwas weiter und länger als bisher) nur den Armrumpfwinkel etwas verkleinern, die Arme bleiben gestreckt. Dazu müssen die Hände etwas nach innen oder außen gedreht werden, um nicht über die Finger rollen zu müssen (Handgelenk würde unangenehm tief gewinkelt werden). Abrollen mit der Vorstellung, über die langen, gestreckten Arme abzurollen, bis der Hinterkopf/Nacken den Boden berührt. Abrollen zum Stand. Zunächst auf niedriger Erhöhung und mit Helfern das neue Abrollen ausprobieren!

Hinweis: Fingerspitzen leicht ein- oder auswärts drehen.

6 ROLLE RÜCKWÄRTS IN DEN HANDSTAND

Das Zurückrollen in den Handstand ist eine Teilrotation rückwärts, die in eine fußwärts gerichtete Translation übergeht. Damit wird der Bewegungsablauf den Felgbewegungen zugeordnet.

Das Ansetzen der Rollbewegung über das Absenken mit gestreckten Beinen wird für den allgemeinen Turnbereich abgelehnt. Fast alle Anfänger fallen unangenehm dabei auf das Gesäß, da sie meist weder die Beweglichkeit im Hüftbereich zum Auflegen des Oberkörpers auf die Beine haben noch sich ausreichend mit den Händen abfangen können. Das Absenken aus dem Stand über den flüchtigen Hockstand ist für das Hinaufturnen in den Handstand völlig ausreichend und führt bei dieser „breitensportlichen" Adressatengruppe zu einem runden, harmonischen Bewegungsablauf.

Stoppt man das Zurückrollen in den Handstand ab, bevor die Schultern den Boden verlassen, ist deutlich die *Kerze* als Kernbewegung zu erkennen. Folglich wird diese aus der Erwärmung oder Gymnastik bekannte Bewegung als methodischer Ansatz gewählt.

Abb. 34

1	2	3	4	5/6	7	8
Po zu den Fersen		Rollen!	Kerze!	Arme strecken!		Handstand

Bewegungsmerkmale

1   Aus dem Stand, Arme sind in Hochhalte,
2   mit aufrechtem Oberkörper „fallendes" Absenken in den flüchtigen Hockstand.
3   Beginn der Rollbewegung mit Aufsetzen des Gesäßes und Rundung des Oberkörpers, die Arme beugen sich als Vorbereitung zum Aufsetzen der Hände neben dem Kopf.
4   Rollbewegung rückwärts mit Strecken der Beine.
5   Aufsetzen der Hände vor den Schultern, Fingerspitzen zeigen zu den Schultern, Beine befinden sich mit den Unterschenkeln über dem Kopf.
6   Schnellkräftige Hüftstreckung mit Hochschnellen der Füße über Kopf zur Decke und Hüftfixierung (= flüchtige Kerze).

7   Mit Hüftfixierung Impulsübertrag auf die Hände, mit Druck der Hände gegen den Boden strecken sich die Arme zum Hochbringen des Körpers in den Handstand.

8   Handstand.

Lernvoraussetzungen

Konditionelle Lernvoraussetzungen:

-   Schnellkraftfähigkeit der Armstrecker (m. triceps brachii) und alle konditionellen Fähigkeiten, die zum Realisieren der nachfolgend vorausgesetzten Fertigkeiten von Bedeutung sind.

Technische Lernvoraussetzungen:

-   Rolle rückwärts in den hohen Hockstütz.
-   Kerze.
-   Handstand.

Grundsätzliche Hilfegebung:

Zwei Helfer stehen hinter dem Rollenden und umfassen mit Zurückrollen und dem Überkopfbringen der Beine mit beiden Händen jeweils einen Oberschenkel. Sie unterstützen die Streckbewegung nach oben und entlasten damit das Hochstützen (die Arbeit der Armstrecker) für den Übenden.

Hinweis: Die Einführung in den Helfergriff erfolgt schon bei den ersten Übungen (Kerze).

Lernschritte

1. Grundübung: Aus dem Hocksitz zurückrollen in die Kerze mit Handaufsatz

Ziel: Kennenlernen und „Einprogrammieren" des Bewegungsansatzes und des Weges der Füße.

Aufgabe: Aus dem Hocksitz zurückrollen in die Kerze, schnellkräftig die Hüfte strecken. Die Hände gehen wie bei der Rolle rückwärts neben den Kopf und stützen – mit den Fingerspitzen zu den Schultern zeigend – druckgebend auf den Boden.

2. Grundübung: Aus dem Hocksitz zurückrollen in den Handstand mit Partnerhilfe

Ziel: Kopplung von Kerze und Zeitpunkt des Drückens in den Handstand.

Aufgabe: Aus dem Hocksitz zurückrollen in die Kerze, schnellkräftig die Hüfte zur Kerze strecken, Helfer testen den Griffansatz, zurück abrollen zum Hocksitz und erneut mit Handaufsatz neben dem Kopf in die Kerze rollen. Die beiden Helfer haben inzwischen die Oberschenkel umfasst und ziehen den Turnenden in die Senkrechte zum Handstand hoch. Abspreizen eines, dann des anderen Beines zum Aufrichten in den Stand (Foto 4).

Foto 4

3. Grundübung: Aus dem Hockstand Rolle rückwärts in den Handstand mit Partnerhilfe

Ziel: Zielfertigkeit mit kontrolliertem Bewegungsansatz und Korrektur durch Helfer.

Aufgabe: Aus dem Hockstand zurückrollen über die flüchtige Kerze und mit druckgebendem Handaufsatz neben dem Kopf in den Handstand turnen. Die beiden Helfer haben die Oberschenkel umfasst und lenken den Turnenden in die Senkrechte zum Handstand. Abspreizen eines, dann des anderen Beines zum Aufrichten in den Stand.

Signalworte: „Roll-Kerze-strecken!"

4. Grundübung: Rolle rückwärts in den Handstand aus dem Stand mit Partnerhilfe

Ziel: Ansatz mit hoher Körperschwerpunktlage, Steuerung unter höheren dynamischen Bedingungen.

Aufgabe: Aus dem Stand, schwungvolles Absenken in den flüchtigen Hockstand, zurückrollen über die flüchtige Kerze und mit druckgebendem Handaufsatz neben dem Kopf in den Handstand turnen. Die beiden Helfer haben die Oberschenkel umfasst und lenken den Turnenden in die Senkrechte zum Handstand. Abspreizen eines, dann des anderen Beines zum Aufrichten in den Stand.

5. Zielfertigkeit mit einer begleitenden/ohne Hilfegebung

Ziel: Zielfertigkeit mit Bewegungskontrolle von außen.

Aufgabe: Rolle rückwärts in/durch den Handstand mit einer Hilfegebung, die „so viel wie nötig, so wenig wie möglich" die Bewegung mit „Fingerspitzengefühl" begleitet.

7 VOM SCHERHANDSTAND ZUM RAD

Das Rad, von Fachautoren und -autorinnen auch als Handstützüberschlag seitwärts bezeichnet, ist der erste Überschlag, der von Kindern erlernt wird. Kinder lieben es, Rad zu schlagen. Das Rad ist *das* Bodenturnelement. Seit Jahrhunderten wird in unzähligen Kulturen Rad geschlagen. Heute findet es sich in vielen Kulturerscheinungen, wie in Musicals, Break- oder Modern Dance, Capoira, Zirkus etc. wieder. Jede kleine oder große Schauvorführung im Turnen beinhaltet Räder, egal wie alt die Teilnehmer sind, egal welches Niveau sie beherrschen. Radschlagen ist das Symbol für Turnen.

Auch außerhalb der Turnhalle entwickelt sich dieser Bewegungsablauf. Die Kinder lernen es im freien Bewegungsleben ganz natürlich. Erproben sie die Handstandbewegung bspw. auf dem Rasen, am Strand oder auf dem Sportplatz, werden sie bei drohendem Überkippen im Handstand als Ausweichbewegung mit ihrem Körper um die Längsachse weiterdrehen. Damit ist der Bewegungsansatz zum Rad gegeben, findet sich also von alleine im „turnerischen Spiel". Wird das Aufschwingen in den (Scher-) Handstand als Steigerung des Kunststückchens dann bewusst „um-die-Ecke" geturnt, ist die Grobform des Rades geturnt. Es ist also sozusagen kinderleicht zu erlernen ...

Aus diesen Vorüberlegungen leiten sich auch die (nicht nur) „kindgemäßen" Lernschritte – bei gleichzeitiger Gewährleistung des Erwerbs einer guten Basistechnik – in diesem Buch ab.

Was ist ein Rad?
Beim Rad rotiert der Körper 360° um die momentanen Drehachsen der Stützkontakte „Fuß-Boden" und „Hand-Boden". Jedes Rad ist rund und charakterisiert damit die Art der Bewegung als Rotation (Foto 5). Die Rheinländer kennen die „Düsseldorfer Radschläger". Die Düsseldorfer Kinder schlugen traditionell auf den Straßen Räder – und das ist urkundlich seit 1586 dokumentiert! Das turnerische Rad dreht sich um alle Körperachsen! Der Körper rotiert zunächst um die Breitenachse (Absenken des Oberkörpers), dann um die Längsachse

Foto 5

(1/4-Drehung zum Stütz) und schließlich auch um die Tiefenachse (das eigentliche „Rad"). Damit ist es eine der wenigen Bewegungen, bei der man sich um alle Körperachsen dreht. Ist es damit aber anspruchsvoller? Oder wird es dadurch vielleicht leichter zu erlernen sein?

Abb. 35

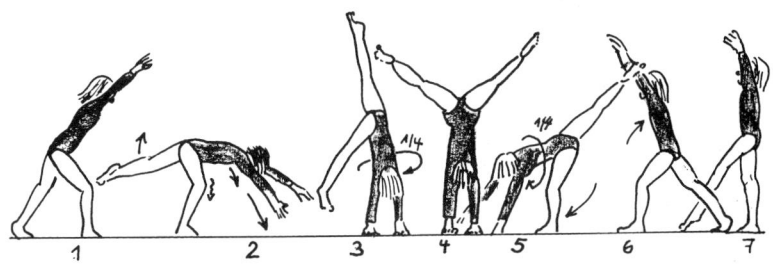

1	2	3	4	5	6	7
Großer Schritt vor!	*„Hineinschrauben" und Schwungbeineinsatz*		*Hüfte strecken!*	*Landefuß zu den Händen*		*Aufrichten*

Bewegungsmerkmale

Ausgangsposition:
1 Schrittstellung, Gewicht auf dem vorderen Bein, Arme in Hochhalte.

Breitenachsenrotation vorwärts:
2 Frontales Absenken des Oberkörpers, Arme bleiben in Verlängerung des Rumpfes, dabei tiefe Knie- und Hüftbeuge, zeitgleich schwingt das Schwungbein nach hinten oben.

Längsachsenrotation:
3 1/4-Drehung des geraden Oberkörpers mit gestrecktem Armrumpfwinkel zum Aufstützen der ersten (Standbein-) Hand – rechtwinklig zur Bewegungsrichtung – und Beginn der Streckung des Standbeines durch „Zug" des Schwungbeines.

Tiefenachsenrotation: Kernphase des Rades:
4 Schwungbein schwingt weiter in die Senkrechte nach hinten oben, Reststreckung des Standbeines und Verlassen des Bodens. Schulterbreites Aufstützen der zweiten Hand rechtwinklig zur Bewegungsrichtung, Armrumpfwinkel bleibt gestreckt, der Körperschwerpunkt wird bei gestrecktem Körper (kein Hohlkreuz!) um die Tiefenachse rotierend über die Stützstellen gebracht, die Beine sind weit (bei gestreckter Hüfte) gegrätscht, wobei das Gesäß (KSP) möglichst über den Händen (Stützstelle) gehalten wird, Gewichtsverlagerung auf die zweite Hand zum flüchtigen Seithandstand mit weit seitgegrätschten Beinen. Der Kopf wird in Verlängerung zum Rumpf gehalten, Blickkontakt zum Boden.

Längsachsenrotation:
5   Absenken des Schwungbeines (nun erstes Landebein) relativ dicht hinter der zweitaufgesetzten Hand unter den Körperschwerpunkt und Lösen/Abdruck der erstaufgesetzten Hand vom Boden, dann Lösen/Abdruck der zweitaufgesetzten Hand. Dabei macht der Körper eine weitere 1/4-Längsachsendrehung.

Breitenachsenrotation rückwärts:
6   Aufrichten des Oberkörpers und Aufsetzen des zweiten Beines (vormals Standbein) in Bewegungsrichtung in Schrittstellung hinter dem Körper.

Endposition:
7   Die Arme gehen in Hochhalte und Gewichtsverlagerung auf das zweite, hintere Bein.

Lernvoraussetzungen

Konditionelle Lernvoraussetzungen:
- Haltekraft bei Stützaufnahme zur Haltung des gestreckten Armrumpfwinkels bei gestreckten Armen: dreiköpfiger Armstrecker (m. triceps brachii) und die Muskelschlinge der Rautenmuskeln und der vorderen Sägemuskeln (mm. serratii anterior und mm. rhomboidei) dann breiter Rückenmuskel (m. latissimus dorsi) und der Kapuzenmuskel (m. trapezius).
- Schnell- und Haltekraft der Hüftstrecker (großer Gesäßmuskel/m. glutaeus maximus).
- Ganzkörperspannung aller an der Streckung beteiligten Muskelschlingen.
- Dehnfähigkeit der Muskeln der Schenkelanzieher an der Oberschenkelinnenseite (Adduktorengruppe).

Technisch-koordinative Lernvoraussetzung:
    Scherhandstand.

Zur Hilfeleistung

Grundsätzlich wird sich weder beim Scherhandstand noch beim Rad gegenseitig Hilfe gegeben, da sich bei den Lernenden beim Radschlagen die Beine beugen und damit die Gefahr gegeben ist, dass die Füße den Kopf des Helfenden treffen können. Bei der nachfolgenden stufenweisen Heranführung ist eine Hilfegebung zudem auch nicht notwendig. Wird das Rad jedoch auf einer Erhöhung geturnt, – wo die Unterstützungsfläche zudem noch schmal ist und daher das Rad verlangsamt geturnt wird – muss bei den Übungsversuchen jedoch eine Hilfegebung stehen. Da sie sich dann jedoch bei der Hilfegebung mit dem Kopf unter Kniehöhe des Turnenden befindet, ist keine Gefährdung gegeben.

Mit der Lernvoraussetzung Scherhandstand sind für das Rad wesentliche Bewegungsmerkmale gegeben und abrufbar. Folgende Bewegungsmerkmale sind gleich und übertragbar:

Bewegungsansatz
- Aufstützen mit gestrecktem Armrumpfwinkel vor dem Standbeinfuß.
- Schwungbeineinsatz über hinten oben.
- Selbstvertrauen, den Körperschwerpunkt (Gesäß) über die Stützstelle (Hände) zu bringen.

Bewegungsendphase
- Schwungbein ist Landebein.
- Körperschwerpunkt (Gesäß) wird solange über der Stützstelle (zweite Hand) gehalten, bis der erste Fuß aufsetzt.

Lernschritte und Übungsvariationen

1. Grundübung: Scherhandstand

Ziel: Herausarbeiten der Kernmerkmale als Grundlage für das Rad.

Aufgabe: Aus dem Stand, Hände aufsetzen und nacheinander die Beine in die Luft aufschwingen. Beine wechseln dabei in der Luft, Schwungbein wird zum Landebein. Ausgehend von der Ausgangsstellung wird zunächst nur *ein* technischer Hinweis (eins der unten genannten Bewegungsmerkmale) zur Umsetzung gegeben. Erst wenn dieser Hinweis umgesetzt wurde, sollte ein neuer gegeben werden. Dies kann sich über mehrere Übungsdurchgänge, aber auch mehrere Übungseinheiten hinwegziehen.

Abb. 36

Bewegungsmerkmale: Aufschwingen in den Scherhandstand

1 *Ausgangsstellung:* Schrittstellung, Gewicht auf dem vorderen Bein, Arme in Hochhalte.
2 *Absenken des Oberkörpers*, tiefe Knie und Hüftbeuge, Arme bleiben in Verlängerung des Rumpfes, Schwungbein löst sich vom Boden.
3 *Handstütz:* Armrumpfwinkel ist noch immer gestreckt, das Schwungbein schwingt nach hinten oben, dabei streckt sich das Standbein.

4   *Scherhandstand:* Der Körperschwerpunkt wird bei gestrecktem Körper über die Stützstelle gebracht, die Beine „scheren", d.h. wechseln in der Luft.

5   Das Schwungbein schwingt als Landebein dicht vor die Hände *zurück,* wobei das Gesäß (KSP) möglichst über den Händen (Stützstelle) gehalten wird.

Vorschlag zur Reihenfolge der Hinweise bei der Erarbeitung der Bewegungsmerkmale (umsetzbar in einer Unterrichtseinheit):

1. *Hinführende, vorbereitende Aufgabe für Anfänger:* Schrittstellung und Aufsetzen der Hände, Heben eines Beines. Sprung von einem Fuß auf den anderen durch „Scheren" (Wechseln) der Beine in der Luft bei gleichzeitigem Beibehalten des Stützes. Kleine Kinder, die kein Gefühl für das Scheren der Beine in der Luft haben, sollten das Scheren der „Schere" zunächst mit geraden Armen ausprobieren und danach wieder versuchen, auf die Beine zu übertragen. (Abb. 37).

Abb. 37

Weitere Aufgabenstellungen zur Vertiefung dieser Übung: „Wer wechselt fünfmal die Beine ohne Pause?!", „Versucht, euch immer höher abzustupsen!"

2. Und jetzt aus der Schrittstellung von oben die Hände auf den Boden setzen und von einem Fuß auf den anderen springen.

3. „Macht einen großen Schritt und tragt euch auf dem vorderen Bein, während ihr euch bückt, um dann die Hände zum Scherhandstand aufzusetzen ..."

4. „Macht einen großen Schritt und tragt euch auf dem vorderen Bein, während das hintere hinten hochgeht, das sieht wie eine Standwaage aus! Wenn ihr jetzt – in der Standwaage – nach vorne abkippt, könnt ihr wieder die Hände aufsetzen und die Beine zum Scheren hochschwingen."

5. „Geht wieder in die Schrittstellung, Gewicht auf dem vorderen Bein und nehmt die Arme hoch/in Verlängerung des Rumpfes. Nun senkt ihr euch ge-

rade, als ob ihr einen Stock verschluckt hättet, zum Scherhandstand ab. Wenn ihr die Hände zum Scherhandstand aufsetzt, lasst die Arme, wo sie im Stand schon waren, als ob sie dort eingefroren wären.

Tipp: Weil die Arme und der Armrumpfwinkel laut Aufgabenstellung gestreckt werden sollen, wird auf Grund der Doppelkoordination auch das Standbein – aus Versehen – mitgestreckt; beim Absenken des Oberkörpers vorderes Bein also gut beugen!

6. Aus der Schrittstellung, vorverlagern auf das vordere Bein zur flüchtigen Standwaage und Absenken mit energischem Schwungbeineinsatz in den Scherhandstand. Dabei nicht mit dem Standbein hochdrücken (drückt meistens den Schultergürtel vor). Übrigens, ... das Schwungbein heißt so, weil man damit für das Rad Schwung holt!

2. Grundübung: Scherhandstand mit 1/4-Längsachsendrehung

Ziel: Ansatz des Hineindrehens zum Rad.

Aufgabe: Aufsetzen der Hände über eine Linie und Scherhandstand mit 1/4-Längsachsendrehung über die Linie, Landung in Schrittstellung seitlich zur Linie.

Hinweise: „Denkt an Scherhandstand, wenn ihr anfangt!", „Tragt euch gut über die Höhe!"

Orientierungshilfen: Linie, Seilchen, Gummischnur, Mattenschluss, Kreidestrich u.ä.

Variation: Stand vor der Längsseite einer Matte/Bodenturnrolle, Aufsetzen der Hände auf die Matte wie zu einem Scherhandstand, Aufschwingen und 1/4-Längsachsendrehung zur Landung im Querstand (Schrittstellung) auf der Matte/der Bodenturnrolle (Abb. 38).

Abb. 38

3. Grundübung: Scherhandstand mit verändertem Stütz und 3/8-Längsachsendrehung

Ziel: Hinführung zur Tiefenachsenrotation.

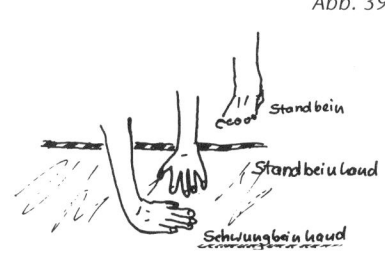

Abb. 39

Aufgabe: Die erste Hand wird wie zum Scherhandstand aufgesetzt, die andere Hand macht jedoch mit den Fingerspitzen eine 1/4-Drehung zur ersten Hand, so geht der Scherhandstand viel leichter „um die Ecke" (vgl. auch aus dem 16. Jh. die Abb. 4 von Tuccarro!). Mit zunehmender Übungswiederholung dreht sich auch die erstaufgesetzte Hand fast von alleine zum Radaufsatz herum, wobei die Fingerspitzen schließlich nach „außen" zeigen, in Richtung der vorderen, auswärts gedrehten Fußspitze (Abb. 39).

Hinweise:

*   „Versucht, die Hände hintereinander aufzusetzen. Bildet mit den Händen am Boden dabei ein 'T' wie 'Theodor'." Die Hand der Schwungbeinseite bildet also dabei das „Dach" vom „T". Der Lehrende macht es vor, die Kinder probieren es zunächst mit den Händen alle in der Luft aus. Dann setzen sie mit dem Aufschwingen zum Handstand die Hände als „T" auf den Boden.
*   „Setzt die Hände in Verlängerung vor euer Standbein, ... aber nicht zu dicht!"
*   „Setzt eure Füße wie Charly Chaplin auswärts, dort, wo die Fußspitze vom vorderen Bein hinzeigt, dort müssen auch die Finger hinzeigen!"

Übungsvariationen

*   Scherhandstand mit 1/4-Drehung über die hüfthohe Zauberschnur. Diese Aufgabenstellung zwingt zum Hochschwingen des Schwungbeines und des Nachfolgebeines (Abb. 40a) .

Abb. 40a

*   Scherhandstand mit 1/4-Drehung *in* einem 50 cm breiten Graben (mit Kreide oder Tesakrepp auf die Turnmatte gezeichnet oder mit Seilchen/Gummitwistbändern gelegt). Stand vor dem Graben, Hände in den Graben setzen und Landung in der Schrittstellung quer zum Graben.
*   Scherhandstand über die Mattenecke (spielerische Vertiefung/Zusatzaufgabe nach erlernter Grobform): Stand mit der Fußspitze vor einer Mattenecke, Hände mit den Fingerspitzen zur Mattenmitte aufsetzen und mit Längsach-

sendrehung im Scherhandstand weiterdrehend „umkippen" mit Landung in der Schrittstellung auf der anderen Mattenkantenseite (Abb. 40b,c und d zeigen weitere Möglichkeiten).

Abb. 40b,c,d

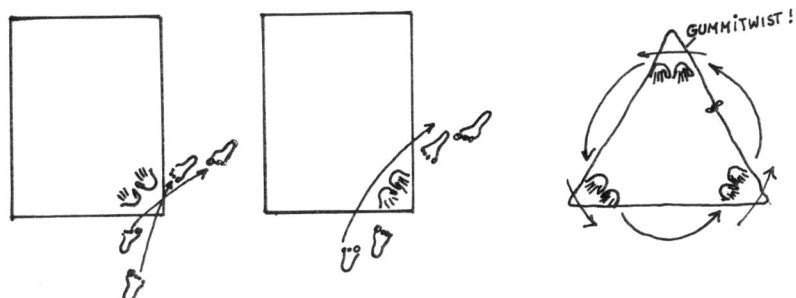

Hinweis: Moosgummihände und auch -füßchen (auch von den Kindern selbst erstellte Papierhände und -füße) können bei allen o.g. Übungsformen mit eingesetzt werden. Diese Aufgabenform sollte aber als spielerische Vertiefung angeboten werden und nicht als erster Zugang zur Aufgabe. Anfänger lassen sich zu sehr vom Treffen der Orientierungshilfen ablenken und vernachlässigen die noch nicht automatisierten Scherhandstand- bzw. Radteilbewegung.

4. Grundübung: Scherhandstand mit 1/2-Längsachsendrehung

Ziel: Erweiterung zur Grobform Rad.

Aufgabe: Seitstand vorlings vor einem Graben: Aufsetzen der Hände parallel zur Grabenlinie in den Graben und mit beiden Füßen nacheinander *über* den Graben schwingen (Abb. 41). Bewegungsansatz erfolgt frontal wie beim Scherhandstand, Landung erfolgt mit Blick zurück zur Ausgangsstellung.

Hinweis: „Denkt am Anfang an den Scherhandstand", „Versucht, gut über die Höhe zu schwingen."

Orientierungshilfen: Gräben zeichnen/legen /bilden (s.o.).

Vertiefung: Orientierungshilfe durch die zusätzliche Aufgabe, nach der Landung über den Graben zurückzuspringen.

Abb. 41

5. Grundübung: Rad auf der Geraden

Ziel: Ausprägen der Endform zur Radform.

Aufgabe: Schrittstellung im Querstand in einer gelegten/gezeichneten 50 cm breiten Gasse (Graben), Aufsetzen der Hände rechtwinklig zur Gasse und „Scherhandstand mit 1/2-Drehung" und Landung nach der Drehung in der Gasse (Graben) = Rad. Gasse schmaler legen, bis nach einigen Versuchen schließlich (auf der Linie geturnt wird (Abb. 42a).

Abb. 42a

Hinweise:

- „Geht wie beim Handstand zunächst gerade runter und dreht *dann erst* euren Körper, um die Hände hintereinander auf die Linie zu setzen!"
- „Schwingt euer Schwungbein gut zur Decke. Wer landet wieder sicher auf der Linie?!"

Orientierungshilfen: Linien des Hallenbodens, Kreidelinien auf der Matte/gelegtes Seilchen auf der Matte.

Üben des zeitlich versetzten Aufstützens der Hände und Füße bei Beherrschung des Rades in der Grobform:

Aufgabe: Aufsetzen der ersten Hand vor einer Orientierungslinie, die zweite Hand dahinter.

Variationen:

- Stand auf einer Matte vorlings vor der Mattenkante, eine Hand auf die Matte aufsetzen, die zweite Hand auf den Boden hinter die Matte.
- Stand vorlings vor einem ca. 30 cm breiten Mattengraben: Aufsetzen der ersten Hand auf die erste Matte, zweite Hand wird über den Graben auf die zweite Matte gesetzt.
- Setzen der Hände auf selbst gemachte Papierhände, die schulterbreit auf eine Matte gelegt werden.
- Stand vor einem Gummitwistgraben: Erste Hand auf das erste Gummiband, zweite Hand auf das zweite Gummiband setzen. „...Wer trifft nacheinander beim Stützen die Gummibänder?"
- Rhythmisierung: „Sagt euch beim Rad laut: Hand-Hand-Fuß-Fuß."
- Oder: Wer kann ganz gleichmäßig „SCHO – KO – LA – DE" turnen (SCHO = 1. Hand, KO = 2. Hand usw.)(Abb. 42b).
- Mit dem Seil zwei schulterbreite Schlaufen legen. Stand vor dem Seilende, dann Rad und die Hände nacheinander auf die gelegten Schlaufen aufsetzen.

- Schulung zusätzlich der Bewegungsweite beim Rad: Setzen der Hände in und über den Bananenkarton.
- Stand vor einem Reifen: Aufsetzen der Hände beim Rad auf den Reifen und den Reifen mit Aufrichten aufnehmen, Stand mit Hochhalten des Reifens in Rumpflinie (Hochhalte).

Abb. 42b

„SCHO - KO - LA - DE"

- Nacheinandersetzen der Hände durch leichtes, tieferes Setzen: Stand auf einem Kastendeckel (dreiteiligen Mattenstapel), Aufsetzen der Hände zum Rad auf eine mit einem untergelegten Sprungbrett erhöhte, schräge Matte/Bodenturnbahn.

Bewegungsverbindungen

- Aufschwingen in den (Scher-) Handstand, in die Schrittstellung absenken, mit Hochnehmen der Arme aufrichten und Rad.
- Rad, aufrichten und 1/2-Drehung in Bewegungsrichtung, zwei, drei Schritte gehen und erneut Rad schlagen ...
- S.o. und weiterhüpfen, „abstoppen" im Ausfallschritt und Rad.
- Rad in den flüchtigen einbeinigen Stand, Aufrichten mit 1/4-Drehung, Aufsetzen des zweiten Fußes zum Nachstellschritt/-hüpfer seitwärts (Seitgalopp).
- Mehrere Räder hintereinander: Rad, Landung in Schrittstellung und 1/2-Drehung in der Schrittstellung, Gewichtsverlagerung auf das vordere Bein und Absenken zum Rad ...

Rad aus dem Anhüpfer

Der Hüpfer ist das verbindende Element zwischen Anlauf und Ausfallschritt zum schnelleren Rad. Die Automatisierung der Verknüpfung dieser „gymnastischen Elemente" mit dem akrobatischen Rad ist koordinativ anspruchsvoll. Das Rad muss bereits gekonnt sein, weil für die Entscheidung – „wo mit den Armen hin?" und „welches Bein kommt vor?" – keine Aufmerksamkeit mehr frei ist, wenn die gymnastische Verbindung vorgekoppelt werden soll. Diese Verbindung hat dann Voraussetzungscharakter für den späteren Handstützüberschlag gestreckt am Boden. Deshalb sollte perspektivisch schon eine harmonische und effektive Ausführung erarbeitet werden (vgl. hierzu auch im Kapitel Radwende, S. 85f.).

Anlauf, Anhüpfer: Zwei, drei Schritte Anlauf, Absprung und Landung auf dem „Schwungbein" (= Hüpfer). Dabei schwingen die Arme in eine schräge Vorhochhalte und der Oberkörper geht mit in die Schrägvorlage. Das „Standbein" schwingt beim Anhüpfer zeitlich verzögert gestreckt vor. Mit der Landung auf dem Schwungbein erfolgt die Gewichtsverlagerung auf das vordere Standbein, das Schwungbein schwingt energisch nach hinten oben zum Absenken in das Rad.

Methodische Heranführung: Aus dem Stand, hochvorschwingen der Arme und Strecksprung in den Ausfallschritt (Standbein schwingt dabei vor), absenken zum Scherhandstand.

- S.o. jedoch Rad.
- Rad aus dem Angehen mit Hochnehmen der Arme, nach zwei, drei Schritten zügig über den Ausfallschritt zum Rad turnen.
- Mehrmaliges Vorwärtshüpfen mit parallelem Vor- und Rückschwingen der Arme; abstoppen – Arme sind in Hochhalte – in den hohen Ausfallschritt, Absenken zum Rad.
- Anlauf, hüpfen, hüpfen, hüpfen und Rad.
- Anlauf und anhüpfen mit Hochschwingen der Arme in die Hochhalte, Schrittstellung und Rad.
- Anlauf, Anhüpfer, Rad, weiterlaufen und Schrittsprung.
- Rolle vorwärts oder Handstand-Abrollen, Strecksprung (Zwischenfedern) in die Schrittstellung zum Rad.

8 RADWENDE

In der offiziellen Fachsprache heißt die Radwende auch Handstützüberschlag mit 1/4-Drehung und ist somit eine Variation des Rades. Beim genaueren Hinsehen erkennt man neben dem Rad auch eine Phase des flüchtigen Handstandes: Es beginnt genau wie ein Rad und in der Senkrechten schließen sich die Beine zum flüchtigen Seithandstand mit anschließender 1/4-Drehung (= abwenden). Es ist schlüssig, Rad und Handstand als Voraussetzung anzusehen. So werden in der Grundschule diese beiden Fertigkeiten zunächst vermittelt, ab der Sekundarstufe dann die Radwende. Kinder können aber diese Fertigkeit schon früher erlernen, vorausgesetzt, sie haben die Basisfertigkeiten Handstand und Rad gelernt. Es ist anzumerken, dass manchmal die Kinder einem eher die Radwende als ein Rad zeigen können. Sie landen instinktiv lieber auf zwei Beinen. Diese Radwende wird aber dann meistens flach und mit Hüftwinkel gezeigt.

Abb. 43

Bewegungsmerkmale
(detaillierte Beschreibung zum Bewegungsansatz siehe Rad, S. 74ff.)

Ausgangsposition:
1   Stand, Arme in Verlängerung des Rumpfes, ein Bein in die weite Schrittstellung vorsetzen.
Breitenachsenrotation vorwärts:
2   Großer Ausfallschritt mit Gewichtsverlagerung auf das vordere Bein und frontales Absenken des Oberkörpers, Schwungbein beginnt, nach hinten oben zu schwingen.
Längsachsenrotation:
3   Weites, gestrecktes Absenken des Oberkörpers mit 1/4-Drehung zum Aufstützen der ersten weit nach außen gedrehten Hand (Radansatz), Streckung

des Standbeines und schulterbreites Aufsetzen der zweiten Hand mit einem „großen Halbkreis" nach außen (die Hände verhalten sich fast rechtwinklig zueinander).

Tiefenachsenrotation: Kernphase der Radwende:

4 Gewichtsverlagerung auf die zweite Hand zum Schließen der Beine (flüchtiger Handstand). Der Kopf wird in Verlängerung zum Rumpf gehalten, Blickkontakt zum Boden.

Längsachsenrotation:

5 1/4-Drehung des Körpers um die Längsachse.

Breitenachsenrotation rückwärts zur Landung:

6 Leichtes Abwinkeln in der Hüfte, Lösen des Handstützes und den Oberkörper aufrichten.

Endposition:

7 Beidbeinige, nachgebende Landung im Stand (Blick zum Ausgangspunkt zurück).

Lernvoraussetzungen

Konditionelle Lernvoraussetzungen:

- Haltekraft bei Stützaufnahme zur Haltung des gestreckten Armrumpfwinkels bei gestreckten Armen: dreiköpfiger Armstrecker (m. triceps brachii) und die Muskelschlinge der Rautenmuskeln und der vorderen Sägemuskeln (mm. serratii anterior und mm. rhomboidei), dann breiter Rückenmuskel (m. latissimus dorsi) und der Kapuzenmuskel (m. trapezius).
- Schnell- und Haltekraft der Hüftstrecker (großer Gesäßmuskel/m. glutaeus maximus).
- Ganzkörperspannung aller an der Streckung beteiligten Muskelschlingen.
- Dehnfähigkeit und Schnellkraftfähigkeit der Muskelgruppe der Schenkelanzieher (Oberschenkelinnenseite: Adduktorengruppe).

Technisch-koordinative Lernvoraussetzungen:

- Rad.
- Aufschwingen in den Handstand mit schnellem Schließen der Beine.

Hilfegebung

Wird die Radwende am Boden geturnt, so helfen die Schüler wegen Verletzungsgefahr – wie beim Rad – nicht (unkoordinierte Beine des Turnenden schlagen in das Gesicht des Helfers). Wenn die Radwende auf/von einer Erhöhung geturnt wird (Beine des Turnenden sind über Kopf der Helfenden) können ein bis zwei Helfer von hinten

Abb. 44

die Hüften umfassen. Sie lenken die Gewichtsverlagerung und die letzte 1/4-Drehung ein (Abb. 44). Die gegenseitige Hilfegebung ist hier ab dem 10. Lebensjahr zu empfehlen.

Lernschritte und Übungsvariationen

1. Grundübung: Rad mit 1/4-Drehung und zurück turnen

Ziel: Orientierung für den Ablauf des Lernzieles vom bekannten Element Rad ausgehend.

Aufgabe: Rad, Beine schnell bei oder vor der Landung schließen und einen Strecksprung zum Ausgangsort zurück.

Einstiegsübungen für die Unterrichtsstunde:
- Wiederholung: a) Handstand mit schnellem Schließen der Beine (mit ein bis zwei Helfern) und b) Rad mit Landung zurück zum Ausgangspunkt schauend.

Ausprägen einer ersten groben Bewegungsvorstellung (vor allem für kleinere Kinder):
- Rad turnen und schnell zum Ausgangsort zurücklaufen.
- Rad über die hüfthohe Schnur, direkt nach der Landung – Schnur tiefer haltend
- drüberspringen oder unter der etwas höher gehaltenen Schnur im Seitverhalten (frontal) hindurchtauchen.
- Stand auf der Matte, Hände auf die Matte aufsetzen und Rad von den Matte turnen, Landung auf dem Boden im Querstand zur Matte, Beine schließen und sofort mit Strecksprung auf die Matte springen.

2. Grundübung: Seithandstand, abwenden

(Aufschwingen über den Radansatz mit 1/4-Drehung zum Seithandstand und mit Geräte- und Partnerhilfe abwenden).

Ziel: Verknüpfen von Radansatz und Handstand unter einfachen Bedingungen. Bewusstmachung der Ganzkörperstreckung bei schnellem Schließen der Beine durch Verlangsamung und Abstoppen der Bewegung.

Aufgabe: Stand auf einer Schwebebank, Aufschwingen wie zum Rad in den Seithandstand und Abwenden in den Stand. Landung erfolgt mit Blick zu den Helfern. Zunächst am Boden ausprobieren (Abb. 45).

Abb. 45

Signalworte: „R-a-d ... Handstand!!!", „Beine schließen!", „Streck dich!"
Partnerhilfe (ab 10. Lebensjahr) oder Hilfegebung des Lehrenden (vgl. S. 86):
- S.o. mit einem Helfer mit Umfassen der Hüfte.
- S.o. mit einer Sicherheitsstellung.

3. Grundübung: Verlangsamte Radwende

Aufschwingen über den Radansatz mit 1/4-Drehung zum Seithandstand, 1/4-Drehung und weiterdrehen zum Abwenden.

Ziel: Kennenlernen der Gewichtsverlagerung von der ersten auf die zweite Hand und der 1/2-Längsachsendrehung mit Abwenden von einer Erhöhung.

Aufgabe: Die Helfer stehen am Bankende und umfassen mit Aufschwingen in den Seithandstand die Hüfte. Die Helfenden verlagern nun deutlich den Körper des Turnenden auf die zweitaufgesetzte Hand und drehen die Hüfte der erstaufgesetzten Hand mit einer weiteren 1/4-Drehung von sich weg. Der Übende senkt die Füße zur Landung. Gut über die Senkrechte turnen! Landung im Querstand in Verlängerung zur Bank! Zur Kontrolle der Körperausrichtung bei der Landung einmal federn und direkt einen Strecksprung auf die Schwebebank zurück turnen (Abb. 46).

- S.o. zügiger und mit einem Helfer geturnt.
- Aus dem Angehen auf der Bank/dem Kastensteg, mit Hochnehmen der Arme Radwende herunterturnen.
- Aus der Schlussstellung auf der Bank/dem Kastensteg, Strecksprung in den Ausfallschritt und Radwende (dient auch der Vorbereitung für die Verbindung aus dem Anlaufanhüpfer).
- Radwende mit Bewegungsbegleitung/mit Sicherheitsstellung.
- S.o. ohne Partnerhilfe.

Abb. 46

4. Grundübung: Radwende am Boden

Ziel: Übertragung der gelernten Bewegungsmerkmale auf die erschwerte Bedingung am Boden.

Aufgabe: Zunächst aus dem Stand, dann aus dem Angehen mit Hochnehmen der Arme in Hochhalte großen Ausfallschritt und zur langsamen Radwende absenken, landen und federn am Ort mit Aufrichten des Oberkörpers (Keine Partnerhilfe!).

Tipp: Um einen Transfer auszunutzen, könnten die 3. und 4. Grundübung direkt hintereinander gekoppelt werden. Nach der Radwende von der Erhöhung Landung mit Zwischenfederung und mit Hochnehmen der Arme zur 1/2-Drehung, zwei, drei Schritte vorwärts gehen und Ausfallschritt zum Absenken in die zweite Radwende – nun am Boden.

5. Radwende in Bewegungsverbindungen

Ziel: Festigen und anwenden des Gelernten noch mit Gerätehilfe.

Aufgaben:

- Stand vor dem Kastensteg (zwei Kastendeckel längs): Aufsteigen mit dem „Standbein", Schritt mit dem „Schwungbein", vorsetzen des „Standbeines zum Ausfallschritt (Arme gehen dabei in die Hochhalte) und Radwende vom Kastensteg herunterturnen" (Abb. 47).

Abb. 47

Aufgabenerweiterungen:

- Anhüpfer zur Radwende: Stand vor dem Kastensteg, angehen, „Schwungbein" aufsetzen, Hüpfer (Absprung und Landung auf dem Schwungbein entspricht einem einbeinigen Strecksprung nach vorne oben) mit gestrecktem Vorschwingen des „Standbeines" zum flüchtigen Ausfallschritt, Radwende herunterturnen.
- Radwende aus dem Anhüpfen vom Kastensteg (s.o.), Landung mit Federung am Ort und deutlichem Aufrichten des Oberkörpers.
- S.o. Zwischenfederungen und 1/2-Drehung, zwischenfedern und weiterlaufen.
- S.o. 1/2-Drehung, Zwischenfederung in den Ausfallschritt und Rad.
- S.o. 1/2-Drehung, Zwischenfederung in die Schrittstellung und eine zweite Radwende ... zwischenfedern, 1/2-Drehung Rad ...
- Radwende aus dem Anhüpfen vom Kastensteg zum Strecksprung (Prellfederung).
- S.o. mit 1/2-Drehung, zwischenfedern, Rolle vorwärts.

II Sprunggeräte

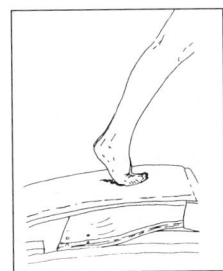

Stützsprünge sind eine Kombination aus Sprung- und Beinschwungbewegung verbunden mit Stützen. Vereinfacht kann der Gesamtablauf der Stützsprünge in die Phasen

---

Anlauf – Absprung – erste Flugphase – Stützphase – zweite Flugphase und Landung

---

eingeteilt werden. Die beiden großen Hauptgruppen sind Stützsprünge mit Gegenrotation (Vorwärts- in Rückwärtsrotation), wie es beispielsweise bei der Sprunghocke und -grätsche gegeben ist. Die andere Gruppe beinhaltet Sprünge mit fortlaufender Rotation, es sind in diesem Fall die Überschläge vorwärts.

„Sprung" ist die Kurzbezeichnung für das ein- oder beidbeinige Abspringen aus dem Anlauf auf oder über ein „Sprunggerät". Die klassischen drei Sprunggeräte sind Bock, Kasten und Pferd. Daneben gibt es auch andere Möglichkeiten, auf und über andere Geräte, Gerätkombinationen und -arrangements zu turnen. An diesen Sprunggeräten werden im Gerätturnen Stützsprünge gezeigt, d.h., das Stützen auf dem Gerät wird bei Wettkampfausschreibungen zur Bedingung gemacht. Damit ist eine Voraussetzung für die Stützsprünge das Stützenkönnen. Im Schauturnen werden Sprunggeräte aber gerne auch ohne Stütz überflogen.

Die Körperhaltung ist je nach Sprungaufgabe unterschiedlich. Die Beine können gehockt, gegrätscht oder gestreckt sein, der Körper gewinkelt oder gestreckt gehalten werden. Auch das muss als 'Körpersteuerung' erlernt werden.

1 ABSPRUNG UND LANDUNG

Der *beidbeinige Absprung* ist im Gerätturnen etwas Besonderes, denn es muss durch eine bestimmte Technik die Elastizität des Sprungbrettes ausgenutzt werden. Die Energie aus Anlauf und Körpergewicht muss das Sprungbrett zusammenpressen, die „Feder" Sprungbrett muss diese kurz gespeicherte Energie wieder dem Körper zurückgeben, um ihn auf/über das Sprunggerät zu „katapultieren". Dies beides gelingt nur, wenn der Körper in allen Gelenken durch muskuläre Anspannung „steif gestellt" wird (Foto 6). Dieser typische Gerätturnabsprung wird *Prellfederung* oder *Prellabdruck* genannt, in der Trainingswissenschaft auch als *reaktiver Absprung* bezeichnet. Diese spezielle Technik muss erlernt werden. Vor allem für die anspruchsvolleren Sprünge wie Sprunghocke über den Längskasten ist die automatisierte Technik des Prellabdruckes eine Leistungsvoraussetzung.

Zum Sprunggerät gehören die unverzichtbaren *Landematten,* die die Sprünge durch Verformung abdämpfen. Sie müssen eine dem Sprungniveau angepasste Dicke haben. Reichen für Sprunghocken in der Schule noch (Boden-) Turnmatten aus (die bei Älteren auch doppelt gelegt werden können), so sind bei Überschlägen in Schule und Verein gut 15-20 cm dicke Landematten oder *feste, dicke* „*Weich-*"bodenmatten für die notwendigen Mindesteintauchtiefen zur Dämpfung notwendig. Bei alten Weichböden mit durchgetretenem Kern empfiehlt es sich, kleine Turnmatten unter und/oder einen Bodenturnläufer über den Weichboden zu legen.

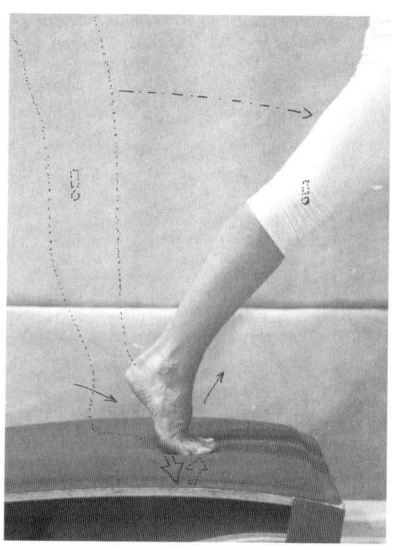

Foto 6

Wie sollte eine gute Landetechnik aussehen?

- *Landungsvorbereitung = „Erwartungshaltung" einnehmen:* Vor dem Bodenkontakt ist der Körper völlig angespannt bzw. landungsspezifisch vorgespannt, 200-250 Millisekunden vorher muss alles für die Landung optimal „steif gestellt" sein. Der Körper muss annähernd gestreckt sein, um für das anschließende, haltend-nachgebende Auffangen einen großen Arbeitswinkel für die zu beugenden Gelenke (vor allem im Kniegelenk) zu haben.

- *Der Bodenkontakt:* Die Ballen, d.h. die Vorderfüße, berühren als Erstes den Boden, fast abrollend senken sich von der Wadenmuskulatur haltend-nachgebend gesteuert die Füße bis zur Ferse (Vorstellung: „festsaugen" mit den Füßen).

- *Das Auffangen = abbremsen:* Die Kniegelenke geben auffangend nach, der Körperschwerpunkt bzw. das Gesäß darf jedoch nicht auf Kniehöhe absacken. Zum einen erhöht dies den Innendruck in den Knien, was die Menisken nicht mögen, die Kreuzbänder werden schon bei unter 50° stark belastet, zum anderen ist eine Haltearbeit der Kniestrecker unter diesen dynamischen Bedingungen ab 90° (und weniger) Kniewinkel kaum möglich. Empfohlen wird eine Änderung des Kniewinkels von 30-40°. Auch der *Rumpf* erfüllt eine die Bewegungsenergie absobierende Leistung. Dazu muss der Rumpf aufrecht und vor allem die Bauchmuskulatur sehr gut angespannt sein (als Vorstellung hilft oft „Bauch einziehen"). Die Arme bleiben in einer schrägen Vorhochhalte, um die Trägheit gegen ein Vorwärtsrotieren und Vorfallen zu vergrößern. (Foto 7)

Foto 7

2 MIT SPIELERISCHEN ÜBUNGSFORMEN VORAUSSETZUNGEN SCHAFFEN

Für die Turnanfänger empfiehlt es sich, aufbauend über verschiedene Übungs- und Spielformen, gute Voraussetzungen zu schaffen. Im Spiel lernt sich alles leichter. Vor allem bei Kindern sollten die Übungsformen spielerisch angeboten werden. Spielerisch Lernen bringt Spaß und motiviert, wer motiviert ist, lernt intensiver. Das Kreistraining (Zirkel- oder Circuittraining) ist bei allen, insbesondere bei Jugendlichen und Erwachsenen, sehr beliebt, zudem wenn dabei noch unterstützend aktuelle Musik eingesetzt wird.

2.1 Springen (Prellfedern) und Prellabdruck

Das Springen der Kinder mit Zwischenfederungen bei ihren Spielen (s.u.) gleicht denen der Prellfederung im Turnen. Absprung und Zwischenlandung zum erneuten Absprung erfolgt über den Vorderfuß, die Ferse bleibt in der Luft. Elastisch fängt der Fuß den Körper auf, ohne ganzflächig abzusetzen. Nachfolgend wird hier das mehrfache Hintereinanderspringen mit Zwischenfederungen als *Prellfederung* bezeichnet, das einmalige Abprellen aus dem Anlauf und Aufsprung als *Prellabdruck*.

Lernschritte

1. Grundübung: Seilspringen oder Gummitwist oder Hüpfekästchen
Ziel: Über federndes Springen den Einsatz der Fußballen als Prellfederung kennen lernen.
Aufgabe: Über Seil/Gummi/Linie springen und *vor* jedem Überspringen einmal mit den Füßen zwischenfedern.

Vor allem Kinder sollten angeregt werden, in der Schulpause oder in der Freizeit diese Spielformen fortzuführen. Über die Hälfte unserer Grundschulkinder hat Fußschwächen! Übungs- und Spielanregungen zum Seil-, Gummitwist oder Hüpfekästchenspringen sind in diesem Sinne Fördermaßnahmen, gleichzeitig schaffen sie Grundlagen für anspruchsvolleres Abspringen vom Sprungbrett. Seilspringen oder Gummitwist kann aber auch für Jugendliche und Erwachsene, altersgemäß angeboten, eine willkommene Abwechslung für den erwärmenden Stundenteil sein. Vor allem das Springen mit aktueller Musik bringt gute Laune in die Stunde!

2. Grundübung: Prellfederungen am Ort
Ziel: Prellfederungen mit gespannten Beinen vom Sprungbrett erlernen.

Aufgabe: Mit Gleichgewichtshilfe (Handreichung oder Kasten) mehrfach Prellfederungen ausführen.

Einstiegsübung: Prellsprünge auf dem Boden.

Mit gespannten Beinen am Ort 5 x von den Fußballen prellen, mehrfach alle zusammen wiederholen (gut im Rahmen der Erwärmung).

-   Die Arme sollten nach den ersten Versuchen beim Prellfedern in schräger Hochhalte gehalten werden. Beim Prellfedern den Bauch anspannen („Bauch einziehen"), kein Ausweichen ins Hohlkreuz zulassen!

Aufgabenerweiterung

Prellsprünge auf dem Sprungbrett

Auf dem Sprungbrett mehrere Prellfederungen hintereinander ausführen. Als Gleichgewichtshilfe sollte sich an Geräten (Kasten/Bock/Pferd/Reckstange/Barrenholm/Sprossenwand/Gitterleiter/Kletterstangen/Taue/Ringe) oder durch Handreichungen von ein oder zwei Partnern abgestützt werden. Verbale Bewegungsbegleitung: „Prell'n – Prell'n- Prell'n ...", oder „Fest – fest – fest ...!". Der Springer soll dabei versuchen wahrzunehmen, wie er das Sprungbrett zusammenpresst (Abb. 48).

Abb. 48

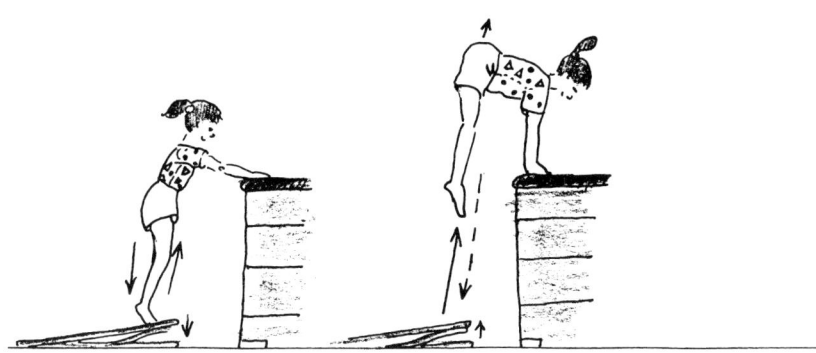

3. Grundübung: Einmaliger Prellabdruck vom Sprungbrett

Ziel: Erlernen des Prellabdruckes aus dem Einspringen auf das Sprungbrett mit gespannten Beinen vom Sprungbrett, Halten der gespannten Beine beim Prellabdruck unter höheren dynamischen Belastungen.

Aufgabe: Stand auf einer kleinen Erhöhung (nicht höher als 50 cm!), Arme sind in schräge Vorhochhalte genommen. Vorhalten eines gestreckten Beines, Absprung mit Schließen der Beine in der Luft, Vorspannen der Beine und der

Bauchmuskeln (Bauch einziehen!) und auf das Sprungbrett springen, abprellen zum Strecksprung, Landung hinter dem Sprungbrett auf einer Matte (Landeverhalten siehe „Landen" S. 100f).

Aufgabenvertiefung: Abprellen auf eine höhere Position hinauf.

- Stand auf einem kleinen Blockkasten (oder zweiteiligen Kasten) und Absprung s.o. auf das Sprungbrett, Prellabsprung mit gestrecktem Körper mit Landung auf einem Kastendeckel.
- S.o. Landung auf einem kleinen Blockkasten (oder zweiteiligen Kasten, Abb. 49).

Abb. 49

Hilfegebung:
Bei Kindern, in breitensportlichen Gruppen und beim ersten Ausprobieren sollte in Dreiergruppen gearbeitet werden. Zwei Helfer gehen mit der nahen Hand unter die Achseln und die ferne Hand wird zum Aufstützen dem Springenden angeboten. Mit diesem helfenden Griff laufen sie begleitend beim Springen mit.

4. Grundübung: Aus dem Anlauf, Absprung und Prellabdruck vom Sprungbrett

Ziel: Kopplung von Anlauf, Absprung und Prellabdruck vom Sprungbrett, Halten der gespannten Beine beim Prellabdruck unter noch höheren dynamischen Belastungen.

Abb. 50

Aufgabe: Anlauf, weiter, flacher Einsprung auf das Sprungbrett, Arme ziehen in schräge Vorhochhalte. Schließen der vorgespannten Beine in der Luft und Aufsprung mit den Fußballen auf das Sprungbrett, abprellen zum Strecksprung, Landung hinter dem Sprungbrett auf einer Matte (Abb. 50).

5. Grundübung: Aus dem Anlauf, Absprung und Prellabdruck vom Sprungbrett und Stütz

Ziel: Kopplung von Anlauf, Absprung und Prellabdruck vom Sprungbrett mit Stützaufnahme.

Aufgabe: Anlauf, weiter, flacher Einsprung auf das Sprungbrett, Arme ziehen in schräge Vorhochhalte. Schließen der vorgespannten Beine in der Luft und Aufsprung mit den Fußballen auf das Sprungbrett, abprellen zum Stütz auf einen Längskasten. Je nach Leistungsniveau kann ein Aufknien oder Aufhocken geturnt werden. Das Gerät darf nur so hoch sein, dass der Sprung erfolgreich ist. Die Konzentration soll auf den Prellabdruck gelegt werden, und nicht, ob ein Aufhocken gelingt oder nicht (Bedingung der Beherrschung eines Trainingsmittels bei koordinativer Schulung). Hiernach schließen sich Übungsformen aus Kapitel II.4 Sprunghocke an.

2.2 Stützspringen

Nach den Übungsformen zum Springen wären jetzt Aufgaben zum Stützen das Thema, um anschließend beide turnerischen Bewegungsgrundformen in Kombination zu üben. Für Übungs- und Spielformen zum Stützen wird auf das Kapitel Bodenturnen I.1.1 verwiesen, wo natürlich bereits Grundlagen auch für die Stützsprünge geschaffen werden. Nachfolgend soll die für das Sprunggerät typische Form des Stützspringens thematisiert werden.

Lernschritte

1. Grundübung: Springen mit erhöhtem Aufstützen

Ziel: Den Belastungswechsel von den Füßen auf die Hände unter einfachen konditionell-koordinativen Bedingungen kennen lernen.

Aufgabe: Stütz auf einem bauchhohen Gerät (Kasten, Reck, Bock, Schwebebalken), mit deutlichem Aufstützen mehrmals am Ort (prellend) springen. Danach Absprung vom Sprungbrett: Prellfederungen mit Stütz auf einem brusthohen Gerät (Abb. 51).

Abb. 51

2. Grundübung: Sich kniehoch abstützend springen

Ziel: Springen und Stützen mit Höhernehmen des Körperschwerpunktes.

Aufgabe: Hockwende auf/über eine Bank aus dem stützenden Schrägstand vorlings. Aufsetzen der Hände auf die Bank, Absprung zum Auf-/Überhocken der Bank.

Variation: Kastentreppe, mehrere Kästen (o.ä.) hintereinander längs-, später seitgestellt: Aufsetzen der Hände auf den niedrigsten Kasten, aufknien oder aufhocken (je nach Alter und Leistungsstärke), hochgreifen zum Aufstützen auf den zweiten Kasten, nachhocken ... (Abb. 52)

Abb. 52

3. Grundübung: Stützsprünge in Fortbewegung auf einer Ebene

Ziel: Erhöhte dynamische Belastung für den Schultergürtel ausbalancieren lernen. Kennenlernen des Springens auf die Hände zum Stütz.

Aufgabe: Grabensprünge. Die Matten einer Mattenbahn werden 10 cm, 30 cm oder 50 cm (je nach Alter und Leistungsstärke) auseinander gezogen, sodass ein kleiner Graben entsteht. Hockstand auf der Matte vor einem Graben, Hände setzen über den Graben und nachspringen mit Anhocken der Beine zur Landung hinter dem Graben auf der zweiten Matte. Auf der Matte mit „Häschenhüpfen" vorstützen und nachhocken bis Hockstand vor der dritten Matte erreicht ist, wieder über den Graben stützen und abspringen mit Hocke und Landung auf der dritten Matte ... (Abb. 53)

Abb. 53

4. Grundübung: Aus dem Anlauf abspringen und stützen

Ziel: Kopplung von Anlauf, Absprung und Stützen, Erfahren einer kleinen Flugphase.

Aufgabe: Anlauf, Absprung und Aufhocken (ggf. noch Aufknien tolerieren) auf eine Schwebebank, kleinen Blockkasten oder zwei-bis dreiteiligen Längskasten, Aufrichten, Niedersprung.

5. Grundübung: Bockspringen: Anlauf, Absprung, Stützen, Überturnen und Landen

Ziel: Kopplung von Anlauf, Absprung mit Stützen und Landen.

Aufgabe: Zu zweit: Ein Partner stellt sich auf Höhe des zu erwartenden Könnensniveaus auf, der Springer nimmt Anlauf, springt ab und Stütz zum „Bocksprung", Landung (Foto 8). Steht der „Bock" mit fast geraden Beinen, so sollte er sich als Bock mit den Händen an den eigenen Oberschenkeln gut abstützen. Bock und Springer wechseln sich in den Aufgaben in der Fortbewegung durch die Halle (oder sonst wo) ständig ab.

Foto 8

2.3 Landen

Das Runterspringen scheint eine ganz einfache Sache zu sein. Es ist aber heute nicht mehr selbstverständlich, dass Kinder wissen, wie sie sich aufzufangen haben, wenn sie von Erhöhungen herunterspringen. Sie tun sich weh, weil sie hart, sprich steif aufkommen. Oder sie klappen beim Aufkommen zusammen. Im Schul- und Vereinsturnen werden häufig Hohlkreuz und X-Beinlandungen nicht korrigiert. Kurz, gesundes und effektives Landen will gelernt sein!

Lernschritte
1. Grundübung: Springen und Landen am Boden
Ziel: Kennenlernen der Landehaltung.
Aufgabe: Zunächst aus dem Stand, dann aus dem Springen am Ort Landehaltung einnehmen (vgl. Foto 7). Aus dem Springen auf Zuruf landen. Mit jedem (zweiten) Durchgang ein neues Merkmal ankündigen und versuchen, es umzusetzen.

Wenn es nicht gelingt, mehrere Versuche zulassen, bevor zum nächsten Bewegungsmerkmal weitergegangen wird.

Reihenfolge der umzusetzenden Bewegungs-/Haltungsmerkmale (vgl. Foto 7):

1. *„Stoßdämpfer":*
   Im Stand, Füße parallel und fußbreit auseinander, in den Knien leicht beugen und wippen, die Knie gehen dabei über die Fußspitzen. Wer hat O-Beine, wer X-Beine? Weder Innen- noch Außenkanten der Füße zu sehr belasten!
2. *„Bauch weg!"*
   S.o., jetzt noch den Bauch einziehen, kein Hohlkreuz.
3. *„Hands up!":*
   Die Arme werden in eine schräge Vorhochhalte gehalten, der Oberkörper ist fast aufrecht.
4. *„Feder":*
   Aus dieser Position hochschnellen zum Sprung und auffangen mit allen o.g. Merkmalen.
5. *„Saugnäpfe":*
   S.o. mit Absenken der Fersen: Fußballen fangen den Körper auf, die Füße rollen ab zum Absenken der Fersen. Bildliche Vorstellung: „Die Füße saugen sich wie Saugnäpfe am Boden fest!" (als 'Trockenübung' aus dem einbeinigen Stand mit dem Spielbein ausprobieren).
6. *„Turnerischer Abfahrtslauf":*
   Automatisieren des Landeverhaltens und Muskeltraining der Streckmuskulatur. Mit Musikeinsatz in der kleinen Kniebeuge unter Berücksichtigung o.g. Merkmale wie beim Abfahrtslauf wippen, auf Zuruf „Hub(b)el!" (= kleine Unebenheit/Erhöhung zum Drüberspringen) springen alle zum Strecksprung auf und landen wieder in der turnerischen kleinen Abfahrtshocke. Dies ist eine gute Übung als regelmäßiger Abschluss der Erwärmung!

2. Grundübung: Hinunterspringen von niedrigen Erhöhungen zum Landen

Ziel: Erlernen des Auffangens mit guter Landetechnik.

Aufgabe: Aufsteigen oder springen auf Schwebebänke, Blockkästen u.ä. und Strecksprünge und landen mit guter Landetechnik (kurz in der Landehocke verharren). Es werden noch keine Landematten bei diesen Höhen gebraucht (Abb. 54a).

Abb. 54a

Auf Musik: Kleine Geräte zum Draufspringen oder Aufsteigen sind in der Halle (eventuell schon für den nachfolgenden Unterricht) aufgebaut. Mit Musik laufen oder hüpfen alle durch die Halle, auf Musikstopp steigen, springen, klettern alle schnell auf Geräte, mit Musikbeginn turnen sie einen Strecksprung runter und landen in der technisch guten Landehocke, bevor sie weiterlaufen.

3. Grundübung: Hinunterspringen von hohen Absprungstellen

Ziel: Erhöhte dynamische Belastung für den Körper und Lernen des Abbremsens und Haltens nach hohen Geschwindigkeiten. Aussteuern des Landeverhaltens zur zielgenaue Landung und in die Balance zum ruhigen Stand.

Aufgabe: Steigen, klettern oder springen auf einen hohen Kasten/ein hohes Pferd/ eine Sprossenleiter/ Gitterleiter ... und Niedersprünge mit gutem Abbremsen der Landegeschwindigkeit. Bei den ersten Versuchen bei Absprung einen Fuß vorhalten, mit Absprung von dem anderen Bein beide Beine zur Landung schließen (Abb. 54b). Dies ist eine (visuelle) Vororientierung der Beinführung und zudem werden die Knie nicht mit dem Absprung vorgeschoben. Auf gute Landematten ist zu achten.

Abb. 54b

Hinweis: Weichbodenmatten verleiten Kinder, sich fallen zu lassen. Das mögen sie gerne! Darauf ist bei der Auswahl der Geräte, der Niedersprunghöhen und des angestrebten Ziels (Landungsschulung) zu achten und entsprechend die Entscheidung zu treffen.

4. Grundübung: Landen aus einer dynamischen Bewegungsverbindung

Ziel: Kopplung von Anlauf, Absprung, Stützen, Rotieren und Fliegen zur Landung. Automatisierungsgrad erhöhen, festigen und anwenden in einem komplexen Bewegungsgefüge.

Aufgabe: Anlauf, Absprung auf einen Längskasten (bei einem zweiteiligen Kasten zum Stand, beim höheren Kasten mit Stütz zum Aufhocken und Aufrichten), vorlaufen und aus dem einbeinigen Absprung Strecksprung und landen .... und stehen! Hiernach schließen sich die Kastensprünge wie Sprungaufhocken mit sofortigem Strecksprung an vgl. Kap. II. 4, S. 110f.).

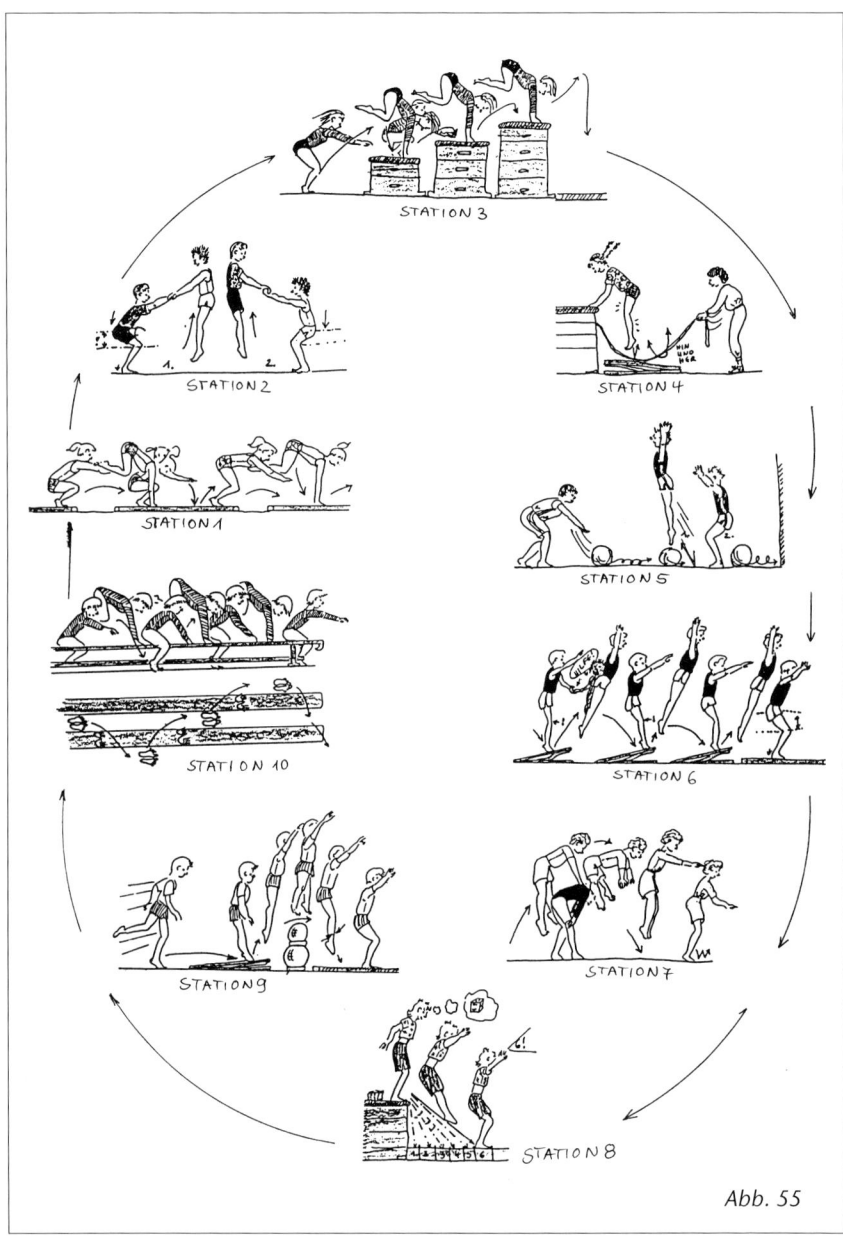

Abb. 55

2.4 Stützsprung-Kreistraining (Abb. 55)

Hinweise: Flotte Musik dazu einsetzen. 45-60 Sekunden Belastung pro Station, 15-30 Sekunden Pause.

Station 1: *Grabensprünge*
Wie: Grabensprünge zu zweit nebeneinander, zurücklaufen ...
Warum: Dynamisches Stützspringen (Schulterbereich).

Station 2: *„Auf und nieder"*
Wie: Asynchron zu zweit (mit Handhaltung) aus der Landehocke Strecksprünge in die Landehocke.
Warum: Landeverhalten einüben (Haltearbeit der Streckmuskulatur).

Station 3: *Kastentreppe*
Wie: Aufstützen auf eine Kastenstufe und aufhocken, auf die nächste Stufe stützen und ...
Warum: Koordination von Stützen, Absprung und Hocken.

Station 4: *Achtung, Seil!*
Wie: Springer stützt auf einem Kasten und prellt über das pendelnde Seil (Kastenpartner).
Warum: Prellsprung mit Gleichgewichtshilfe (reaktive Muskelarbeit der Streckmuskulatur).

Station 5: *Ballsprung*
Wie: Über einen zugerollten Ball zur Landung springen, zwei Sekunden Landehocke halten.
Warum: Landungsschulung (Haltearbeit der Streckmuskulatur).

Station 6: *Bocksprünge*
Wie: Anlauf und Bocksprung über einen Partner.
Warum: Koordination von Anlauf-Absprung-Stützen-Landen.

Station 7: *Bretthopser*
Wie: Anlauf und Prellfederungen von Sprungbrett zu Sprungbrett (Partner gibt Hand).
Warum: Automatisierung der Prellfederung vom Ballen (!) (reaktives Sprungkrafttraining).

Station 8: *Würfellandung*
Wie: Zahl würfeln, vom hohen Kasten in die Zahlenzone oder auf die Zahlenlinie springen.
Warum: Zielgenaues, sicheres Landeverhalten einüben (räumliche Differenzierungsfähigkeit).

Station 9: *Grätschsprung über Türmchen*
Wie: Anlauf, Absprung vom Sprungbrett, Grätschsprung über Kegel o.ä., Landung.
Warum: Kopplung von Anlauf, Absprung und Landung unter dynamischen Bedingungen.

Station 10: *Hakenschlagender Hase*
Wie: Hockwenden aus der Bankgasse auf/über die Bänke nach rechts und zurück, nach links und zurück, nach rechts ...
Warum: Koordination des Stützspringens.

3 SPRUNGHOCKWENDE

Die Sprunghockwende, auch Drehsprunghocke oder Drehhocke genannt, soll nachfolgend im Text verkürzt Hockwende genannt werden, da es der landläufig bekannte Begriff ist, der nicht mit anderen Turnelementen an dieser Stelle verwechselt werden kann (Abb. 56).

Abb. 56

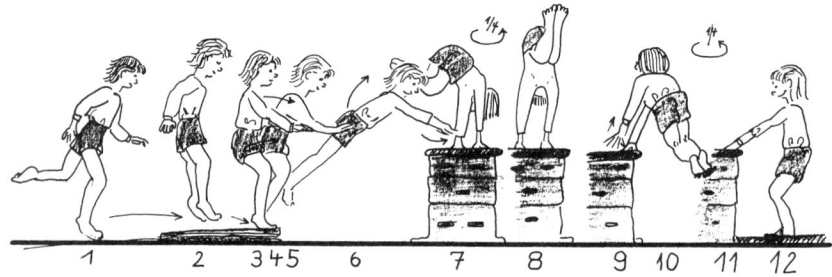

Bewegungsmerkmale

Anlauf:

1   Steigerungslauf auf den Fußballen mit leicht vorgeneigtem Körper.

Brettphase: Prellabsprung:

2   *Einsprung:* Flacher, weiter, einbeinig abgesprungener „Einsprung" auf das Brett, Beine werden geschlossen, Arme parallel genommen.

3   *Aufsprung:* Mit vorgezogenen Beinen, aufrechtem Oberkörper und möglichst gespannten Beinen Aufsprung auf das Brett.

4   *Stützphase mit Rotation:* Mit gespanntem Körper und mit dem Vorschwingen der Arme rotiert der sich weiter streckende Körper in die Vorlage auf dem Brett.

5   *Absprung/Abdruck:* In Körpervorlage (wichtig für exzentrischen Kraftstoß zur Rotationsauslösung) wird die Kraft aus dem Brett in den gespannten Körper aufgenommen und rotierend in die 1. Flugphase gelenkt.

Erste Flugphase:

6   Der Körper rotiert steigend vorwärts, macht dabei nach dem Lösen vom Brett eine 1/4-Drehung, der Armrumpfwinkel öffnet sich etwas durch Oberkörperabsenkung und das Vorziehen der Hände zum Pferd/Kasten. Die Arme werden hintereinander gelenkt, wobei der zweite aufzusetzende Arm etwas „über oben", d.h. im Idealfall schließlich über den Kopf gezogen und für die Stützaufnahme in Position gebracht wird. Die Beine werden in der ersten kleinen Flugphase schon angehockt.

Stützphase auf dem Pferd: Prellabdruck:

7   *Einstützphase/Aufstütz:* Der Körper stützt mit hintereinander gesetzten Händen (beide Fingerspitzen zeigen zur schmalen Gerätseite) auf das Gerät.

8   *Stützphase mit Rotationen:* Der Körper rotiert nun seitwärts von einer Hand zur anderen (wenn auch kaum sichtbar). Die Beine sind eng am Körper gehockt und der Körperschwerpunkt geht senkrecht über die Stützstelle. Im Idealfall ist der Armrumpfwinkel gestreckt (= Querverhalten des Körpers zum Gerät). Der Körper rotiert dann rückwärts abwärts mit Absenken der gehockten Beine, die sich landungsvorbereitend zu strecken beginnen.

9   *Abdruck* mit der zweitaufgesetzten Hand vom Kasten.

Zweite Flugphase:

10 Aufrichten mit Strecken der Beine, die Hände gehen zur Gleichgewichtsfindung zur Seite, der Blick ist – parallel zum Gerät – nach vorne gerichtet.

Landephase:

11 *Phase der Stützaufnahme und des Auffangens:* Die Füße setzen mit den Fußballen zuerst vor dem Körperschwerpunkt auf, der Körper wird „ausgebremst". Die Knie- und Hüftgelenke werden leicht gebeugt, der Körperschwerpunkt bleibt über Kniehöhe. Der Oberkörper ist leicht nach vorne gekrümmt und die Arme sind in Seithalte. Landung erfolgt im Querstand oder Seitstand vorlings.

12 *Endposition:* Aufrichten zum ruhigen Stand, die Arme über die Seit- in die Tiefhalte oder je nach „Schönheitsempfinden" wieder in die Hochhalte.

Hinweis: Für die Älteren empfiehlt sich, wie beim Deutschen Sportabzeichen vorgeschlagen, vor der Landung eine 1/4-Drehung zum Gerät weiterdrehend zu machen (zweitaufgesetzte Hand zieht wieder den Körper zum Kasten). Damit kann man sich nicht nur besser „stützend" zur Landung tragen, auch ist die Landung im Seitstand „knieschonender". Die Landung im Querverhalten verlangt dagegen, eine seitwärts gerichtete Beschleunigung des Körpers abzufangen, die Knie können sich aber nur rechtwinklig hierzu beugen.

Lernvoraussetzungen

Konditionelle Mindestvoraussetzungen:

-   *Haltekraft* dreiköpfiger Armstrecker (m. triceps brachii).
-   *Schnellkraft* der an der Hüftbeugung beteiligten Muskulatur (gerade Bauchmuskulatur/m. rectus abdominis, Lenden-Darmbeinmuskulatur/m. iliopsoas) und der vierköpfige Schenkelstrecker (m.quadriceps femoris).

Technisch-koordinative Voraussetzungen:

-   Kopplung von Anlauf und Absprung vom Sprungbrett.
-   Technik des Prellabsprunges zur Ausnutzung des Sprungbrettes über reaktive Muskelarbeit.
-   Stütz mit in der Luft gehockten Beinen (Hockstütz/flüchtiger Hockhandstand).

Grundsätzliche Hilfegebung

Im Allgemeinen wird bei der Erprobung des Sprunges keine Hilfe gegeben, da bei richtigem Geräteverhältnis das Übungsgut so leicht ist, dass jeder zum Erfolgserlebnis kommen kann. Bei Problemkindern oder ängstlichen Erwachsenen kann der Lehrende wie folgt bewegungsunterstützend helfen: Der Helfende stellt sich seitlich an das Brett, dicht an den Kasten. Mit der kastennahen Hand wird der zuerst aufstützende Arm fest umfasst (Widerlager für die zweite helfende Hand) und die zweite Hand greift seitlich unter den Oberschenkel, um den Körper hochzustützen und auf den Kasten/das Pferd zu drehen. Dabei wird durch Pressen des Oberschenkels an den Bauch auch das Anhocken unterstützt (Foto 9).

Foto 9

Lernschritte

1. Grundübung: Hockwende auf einer Ebene ohne Frontveränderung

Ziele: Koordinieren des Komplexes Absprung zum Stütz und zum flüchtigen Hockstand mit Seitwärtsrotation in die 1/4-Drehung bei geringen Krafteinsätzen, Sensibilisierung für das Halten im Stütz mit gestreckten Armen.

Aufgabe: Aus dem Hockstand schräg an einer Linie voraufsetzen der Hände rechts und links neben der Linie (Fingerspitzen zeigen parallel zur Linie) und Abdruck von den Beinen. Abheben der Füße und die Beine in der Luft zum flüchtigen Quer-Hockhandstand über der Linie anhocken. Absenken der Füße hinter der Linie, Hände vom Boden lösen und Oberkörper zum Hockstand schräg zur Linie aufrichten. Nun wird das Ganze wieder zurückgeturnt (Abb. 57a).

Abb. 57a

Variationen:

- Gleiche Aufgabe, nur aus dem Hockstand quer zur Linie, Hockwende über die Linie in den Hockstand rechtwinklig zur Linie turnen.
- Ein Turnschuh/Medizinball/Ball auf einer Socke liegt auf der Linie: „Wer kann drüberhocken, ohne den Ball (o.ä.) wegzustupsen?!" (*Ziele:* Körperschwerpunkterhöhung und längere Stützzeit).

2. Grundübung: Hockwenden auf und über höhere Ebene

Ziele:. Zunahme der Körperdrehung. Da die Stützstelle erhöht ist, muss – um den Körperschwerpunkt hochzubringen – der Abdruckes vom Boden verstärkt werden.

Aufgabe: Mehrere Schwebebänke in Abständen von ca. 1,50 m-2,00 m parallel aufgestellt, Anlauf aus dem Seitstand vorlings, beidbeiniger Absprung, aufsetzen der Hände hintereinander und Hockwende über die erste Bank, zwei, drei Schritte weiterlaufen und Absprung zur zweiten Hockwende über die zweite Bank, landen, weiterlaufen ....

Abb. 57b

Zunächst kann zum Ausprobieren immer die gleiche Seite der Hockwende geturnt werden, dann auf dem Rückweg immer die andere Seite der Hockwende, schließlich werden einmal die Hände nach rechts, dann an der zweiten Bank nach links, dann auf der dritten Bank nach rechts usw. im Wechsel für das Turnen der Hockwende gesetzt (Abb. 57b).

Variationen: Statt Schwebebänke können auch kleine Blockkästen hintereinander gestellt werden. Als Ergänzung kann zusätzlich eine *Kastentreppe* seitgestellt (mit kleinen Zwischenräumen) werden. Mit Hockwenden wird die Kastentreppe hochgeturnt. Vielleicht springt ein ganz Geschickter über den letzten Kasten von sich aus schon die Hockwende.

3. Grundübung: Anlauf und Hockwende auf ein höheres Gerät

Ziele: Kopplung von Anlauf, Absprung, Hockstütz auf eine höhere Ebene mit Hochbringen des Körperschwerpunktes und mit Aufrichten zur Landung hinter dem Gerät (Abb. 58).

Abb. 58

Aufgabe: Achterlauf um den Kasten mit Hockwende rechts und links geturnt. Aus dem Schrägstand Anlauf, Absprung von einer Matte zum Stütz auf einen hüfthohen Kasten und Hockwende auf den Kasten turnen, stützender Niedersprung (= Hockwende herunterturnen) und zur Landung auf einer Matte im Schrägstand vorlings aufrichten. Weiterlaufen in einem Bogen um den Kasten und auf der anderen Kastenseite mit der andere Hockwendenseite aufturnen (Füße zeigen bei beiden Hockwenden nach außen), dann abturnen.

4. Grundübung: Hockwende über ein Gerät

Ziele: Schulung der Stützphase mit 1/4-oder 1/2-Drehung und Seitwärtsrotation des Körpers, Halten der gehockten Beine, zur Landung strecken.
Aufgabe: Aus dem Seitstand, Anlauf und Absprung vom Brett und Hineindrehen des Körpers mit 1/4-Drehung zum Hintereinanderaufsetzen der Hände auf das bauchhohe Gerät, flüchtiger Querhockstand mit Schwerpunktverlagerung über die Stützstelle (Hände), Abdruck von der erstaufgesetzten Hand und flüchtige Gewichtsverlagerung auf die zweite Hand mit Absenken der sich streckenden Beine und Aufrichten des Oberkörpers, Lösen der zweiten Hand und beide Arme in die Seithalte führen.
Erschwerung: Wenn die Hockwende gut gelingt, wird etwas auf den Kasten gelegt (Turnschuhe, Baseballkappen, Bälle auf Socken, Medizinball), das mit Hockwende überturnt werden soll. Es sollte herausgearbeitet werden, dass die Schultern nicht vorverlagert werden, sondern der Armrumpfwinkel eher überstreckt wird, darüber dann das Gesäß bei eng angehockten Beinen geführt wird. Gleicher Aufbau kann für das Turnen auf dem Rückweg wieder mit Schwebebänken angeboten werden (Intensivierung durch Zusatzbelastung).

5. Hockwende als Schatten-, Synchronturnen und Wetteifern

Ziele: Festigen in der Anwendung.
Aufgabe: Schattenturnen an der „Endlosbank": Zwei bis drei Schwebebänke werden hintereinander gestellt. Erst zwei, dann drei, später alle Kinder in einer Endloskette versuchen, hintereinander Hockwenden im gleichen Rhythmus über die Bank zu turnen (Abb. 59).

Abb. 59

Synchronturnen: Aus dem Anlauf und Absprung nebeneinander synchron über parallel stehende Schwebebänke oder Kastenmauern die Hockwende turnen.

4 SPRUNGHOCKE

Stützsprünge sind eine Kombination aus Sprung- und Beinschwungbewegung. Vereinfacht kann der Gesamtablauf von Stützsprüngen in die Phasen

> **Anlauf – Absprung – erste Flugphase – Stützphase – zweite Flugphase und Landung**

eingeteilt werden.

Bei der Sprunghocke handelt es sich bis zur Stützphase auf dem Kasten/dem Pferd um eine Vorwärtsrotation, die kurioserweise mit dem Abdruck vom Gerät abgebremst werden muss, um mit dem Hocken der Beine unter dem Körper durch das Rückwärtsrotieren des Körpers wieder für die Landung aufgerichtet zu werden. Dies ist für die Lernenden nicht ganz einfach und somit ein Hauptproblem für die Lernenden, Lehrenden und Helfer.

Aus diesem Grund und aus Angst, über Kopf zu fallen, trauen sich viele Anfänger auch nicht, den Körperschwerpunkt (Po) hoch über die Stützstelle zu nehmen. Folglich ist das Gesäß zu niedrig, um die Beine unter den Körper und über den Kasten zu bringen. Dies wiederum erzeugt Ängste, mit den Füßen hängen zu bleiben – ein Teufelskreis! Je mehr jedoch das Hochbringen des Gesäßes und das Umkehren der Rotation durch die Stemmbewegung der Arme und die Schnellkraft der Hüftbeuger gekonnt wird, umso besser kann später die Sprunghocke bei geradem Beinrückschwung über das „Anschweben" oder „Anhechten" ausgeturnt werden (Abb. 60).

Abb. 60

Bewegungsmerkmale
Anlauf:
1   Steigerungslauf auf den Fußballen mit leicht vorgeneigtem Körper.

Brettphase: Prellabsprung:

2 *Einsprung:* Flacher, weiter, einbeinig abgesprungener „Einsprung" auf das Sprungbrett, Beine werden geschlossen, Arme parallel genommen.

3 *Aufsprung:* Mit vorgezogenen Beinen, aufrechtem Oberkörper und völlig gespanntem Körper erfolgt der Aufsprung auf das Sprungbrett.

4 *Stützphase mit Rotation:* Mit gespanntem Körper und mit dem Vorschwingen der Arme rotiert der sich weiter streckende Körper in die Vorlage auf dem Sprungbrett.

5 *Absprung/Abdruck:* In Körpervorlage (wichtig für exzentrischen Kraftstoß zur Rotationsauslösung) wird die Kraft aus dem Sprungbrett in den völlig durchgespannten Körper aufgenommen und rotierend in die 1. Flugphase „katapultiert".

Erste Flugphase:

6 Der Körper rotiert steigend vorwärts, der Armrumpfwinkel wird durch Oberkörperabsenkung und das Vorziehen der Hände zum Pferd/Kasten zunehmend gestreckt, die Beine strecken den Hüftwinkel – bis zur Hüftstreckung bei Leistungsgerätturnern – durch mehr oder weniger schnellkräftiges Zurückrotieren nach hinten oben.

Stützphase auf dem Pferd: Prellabdruck:

7 *Einstützphase/Aufstütz:* Der Körper stützt gegen den Kasten/das Pferd. Bei leistungsorientierten Turnern erfolgt nach dem gestreckten Anschweben nun schnellkräftig das Anhocken.

8 *Stützphase mit Rotationen:* In möglichst kurzer Stützdauer, zwischen dem Gegenstemmen und Abstoßen um die Hand-Kasten/Pferd-Kontaktstelle rotiert der Körper weiter vorwärts, wird jedoch abgebremst, um in Rückwärtsrotation umgelenkt zu werden. Die Hände müssen aber dazu vor den Schultern aufgestützt sein (d.h. nicht mit den Schultern vorbrechen!). Die Beine werden dann energisch unter den Körper gehockt, um die Rückwärtsrotation um die Breitenachse über die damit verbundene Verringerung der Trägheit zu beschleunigen.

9 *Abdruck* aus den Schultern heraus, sobald die Schultern sich über den Händen befinden. Damit verbunden ist das Hochnehmen des Kopfes zur Orientierung und zum Aufrichten des Oberkörpers. Der Körper verlässt translatorisch und rückwärts rotierend das Gerät.

Zweite Flugphase:

10 Über die Höhe fliegt der sich aufstreckende Körper möglichst weit nach vorne, die Arme werden schnellkräftig weiter in Verlängerung des Rumpfes gezogen, der Kopf dazwischen gehalten, der Blick ist nach vorne gerichtet.

Landephase:

11 *Phase der Stützaufnahme und des Auffangens:* Die Füße setzen mit den Fußballen zuerst vor dem Körperschwerpunkt auf – der Körper wird „ausgebremst". Die Knie- und Hüftgelenke werden leicht gebeugt, der Körperschwerpunkt

bleibt über Kniehöhe. Der Oberkörper ist leicht nach vorne gekrümmt und die Arme sind in Hochhalte.

12 *Endposition:* Aufrichten zum ruhigen Stand, die Arme über die Seit- in die Tiefhalte oder je nach „Schönheitsempfinden" wieder in die Hochhalte führen.

Lernvoraussetzungen

Konditionelle Mindestvoraussetzungen:

- *Haltekraft* der Kniestrecker beim reaktiven Prellabsprung und für die exzentrische Muskelarbeit bei der Landung: vierköpfiger Schenkelstrecker (m. quadriceps femoris).
- *„Fußkraft"* zum Hochhalten der Ferse beim Prellabsprung: Drillingsmuskel der Wade (m. triceps surae: m. gastrocnemius und m. soleus).
- *Haltekraft* bei Stützaufnahme zur Haltung des Armrumpfwinkels bei gestreckten Armen: dreiköpfiger Armstrecker (m. triceps brachii) und die Muskelschlinge der Rautenmuskeln und des vorderen Sägemuskels (m. serratus anterior und mm. rhomboidei).
- *Schnellkraft* der an der Hüftbeugung beteiligten Muskulatur (gerade Bauchmuskulatur/m. rectus abdominis, Lenden-Darmbeinmuskulatur/m. iliopsoas) und der vierköpfige Schenkelstrecker (m. quadriceps femoris).

Technisch-koordinative Voraussetzungen:

- Kopplung von Anlauf und Absprung vom Sprungbrett.
- Technik des Prellabsprunges zur Ausnutzung des Sprungbrettes über reaktive Muskelarbeit.
- Stütz mit in der Luft gehockten Beinen (Hockstütz/flüchtiger Hockhandstand).

Grundsätzliche Hilfegebung

Stützgriff am Oberarm mit „Schultersperre"

Zwei Helfer stehen Schulter an Schulter (Schultersperre) in Schrittstellung hinter dem Kasten, das innere Bein vorgestellt. Mit dem Aufstützen des Turnenden gehen die Hände der Helfer den Armen des turnenden Partners entgegen und umfassen den jeweiligen Oberarm. Die innere Hand befindet sich dabei unter der Achsel. Die Helfer verhindern zunächst ein Überfallen oder ein Zurückfallen bei dem Turnenden. Im weiteren Bewegungsverlauf tragen die Helfer den Turnenden über den Kasten/das Pferd und richten dessen Oberkörper auf und sichern die Landung. Dazu müssen sie ein bis zwei Schritte, mit dem inneren Bein beginnend, im Übungsverlauf zurückgehen.

Wird der Übungsablauf zunehmend beherrscht, stehen die Helfer „geöffnet", d.h. rechtwinklig zum Kasten/Pferd und fassen mit dem Stützgriff den Oberarm bis zur sicheren Landung (Foto 10).

Vorbemerkung zur Methodik
Die Methodik muss auf viele menschliche Ängste eingehen: Nicht unkon-
trolliert überschlagen, nicht hängen
bleiben, nicht bei der Landung mit
dem Gesicht auf die Matte stürzen.
Die nachfolgende Turnmethodik geht
zum einen von einem dosierten, kontrollierbaren Bewegungsansatz aus.
Die Fläche, an der man hängen bleiben könnte, kann bei den ersten Versuchen weggenommen werden, indem im Stütz durch Gassen gesprungen wird. Zum anderen wird die
zweite Flugphase zunächst durch eine
Auffangfläche (ein längs gestellter Kas-

Foto 10

ten, ein Mattenberg hinter dem seitgestellten Kasten ist sehr sinnvoll) in der An-
fängersituation abgesichert, bis das technische Know-how gegeben ist. Viele Lehrende und Turnbuchautoren führen die Sprunghocke über das Aufknien ein. Ein
enges Anhocken der Beine unter dem Bauch mit Streckung der Füße zum Durch-
kommen wird damit angestrebt. Bei Ängstlichen kommt es sowieso von alleine
zum Aufknien, weil sie den Körperschwerpunkt hängen lassen; dazu braucht man
sie nicht anzuregen. Beim gezielten Erlernen der Sprunghocke ist es wichtiger, die
Angst davor zu verlieren, das Gesäß so weit hochzunehmen, dass die Beine unter
den Körper passen. Zum anderen müssen sie die konditionell-koordinative Fähigkeit erwerben, die dynamischen Kräfte durch Gegenstemmen der Arme und des
Schultergürtels zu halten. Bewegungslernen ist nur möglich, wenn die Angst im
Lernprozess optimal reduziert wird. Dies wird durch die Heranführung an die Fertigkeit über die nachfolgenden fünf Grundübungen angestrebt.
Methodisch-organisatorischer Hinweis: Die Grundübungen 1 und 2 können in
einer Unterrichtseinheit gelehrt werden, die Grundübungen 3, 4 und 5 in weiteren Stunden. Bei älteren oder heterogenen Gruppen können die Grundübungen
auch als Stationsturnen – z.B. zum Überlernen – angeboten werden. Es ist günstig, mit einer vorhergehenden Grundübung – in Variation natürlich – in der darauf folgenden Stunde für die nächsthöhere Grundübung einzuleiten.

Lernschritte

1. Grundübung: Hockstützhüpfen auf einer Ebene
Ziel: Koordinieren der Komplexe „Absprung zum Stütz mit Vorwärtsrotation"
und „Rotationsumkehrung zum Hockstand" bei geringen Krafteinsätzen, Sensibilisierung für das Gegenstemmen mit den Armen.

Aufgabe: Aus dem Hockstand, weites Vorsetzen der Hände mit Abdruck von den Beinen zum Abheben der Füße und zum Anhocken der Beine in der Luft zum flüchtigen Hockhandstand (= Vorwärtsrotation), dann Absenken der Füße vor die Hände sowie Lösen der Hände vom Boden und Aufrichten des Oberkörpers zum Hockstand (= Rückwärtsrotation), erneutes Vorverlagern zum Vorsetzen der Hände und Abdruck in den flüchtigen Hockhandstand (vgl. Abb. 7).

Hinweis: Die erste Grundübung ist Basis für Grundschulkinder. Jugendliche und Erwachsene können diese erste Grundübung mit ihren Variationsformen als konditionell-koordinative Schulung im Rahmen der Erwärmung aufgreifen.

Variation zur Vertiefung: Hockstützhüpfen mit erhöhtem Stütz (= stützentlastend) in der Bankgasse. Die Hände werden rechts und links mit Abdruck vom Boden weit nach vorne auf eine Bank gestützt, die Beine werden mit Stützaufnahme fast nachschwingend nachgehockt und auf den Boden vor Schulterhöhe aufgesetzt, dann kommt wieder ein weites Vorgreifen zum Stütz und Nachhocken ... Interessant wird es, wenn dabei über aufgelegte Seilchen gestützt und gehockt wird. Auch ein Überhocken von Medizinbällen in der Gasse ist als Variation sinnvoll (Abb. 61).

Abb. 61

2. Grundübung: Hockstützhüpfen auf höhere Ebenen hinauf

Ziel: S.o. mit Zunahme an Bewegungsintensität, Höhe und Weite.

Aufgabe: Aus dem Anlauf ein Hockstützhüpfer am Boden, aufrichten und zu einer längs gestellten Schwebebank laufen und „Hockstützhüpfer" auf die kurze Seite der Bank turnen (= Aufhocken) (Abb. 62), weiterlaufen zu einer niedrigen, längs gestellten Kastentreppe: Hockstützhüpfen von Längskasten (zweiteilig) zu Längskasten (dreiteilig) zu Längskasten (vierteilig). Ab dem 10. Lebensjahr und für alle Älteren ist alles ein Kastenteil höher. Aufrichten und Niedersprung mit gutem Landeverhalten.

Tipps: Wenn alles zu einer langen verbundenen Gerätebahn aufgebaut wird, für den Rückweg noch anders belastende Aufgaben (z.B. Balancieraufgaben) stellen, dazu noch motivierende Musik einsetzen, dann ist die Angst der Bewegungslust gewichen.

Abb. 62

Auch als _Stundeneinstieg_ oder _Ausklang_ können die Turnenden nach Musik durch die Halle laufen. Auf Musikstopp hocken sie auf verschiedene und verschieden hohe Geräte von der schmalen Seite auf (Schwebebänke, Blockkästen, dreiteilige Kästen, festgestellter kniehoher Mattenwagen...).

3. Grundübung: Sprunghocke an der Kastengasse

Ziel: Kopplung von Anlauf, Absprung, Hockstütz auf eine höhere Ebene und zur Landung aufrichten hinter dem Gerät ohne Gefahr des „Hängenbleibens".

Aufgabe: Mehrere hüfthohe Sprunggeräte – idealerweise Kästen – werden mit kleinen Gassen (etwas weiter als schulterbreit) seit- und nebeneinander gestellt. Vor jede Gasse wird ein Sprungbrett gestellt. Die Übenden laufen vor der Kastengasse an, springen vom Sprungbrett ab, stützen mit der rechten Hand auf den rechten Kasten, mit der linken Hand auf den linken Kasten und turnen ihr gelerntes „Hockstützhüpfen" durch die Kastengasse (Abb. 63a).

Variation: Schräge Bankgasse (vgl. Abb. 63b).

Hinweis: Bei der Aufgabenstellung sollte es genutzt werden, die gegenseitige Hilfe zu erlernen. Je ein Helfer steht hinter „seinem" Kasten und hat nur die Aufgabe, mit Stützaufnahme die Oberarme zu „schnappen" und bis zum sicheren Stand den Griff am Oberarm nicht mehr loszulassen.

Abb. 63a und b

Variation/ Erschwerung:
- Zwei Partner können vor der Kastengasse ein niedriges Seil halten, das je nach Leistungsvermögen erhöht wird. Spannender ist es, Toilettenpapierstreifen zu halten, ohne sie zu zerreißen. Davor haben die Übenden auch weniger Angst als vor festen Seilchen.
- Eine aufgefaltete Zeitung wird (z.B. mit Tesakrepp) hinter die Kastengasse geklebt. Wer sie zerreißt, muss eine neue Zeitung dahinter ankleben. Die Zeitung wird mit jedem Durchgang ein Kastenteil höher geklebt.
- Ein Medizinball wird vor die Kastengasse gelegt, den es gilt zu überspingen.
- Ein kleiner Blockkasten wird für die Selbstbewussten (ggf. für zwei leistungsstärkere Gruppen entsprechend vor zwei Kastengassen) gestellt, die überturnt werden sollen. Wer springt, wenn noch ein Medizinball oder noch ein Blockkasten draufgesetzt wird?!?

4. Grundübung: Sprunghocke auf den längs gestellten Kasten
Ziel: Schulung der ersten Flugphase und Hochbringen des Körperschwerpunktes bei Absicherung des „Landebereiches".
Aufgabe: Anlauf, Absprung und auf einen hüfthohen Kasten aufstützen und aufhocken, zügig aufrichten, vorlaufen an das Kastenende, von beiden Beinen zum Strecksprung abspringen und mit haltend-nachgebender, gut kontrollierter Landung die Übung beenden (Abb. 64).

Abb. 64

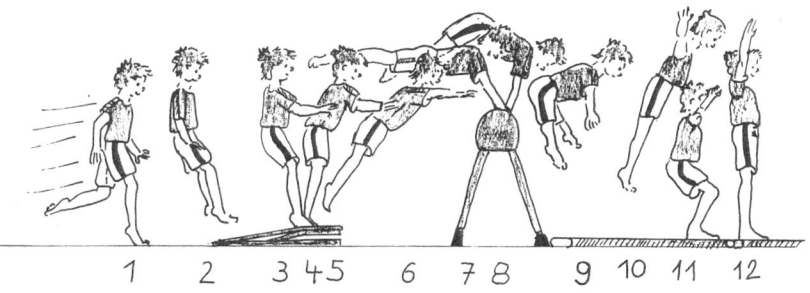

Hinweis: Um zeitgleich die *Hilfegebung* in einer überschaubaren, ungefährlichen Situation mit einzuführen (Verbesserung auch der Hand-Augen-Koordination), steht rechts und links zu Beginn des längs gestellten Kastens je ein Helfer und streckt die Arme dem Anlaufenden entgegen, um mit Stützgriff schnell die Oberarme zu umfassen. Zwei weitere Partner können dicht auf der Landematte stehen und den Turnenden am Rücken und Bauch auffangend im Stand sichern („Sandwich"). Dies ist eine gute Gelegenheit, nicht nur die Angst beim Helfen

und Sichern vor heranfliegenden Körpern zu nehmen, sondern gleichzeitig durch Einsatz aller Kinder einen bewegungsaktiven Unterricht durchzuführen.
Variationen:
-   Anlauf, Absprung und Aufhocken, Vorgreifen zum Stütz für ein Hockstütz-hüpfen, nochmals Vorgreifen zum Hockstützhüpfen und schnellkräftiges Auf-richten zum Absprung in den Strecksprung mit anschließender Landung.
-   S.o. nur am Ende Abhocken zum Stand. Zwei Helfer lernen hierbei, schon in einer ungefährlichen Situation die zweite Phase zu unterstützen: Sie umfas-sen mit den Händen den jeweiligen Oberarm und tragen mit Zurückgehen das „Päckchen" (gehockter Turner) vom Kasten herunter. Das „Päckchen" springt unterstützend selbst mit ab. Wer als Helfender gut ist, kann den Tur-nenden für die Landung dabei schon aufrichten.
-   *Wettbewerb:* Wer kann beim Aufhocken am weitesten vorstützen?! Die Wei-ten werden mit Kreidestrichen markiert, ... es werden nachher die Sieger der Kästen, dann der ganzen Gruppe ermittelt, natürlich zählt nur, wer mit den Füßen auf den Kasten kommt! (Schöner Stundenausklang!)

5. Grundübung: Sprunghocke mit Absprunghilfen und zwei Hilfegebungen

Ziel: Endform unter erleichterten Bedingungen.
Aufgabe: Anlauf, Absprung und Stütz zur Sprunghocke über den Kasten/das Pferd/den Bock mit zwei Helfern (Hilfegebung siehe „Grundsätzliche Hilfege-bung" S. 112, Foto 10).
Variationen:
-   Absprunghilfe erhöht: Absprung von einem Blockkasten oder doppelt geleg-tem Sprungbrett.
-   Absprunghilfe bei schlechter Absprungtechnik: Absprung von einem Mi-nitrampolin.

Hinweis: Für sprungstarke Turner darf das Stützgerät (Kasten/Pferd/Bock) nicht zu niedrig sein, da sie dann mit dem Körperschwerpunkt zu hoch treiben. Stützen sie zu niedrig, kön-nen sie die Vorwärtsrotation kaum mehr in eine Rückwärtsrotation um-kehren und drehen so kopfüber zu fallen! Also: Dosiert anlaufen oder Stützgerät höher wählen!
Differenzierung für leistungsstarke Turner: Sprunghocke mit Streckung in der ersten Flugphase. Anlauf, Absprung, in der ersten Flugphase vorschwin-gen der Hände zum Stütz. Zeitgleich

Foto 11

die Beine energisch zur Decke schwingen und „Liegestützposition" einnehmen (Foto 11). Die Bewegung wird zur Umkehrung in die Rückwärtsrotation abgebremst. Mit Abdruck von den Händen, schnellem Anhocken der Beine und Aufrichten des Oberkörpers den Körper wieder strecken zur Landung. Hierzu das Absprungbrett zunehmend weiter wegstellen. Das Halten einer höheren Gummischnur zum Überturnen ist meist angstauslösend.

Hinweis: Die Hilfegebung muss inzwischen über die verschiedenen Stufen der Grundübungen 3 bis 5 gut mittrainiert worden sein! Gegebenenfalls stellt sich bei sehr dynamisch Turnenden der Lehrende selbst als Hilfegebung dazu.

Landungssicherung: Die letzte Stufe ist die Absicherung des Turnenden bei der Landung. Sie erfolgt an Bauch und Rücken, dabei wird sowohl das Zurückfallen an den Kasten als auch das Überkippen nach vorne verhindert.

Nachdem zunächst zwei Partner gesichert haben, steht bei sicheren Springern nur noch ein sichernder Partner an der Seite.

5 SPRUNGGRÄTSCHE

Bockspringen ist eigentlich das Natürlichste der Welt, wenn man Kinder im freien Bewegungsleben beobachtet. Auch Erwachsene machen aus Lust und Laune im Park oder am Strand einmal das Bockspringen. Dieses Motiv wird auch gerne als Ausdruck von Lebenslust abgebildet. Der lebendige Bock hat den Vorteil, dass er fast beliebig hoch, breit oder lang sein kann, auf Wunsch individuell in Sekunden veränderbar ist. Im natürlichen Bockspringen über Partner steckt alles, was man auch für ein Springen über ein Turngerät braucht: Kopplung von Anlauf, Absprung, Stütz, Beine grätschen, abdrücken und landen. So gehört diese Form auch in die Turnmethodik hinein .... ist es doch der natürlichste Zugang zum Stützspringen.

Abb. 65

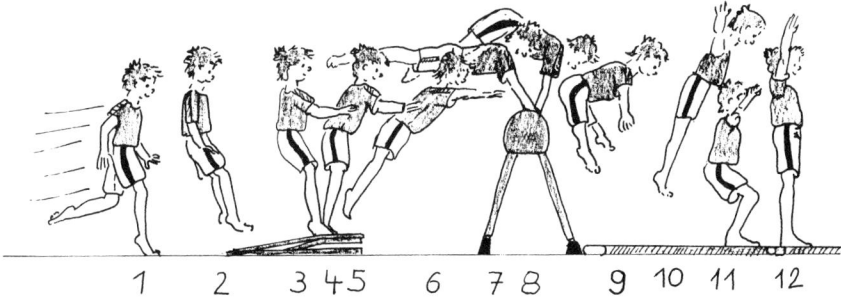

Bewegungsmerkmale
Die Bewegungsmerkmale der Sprunggrätsche (Abb. 65) gleichen denen der Sprunghocke, deshalb wird für eine detailliertere Ausführung darauf verwiesen (vgl. S. 110f.).

Einzig die Beinhaltung wird variiert. Der durchschnittlich Turnende grätscht nach dem Absprung in der ersten Flugphase die Beine mit gleichzeitigem Winkeln in der Hüfte (Figur 6). Mit Stützaufnahme (Figur 7/8) befinden sich die Beine weit in Seithalte. Mit Abdruck vom Gerät und dem Aufrichten des Körpers müssen die Beine schnell wieder geschlossen werden (Figur 9/10). Der leistungsorientierte Turner lässt in der 1. Flugphase im Anflug die Beine noch geschlossen, um sie mit Stützaufnahme schnellkräftig – ohne tiefe Hüftbeuge – zu grätschen. Erstrebenswert ist eine erste Flugphase, die mit gestrecktem Körper über die Waagerechte geht. Dies ist dann schließlich auch die Voraussetzung für die Sprunggrätsche über das längs gestellte Gerät.

Lernvoraussetzungen
Konditionelle Mindestvoraussetzungen:
- Vgl. Sprunghocke S. 112.
- Zusätzlich: Mindestspreizfähigkeit der Beine durch Dehnfähigkeit der Muskelgruppe der Oberschenkelinnenseite: die Schenkelanzieher (Adduktorengruppe).

Technisch-koordinative Voraussetzungen:
- Kopplung von Anlauf und Absprung vom Sprungbrett.
- Technik des Prellabsprunges zur Ausnutzung des Sprungbrettes über reaktive Muskelarbeit.
- Stütz mit in der Luft gegrätschten Beinen (gewinkelter Stütz mit gegrätschten Beinen).

Grundsätzliche Hilfegebung
Stützgriff am Oberarm: Beschreibung siehe Hilfegebung bei der Sprunghocke (S. 112). Diese Hilfegebung ist auch bei der Sprunggrätsche, wo sich die Beine des Turnenden an der Seite befinden, sehr zu empfehlen, da sie sich einzig mit ihrer Schultersperre als Masse gegen den heranfliegenden turnenden Körper stemmen und wirkungsvoll aufrichten kann (Abb. 66a). *Ein* helfender Partner, der frontal steht und die Oberarme umfassen will, würde bei einem Sturz nicht helfen können, würde sogar rückwärts fallen und mitstürzen. Anders ist die Situation, wenn ein Erwachsener einem Kind hilft. Wird der Bock für die besseren Springer z.B. höher gestellt, ist er damit nachher höher als die Kinder. Hier sollte dann der Lehrende halten: Er steht frontal zum Bock und umfasst von außen die Oberarme, um das Kind zu stützen und aufzurichten. Mit der Landung des Kindes muss er schnell zurückgehen, um den „Landeplatz" freizumachen. (Abb. 66b).

Abb. 66a u. b

Lernschritte

1. Grundübung: Grätschstützhüpfen auf einer Ebene

Ziel: Koordinieren des Komplexes Absprung zum Stütz mit Vorwärtsrotation und Rotationsumkehrung zum Grätschstand bei geringen Krafteinsätzen, Sensibilisierung für das Gegenstemmen mit den Armen.

Aufgabe: Aus dem Hockstand weites Vorsetzen der Hände mit Abdruck von den Beinen zum Abheben der Füße und Grätschen der Beine in der Luft, Absenken der gegrätschten Füße seitlich vor den Händen, Lösen der Hände vom Boden und etwas den Oberkörper zum Grätschstand aufrichten, erneutes Vorverlagern zum Vorsetzen der Hände und Abdruck mit Schließen der Beine in den flüchtigen Hockhandstand, Füße zum Hockstand absenken, dann den Ablauf wiederholen.

Hinweis: Die erste Grundübung ist Basis für Grundschulkinder. Jugendliche und Erwachsene können diese erste Grundübung mit ihren Variationsformen als konditionell-koordinative Schulung im Rahmen der Erwärmung aufgreifen. Durch das Grätschen der Beine mit Aufsetzen der „langen" Beine muss der Körperschwerpunkt (Gesäß) automatisch höher genommen werden, was eine zusätzliche Stützbelastung und Koordinierung des Gegenstemmens und der Balance bedeutet.

Vertiefung: Grätschstützhüpfen mit erhöhtem Stütz (= stützentlastend) an der Bank:

- Grätschstützwandern an der Bank: Im Grätschstand über einer Bank stehen, vorgreifen zum Aufstützen der Hände und dabei nachspringen zu den Händen mit gegrätschten Beinen. Lösen des Stützes zum gewinkelten Grätschstand und wieder vorgreifen zum Stütz ... Damit wird eine Banklänge überwandert (eventuell zwei hintereinander gestellte Bänke, wenn es eine zusätzlich belastende Aufgabe für den Rückweg vom Sprunggerät ist).

2. Grundübung: „Bockspringen": Sprunggrätsche auf und über schmale, niedrige Hindernisse

Ziel: Kopplung von Anlauf, Absprung, Stützen auf eine höhere Ebene und Grätschen mit Aufrichten zur Landung hinter dem Gerät.

Abb. 67

Aufgabe: Anlauf und Absprung mit Aufsetzen der Hände auf einen kleinen Blockkasten (oder längs gestellten zweiteiligen Kasten), Beine grätschen und sich auf den Kasten setzen. Zunehmend versuchen, den kleinen Blockkasten ohne Berührung mit dem Po zu übergrätschen (Abb. 67).

3. Grundübung: Sprunggrätsche am Turngerät Bock mit Absprunghilfe

Ziel: Kopplung von Anlauf, Absprung von der Absprunghilfe, Grätschen, Stütz, Abdruck und Landung.

Aufgabe: Sprunggrätsche über den seitgestellten Bock: Anlauf (bei Jüngeren auf einer Erhöhung, z.B. Schwebebank), Absprung vom doppelt gelegten Sprungbrett oder vom Blockkasten oder vom *Minitrampolin* (setzt Vorkenntnisse voraus) zum Stütz auf den Bock und Grätschen der Beine, Abdruck und schnelles Schließen der Beine (Foto 12a u. b).

Foto 12a   *Foto 12b*

Zu den Absprunghilfen/Geräthöhen:

- Statt eines Minitrampolins kann auch ein doppelt gelegtes Sprungbrett genommen werden.
- Ist der Bock für Grundschulkinder oder leistungsschwächere Turner nicht niedriger zu stellen, so kann die Absprungfläche erhöht werden: Es kann von einem vor den Bock gestellten Blockkasten gesprungen werden, oder auf längs gestellte ein- bzw. zweiteilige Kästen (Kastensteg = zwei Kästen längs hintereinander) gelaufen und abgesprungen werden. Bewährt hat sich auch Folgendes: Anlauf auf einer Bank und Absprung von einem darauf gelegten Sprungbrett. Das Sprungbrett kann bei ganz kleinen Kindern, für die der Bock nicht niedriger zu stellen ist, auch auf einem kleinen Blockkasten liegen,

wobei das Brettende (flache Seite) auf der Schwebebank liegt! (Foto 12c)

Spielform (bringt riesig Spaß!): Anlauf (bei Kindern auf einer Bank), Absprung vom Minitrampolin und mit Aufstützen auf den Schultern (oder bei tiefem Abbücken auf den Rücken eines Partners oder Lehrenden), „Bocksprung" über den 'lebendigen Bock'.

Foto 12c

4. Grundübung: Aufgrätschen

Ziel: Schulung der ersten Flugphase und Hochbringen des Körperschwerpunktes mit zwei Hilfegebungen unter Absicherung des Landebereiches. Erlernen des Schließens der Beine zur Landung.

Aufgabe: Anlauf, Absprung vom Sprungbrett, Stütz und Aufgrätschen auf den Kasten. Im Stütz die Beine einhocken, aufrichten, an das Geräteende gehen, Absprung und Strecksprung mit Seitgrätschen und schnellem Schließen der Beine zur Landung. Zu empfehlen ist beim Aufgrätschen eine „Hilfestellungsmauer" durch Schultersperre. Mit Einbeziehung der Hilfegebung kann sehr gut gleichzeitig die Übung des Helfergriffes (Stützgriff am Oberarm) und der Standortwahl (vorlings zum Kasten, eng stehend, inneres Bein zum Gegenstemmen vorgestellt) für den ersten hilfegebenden Teil eingeführt werden (s.o.).

5. Grundübung: Sprunggrätsche mit Absprunghilfen und zwei Hilfegebungen

Ziel: Endform unter erleichterten Bedingungen.

Aufgabe: Anlauf, Absprung und Sprunggrätsche über den Kasten oder über das Pferd mit zwei frontal stehenden Helfern (s.o.). Absprunghilfe als Differenzierungsangebot: Beim niedrigeren Gerät oder guter Absprungtechnik: Absprung vom Sprungbrett. Bei höherem Gerät oder schwächerer Sprungleistung: Absprung vom Minitrampolin.

III Hang- und Stützgeräte

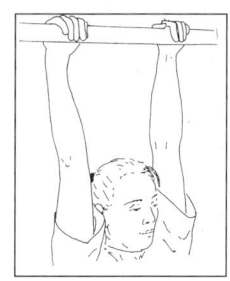

Zu den klassischen Hang- und Stützgeräten zählen das Reck, der Stufenbarren und der Parallelbarren. Alle daran gezeigten Elemente werden aus dem oder in den Hang oder Stütz geturnt. Der Parallelbarren wird im unteren Niveau jedoch als reines Stützgerät genutzt.

1 MIT SPIELERISCHEN ÜBUNGSFORMEN VORAUSSETZUNGEN SCHAFFEN

1.1 Hängen, Hangeln, Pendeln und Schwingen

Hängen ist die einfachste Form, das eigene Körpergewicht mit den Händen gegen die Schwerkraft zu halten. Mit dem Hangeln muss kurzzeitig nur eine Hand diese Aufgabe übernehmen. Pendeln und Schwingen erhöhen die Anforderung an die Haltekraft der Hände, sie verbessern damit für das Turnen die Grifffestigkeit. Das Pendeln ist im Gegensatz zum Schwingen von der Körpersteuerung her gesehen eher als passiv einzustufen. Damit sind die Niveaustufen der Anforderungen an die Haltekraft der Hände umschrieben. Ziel ist grundsätzlich die Verbesserung der Haltekraft (Grifffestigkeit) und die Stärkung der muskulären „Hangschlinge". Dazu gehören die Rauten- und vorderen Sägemuskeln und dann kommen die Kapuzen- und breiten Rückenmuskeln dazu. Diese Muskelgruppen sind auch für eine gesunde, gerade Körperhaltung mit verantwortlich!

Natürlich sind die unzähligen Übungen an den Tauen und Ringen sowie am Trapez eine wertvolle Ergänzung zu den unten aufgeführten Übungsvorschlägen. Sie sollten als Zusatzstation einbezogen werden.

Abb. 68

Lernschritte

1. Grundübung: „Hängetorwart"

Ziel: Halten des Körpergewichtes mit den Händen über eine längere Zeitdauer.
Aufgabe: Ein Turnender hängt gestreckt am Hochreck, hinter ihm ist in Brust- und Kniehöhe von Pfosten zu Pfosten ein Gummiband (auch Zauberschnur oder Theraband) gespannt. Ein Partner steht

in einiger Entfernung und wirft/schießt einen Softball zwischen die Gummibänder, die das Tor bilden. Der Hängende versucht, mit den Beinen den Ball abzuwehren (Abb. 68). Jeder hat fünf Würfe/Schüsse. Wer wird Torschützenkönig?

2. Grundübung: Pendeln: „Die Uhr"   *Abb. 69*

Ziel: Halten des Körpergewichtes mit den Händen unter Beschleunigungen (Zentripedalkraft)(Foto 13).

Aufgabe: Im Langhang an der hohen Stange bringt ein Partner den Hängenden durch Vorschieben am Gesäß ins Pendeln. Jedes Vorschwingen zählt als Stunde. Wie viel schlägt die Uhr? Der Partner ruft beim Vorschieben „Die Uhr schlägt 1" und zählt dann jedes Mal beim Vorschwung weiter (Abb. 69).

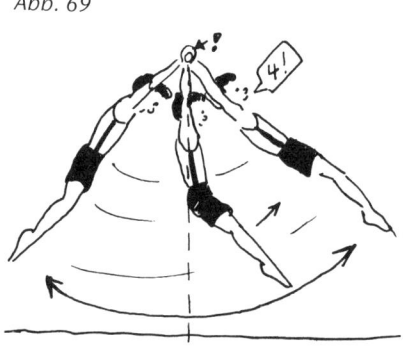

Foto 13

3. Grundübung: Hangeln an der hohen Stange: „Balltransport"

Ziel: Kurzzeitiges Halten des Körpergewichtes abwechselnd jeweils an einer Hand.

Aufgabe: Start an einem Reckpfosten/Barrenpfosten im Querhang mit Zwiegriff oder im Seithang mit Rist- oder Kammgriff. Ein Partner klemmt dem Hängenden einen Ball zwischen die Füße, den er hangelnd bis zum anderen Ende transportiert und mit den Füßen in einen umgedrehten Kasten wirft. Die Hangeldistanzen können je nach Niveau durch Tesakreppmarkierungen durch den Unterrichtenden festgesetzt werden.

Variationen: Der Ball muss von einem hohen, *hüfthohen* Kasten mit den Füßen weggenommen und hangelnd zu einem anderen hüfthohen Kasten transportiert werden (Abb. 70).

Einstiegshangeln für Ungeübte: „Koala".
Am Parallelbarren oder an der Stange
werden die Knie im Querhang einge-
hängt, die Hände greifen im Zwiegriff.
Hängend und hangelnd „robbt" sich der
'Koala' unter dem Eukalyptusbaum-
stamm vorwärts. Wer kommt von einem
Pfosten zum anderen?

Abb. 70

4. Grundübung: Schwingen: „Korbleger"

Ziel: Halten des Körpergewichtes mit den Händen bei Schwungaktivität des Körpers.
Aufgabe: Vor dem unteren Holm eines Stufenbarrens steht ein Papierkorb oder
umgedrehter kleiner Kasten. Eine erhöhte Absprungfläche steht vor dem oberen
Holm. Darauf steht der Turnende, einen Ball zwischen die Fußknöchel ge-
klemmt. Mit Sprung in den Hang am oberen Holm werden die Beine gehockt
mit dem Ball über den unteren Holm gebracht und der Ball soll in den auf dem
Boden stehenden Korb/Kasten
gebracht werden (Abb. 71). Wer
wird Korblegermeister?
Variation: Statt Stufenbarren kann
auch am Hockreck mit gespannter
Schnur geturnt werden. Beim
Rückschwung können dann aber
die Beine nicht wie am Stufenbarren auf dem unteren Holm abge-
legt werden. Die gehaltene Gummischnur wird mit zurückgezo-
gen.

Abb. 71

1.2 Stützen

Das Stützen an den Stützgeräten setzt vor allem die Kraft zur Armstreckung (dreiköpfiger Armstrecker/m. triceps brachii) voraus. Zudem darf der Schultergürtel
bei Schwungbewegungen des Körpers nicht nach vorne vorbrechen. Die gesamte Schultergürtelmuskulatur (vor allem die Stützschlinge der Rauten- und Säge-
muskeln/ mm. serrati-rhomboidei) ist mit ihrer Haltekraft angesprochen.

Einige Stützübungen wurden schon beim Bodenturnen und im Rahmen der Stützsprünge vorgestellt. Nachfolgend werden eher stangenspezifische Stützformen und Stützformen mit gestrecktem Körper vorlings vorgestellt.

Für spielerische Aufgaben in den Stütz rücklings am Parallelbarren siehe unter Kap. 3 (S. 54f.) in den ersten Grundübungen und deren Variationen.

Ein guter Stütz sollte folgendermaßen aussehen (vgl. Foto 14):

*   Die Hände sind schulterbreit auseinander aufgestützt.
*   Die Arme sind gestreckt.
*   Der Rücken ist gerade, die Schulterblätter sind an den Rücken „geklappt" (keine „Flügelchen" der Schulterblätter).
*   Die Schultern sind zurück- und heruntergedrückt, der Hals ist in voller Länge zu sehen („Schwanenhals").
*   Die Hüfte ist schließlich gestreckt, die Po- und Bauchmuskeln fest angespannt („Piekstest" mit dem Zeigefinger, ob auch „Steine statt Marmelade" in den Muskeln sind).

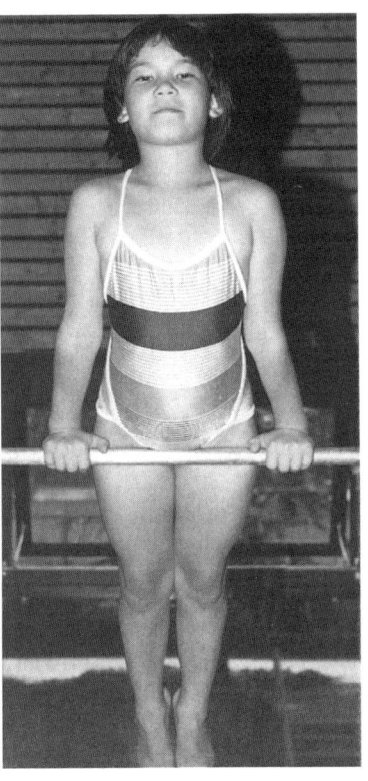

Foto 14

Aufstützen an der Stange nach Musik

Ziel: Stützen in Serie.

Aufgabe: Nach Einführung einer guten Stützausführung springen die Übenden (zu dritt an einer Stange) an der schulterhohen Stange in den Stütz und nehmen schnell einen hohen, aufgerichteten Stütz ein. Sie springen runter, federn einmal zwischen und springen wieder hoch. Auf Musik kann daraus im 4er-Takt eine gute Erwärmung am Gerät werden.

Verbale Begleitung: Fe-dern – fe-dern – Sprung – in den Stütz (= 4 Zählzeiten) – halten – runter (= 2 x 2 Zählzeiten).

Hinweis: Bei den ersten, einführenden Durchgängen sollte ein Partner mit Umfassen des Oberschenkels das Hochspringen und Herausheben in den Stütz erleichtern.

1.3 Hang- und Stütz-Kreistraining

Hinweise: Motivierende, aktuelle Musik dazu einsetzen. 45-60 Sekunden Belastung, 15-30 Sekunden Pause zwischen den Gerätstationen (S. 130, Abb. 72).

Station 1: *Stützwandern*
Wie: Stütz und mit Nachsetzen der Hände bis Stangenende seitwärts stützen ...
Warum: Stützkraftausdauer mit Gewichtsverlagerungen und Grifflösen.

Station 2: *Hängetorwart/Hängen*
Wie: Hang vor einem Gummibändertorraum am Hochreck.
Warum: Haltekraftausdauer der Hände.

Station 3: *„Richt-auf-Männchen"/Aufstützen*
Wie: Stütz am Reck/Pferd/Kasten/Bock o.ä., absenken i.d. Hüfthang, wieder aufstützen ...
Warum: Rumpfkraft zum Aufrichten gegen die Schwerkraft, Kraftübung für die Armstrecker.

Station 4: *Balltransport/Hangeln*
Wie: Im Langhang (hohe Stange) einen Ball/Luftballon von einem zum anderen Pfosten transportieren.
Warum: Haltekraft der Hände/Halten des Körpergewichtes mit einer Hand.

Station 5: *„Jack-in-the-box"/Stützspringen*
Wie: Stand vor brust-/schulterhohem Reck, Sprung in den Stütz mit schnellkräftigem Aufrichten.
Warum: Schnellkräftiges Aufrichten in den Stütz/Krafttraining für die Armstrecker/Schultergürtel.

Station 6: *„Hin-und-her-Hanglauf"/Laufen im Hang*
Wie: Hangstand mit Zwiegriff, Vorlaufen bis zur Körperstreckung, 1/2-Drehung mit Lösen der entfernten Hand in den neuen Zwiegriff, zurücklaufen, 1/2-Drehung ...
Warum: Haltekraft der Hände und Griffwechsel unter erleichterten Bedingungen.

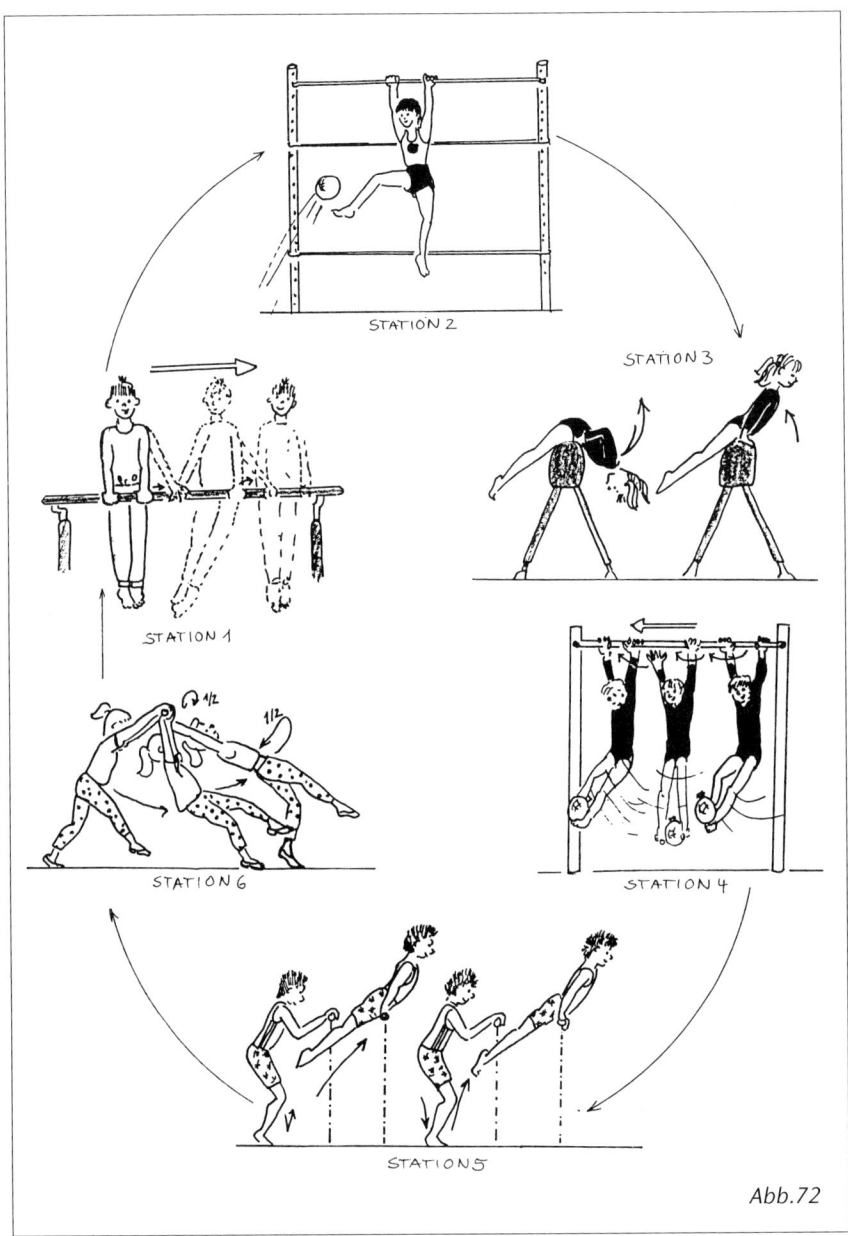

STATION 2

STATION 3

STATION 1

STATION 6

STATION 4

STATION 5

Abb.72

2 RECK/STUFENBARREN

2.1 Aufschwung und Aufzug

Bewegungen, die von einer tieferen Position in eine höhere geturnt werden, bekommen den Wortzusatz „AUF". Wird dieses AUFturnen über das schwunghafte Beschleunigen eines Körperteils (meist eines Beines) realisiert, wird die Bewegung zum *Aufschwung,* wird sie durch den Kraftakt eines „Hochziehens" (meist durch Zug der Arme) zum Gelingen gebracht, ist es ein *Aufzug.* Der in jedem Spielplatz-, Schul- und Vereinsturnen bekannte Aufschwung an einer Reckstange wird vorlings rückwärts geturnt. Dies kommt auch durch den synonym gebrauchten Begriff „Hüftaufschwung" zum Ausdruck. Da es keine Verwechslung zu einem ähnlichen Übungselement in diesem Rahmen geben kann, wird nachfolgend der Kurzbegriff „Aufschwung" bzw. „Aufzug" gebraucht.

Aufschwung

Abb. 73

Bewegungsmerkmale

Ausgangsposition:
1   Stand vorlings vor der Stange, Ristgriff und Arme leicht gebeugt.
Bewegungsansatz:
2   Ein Bein geht zur Ausholbewegung nach hinten.
Hauptphase:
3   *Schwungbeineinsatz:* Energisches Vorhochschwingen des Schwungbeines.
4   Abdruck/Absprung vom Standbein.
5   Zug der Arme und Heranführen der Hüfte (Körperschwerpunkt) an die Stange (Drehachse).
6   Zurücknehmen des Oberkörpers bei vorgehaltenem Kopf zur Rückwärtsrotation.
7   Die Oberschenkel/Hüfte werden auf die Stange gelegt.

8   Die Beine senken sich nach unten und hebeln bei Hüftfixierung den Oberkörper hoch.

Endphase:

9   _Aufrichten zum Stütz:_ Der Oberkörper richtet sich weiter auf,

10   der Körper wird durch Nachstützen und Druck der Hände zum Stütz gebracht.

Lernvoraussetzungen

Konditionelle Voraussetzungen:

-    Haltekraft der Hände.
-    Zugkraft der Armbeuger (m. biceps brachii, brachialis und brachioradialis).
-    Haltekraft der Bauchmuskeln (m. rectus abdominis) und der Hüftbeugemuskulatur (m. iliopsoas).

Technisch-koordinative Voraussetzung:

-    Überdrehen rückwärts gehockt am Reck/Parallelbarren/Ringen/Tauen u.ä.

Grundsätzliche Hilfegebung

Um den Körperschwerpunkt (Hüfte) an die Drehachse (Stange) zu bringen, müssen die beiden helfenden Hände unter den Körperschwerpunkt, damit unter das Gesäß, zum Hochtragen gebracht werden. Die ferne Hand geht an die „Unterkante-Unterhose" und unterstützt die Rotation der Beine auf die Stange, die nahe Hand stützt das Körpergewicht an der „Oberkante-Unterhose". Um wirkungsvoll heben zu können, müssen die Helfenden dicht an, bzw. unter dem Übenden stehen (Foto 15).

Foto 15

Lernschritte

Abb. 74

1. Grundübung: Überdrehen rückwärts gehockt am Reck

Ziel: Bewusstmachung des „Ein rollens" rückwärts zum Heben des Körperschwerpunktes über den Kopf.

Aufgabe: Aus dem Hockhangstand unter der Reckstange Absprung zum Überdrehen rückwärts gehockt durch den flüchtigen Hocksturzhang, langsam rückwärts weiterdrehen und die Füße zum Hockhangstand rücklings, genau unterhalb der Reckstange aufsetzen. Griff lösen und die Hände vorschwingen, im Hockstand kurz bleiben, dann nach vorne weggehen (Abb. 74).

Hinweis: Zusatzaufgaben im Anschluss an das Lösen des Griffes sind sinnvoll, da die Kinder mit Lösen des Griffes sich meist unter der Reckstange stehend schnell aufrichten und sich den Hinterkopf stoßen. Weitere Anschlussaufgaben können sein, die Hände vorzustützen und nachzuhocken mit einem abschließenden Strecksprung, oder die Hände vorzuschwingen zum Aufstützen für eine Rolle vorwärts von der Stange weg (vgl. A1 Pflichtübung des DTB). Auch ein Überdrehen vorwärts unmittelbar im Anschluss nach der Rück-

Foto 16

wärtsdrehung wird sehr gerne von den Kindern von ganz alleine geturnt.

Hilfegebung: Die Kinder können sich beim Überdrehen rückwärts hochhelfen, indem sie einen Fuß des Turnenden nehmen und ihn in Richtung Stange hochführen (Foto 16). Der Körperschwerpunkt kommt damit ganz leicht nach.

2. Grundübung: Aufschwung mit Geräthilfe (Unterstützung durch Partner)

Ziel: Bewusstmachung des Bewegungsansatzes über eine vereinfachte Ausgangsposition.

Abb. 75

Aufgabe an der Gerätkombination: Reck mit vorgestelltem Blockkasten oder ein-
bis zweiteiligem Kasten oder Sprungbrett oder ähnliche kleine Erhöhung. Stand
auf einem Bein und mit gebeugten Armen vor der Reckstange, ein Fuß ist auf der
Erhöhung aufgesetzt. Energisch schwingt das Schwungbein an der Erhöhung
vorbei in Richtung Stange. Das Abdruckbein streckt sich und schwingt schnell
zum Schwungbein nach (Abb. 75).

Variation: Statt einer Geräterhöhung kann auf durchgefassten Händen eines Partners zum Abdruck aufgestiegen werden („Räuberleiter"). Dieser Helfer muss auf
der Seite des Abdruckbeines stehen, um nicht vom Schwungbein getroffen zu
werden.

Hinweis zum Gerätverhältnis: Die Kante der Gerätehilfe sollte sich *direkt unter der*
Reckstange befinden. Steile, dichte, schiefe Ebenen oder ein Barren vor einem an
die Wand gestellten Weichboden (eine knappe Beinlänge vom Holm entfernt)
können als Stationsbetrieb für den Aufschwung zusätzlich angeboten werden.
Mit der erhöhten Abdruckfläche ist der Körperschwerpunkt schon dichter am
Zielpunkt Reckstange, d.h. der Weg zum „Hindernis" Stange ist verkürzt.

Es ist deutlich darauf hinzuweisen, dass die Gerät- bzw. Abdruckhilfen *nie zu weit*
von der Reckstange entfernt stehen dürfen und die schrägen Ebenen *nie zu flach*
sein dürfen. Damit würde sich der Körperschwerpunkt im Ansatz immer zu weit
von der Stange entfernen, statt wie die Bewegungsstruktur es verlangt, auf direk-
tem Wege zur Stange geführt zu werden. Mit Einprägen dieses falschen Bewe-
gungsmusters würde der Lernende später immer zeitraubend umlernen müssen
bzw. in der Realsituation nicht zum Erfolg kommen.

Verbale Hinweise (nach Bedarf/Problem ausgewählt zu geben):
„Schwing das Bein auf die Stange!", „Spring ab!", „Füße über die Stange!",
„Bauch auf die Stange!", „Zieh dich hoch", „Schau die Füße an!"
Hilfegebung: Die Hilfeleistung sollte bewegungsunterstützend schon frühzeitig
mit eingebracht werden. Damit kommen auch die Schwächeren auf die Stange.

Zudem ist es unter erleichterten Bedingungen günstiger, die Hilfeleistung einzuführen bzw. zu erlernen. Ein bis zwei Helfer stehen seitlich am Kasten und gehen mit beiden Händen unter den Körperschwerpunkt (am Gesäß: „Unterkante-Oberkante Unterhose") und tragen den Körperschwerpunkt an die Stange.

3. Grundübung: Aufschwung mit Partnerhilfe

Ziel: Bewusstmachung des Heranführens des Körperschwerpunktes an die Drehachse.

Aufgabe: Der Lernende steht vor der Stange, Arme sind gebeugt (Vorinnervierung für das Hochziehen). Zwei Helfer stehen seitlich und fassen zu Bewegungsbeginn mit den Handinnenflächen (hinter) das Gesäß an die „Oberkante und Unterkante der Unterhose". Mit Turnen des Aufschwunges tragen und steuern sie die Hüfte direkt an die Reckstange (vgl. Foto 15).

Verbale Hilfe: „Bauch auf die Stange!"

4. Grundübung: Aufschwung ohne Bewegungsunterstützung

Ziel: Turnen mit Bewegungsbegleitung und sichern.

Mit zunehmenden Durchgängen erfolgt beim Aufschwung nur noch eine Bewegungsbegleitung nach dem Prinzip „so viel wie nötig, so wenig wie möglich", schließlich steht nur noch ein Helfender zur Bewegungsabsicherung da.

5. Grundübung: Aufzug

Ziel: Erschwerte Ausführungsbedingung.

Aufgabe: Ohne Schwungbeineinsatz wird der „Aufschwung" erschwert und zum „Aufzug".

Als erleichterter Bewegungsansatz springt der Turnende (mit Ristgriff und gebeugten Armen sich an der Stange haltend) zweimal auf der Stelle, um nach dem dritten Hochfedern sich an der Stange mit den Beinen und dem Bauch auf die Stange hochzuziehen. Sinnvoll ist es, mit zwei Helfenden den Aufzug zu erproben.

Zielübungen: Festigen und Anwenden des Aufschwunges/Aufzuges in der Bewegungsverbindung, im Wettbewerb und in ungewöhnlichen Gerätsituationen

Aufschwung in Serie: Im freien Bewegungsleben der Kinder ist es natürlich, Kunststücke, die neu erworben wurden oder gekonnt zur Verfügung stehen, in Serie hintereinander zu reihen. So turnen sie einen Aufschwung, springen runter, um sofort wieder zum erneuten Aufschwung abzuspringen. Anfänglich schwingt das Schwungbein dabei immer noch kurz zurück und vor, bis zunehmend daraus ein abgesprungener Aufzug wird.

Bei den Grundübungen 2-5 ist dieses mehrmalige Hintereinanderturnen ohne Pause als Übungsabschluss sinnvoll. Es kann dabei schließlich ein kleiner „Bewegungsrausch" erlebt werden.

Aufschwung in der Übungsverbindung: Aufschwung, Rückschwung, Vorschwung zum Umschwung rückwärts, Rückschwung in den freien Stütz und Niedersprung, Unterschwung.

Partner-/Gruppenturnen: Zu zweit und zu dritt synchron – oder genau asynchron – geturnt, oder die ganze Gruppe/die halbe Klasse turnt mehrmals gleichzeitig, unterstützt durch Musik.

Wettbewerbe: Auch Aufschwungwettbewerbe (mit seitlich stehender Hilfegebung) sind schöne Stundenabschlüsse. Wer schafft die meisten alleine? Wer schafft die meisten Aufschwünge im Team (d.h. Hilfegebung ist sogar erwünscht!)? Wer schafft eine vorgeschlagene Anzahl in der kürzesten Zeit?

Es ist darauf hinzuweisen, dass die Qualität in Wettbewerbsformen immer leidet. Wenn das Turnen dadurch aber lustbetonter wird, kann auf ein Streben nach Qualität auch einmal verzichtet werden.

Aufschwung in veränderten (Gerät-) Situationen (mit Hilfegebung)

Diese veränderten Gerätsituationen können gut als Stationen – auch im Rahmen der Differenzierung – zusätzlich angeboten werden.

- Aufschwung am Stufenbarren zum oberen Holm (Arme leicht gebeugt, Körper in der Waagerechten gehalten, Schwungbein schwingt einstimmend auf und ab ... Foto 17).
- „Kaffeemühle": Mehrere Aufschwünge am Stufenbarren zum oberen Holm hintereinander, wobei mit Absenken des Abdruckbeines zum unteren Holm

Foto 17   *Foto 18*

der Körperschwerpunkt zunehmend nicht mehr abgesenkt wird, sondern fast am Holm bleibt. Damit entwickelt sich zunehmend ein „Umschwung-mit-Abdruckhilfe".

- Aufschwung am Reck mit Absprung aus dem *Minitrampolin* (Sprung mit dem Bauch zur Stange, Foto 18).
- Aufschwung an einem *gehaltenen Stab* (eng stehend, den Stab haltend und mit senkrechten Unterarmen gut die Ellenbogen in den Bauch einstützen).
- Aufschwung am *bauchhohen Trapez* (die Helfenden halten mit der nahen Hand das Trapez fest, die ferne Hand hebt unter dem Körperschwerpunkt).
- Aufschwung an den *Armen* zweier jugendlicher oder erwachsener *Partner*, die sich die Hände gegenseitig auf die Schulter gelegt haben (Griff zum Aufschwung ähnlich wie am Balken: das entfernte Armpaar im Kammgriff fassen).

2.2 (Hüft-) Umschwung vorlings rückwärts

Bewegungen als 360°-Rotationen um eine feste Drehachse, wobei die Endpositionen den Anfangspositionen entsprechen, werden Umschwünge genannt. Der klassische Umschwung ist der Umschwung vorlings rückwärts, auch Hüftumschwung rückwärts genannt.

Mit einer gut eingeführten gegenseitigen Hilfegebung können nachweislich sogar 6-jährige Kinder die Umschwungbewegung turnen ... und sich dabei helfen!

Abb. 76

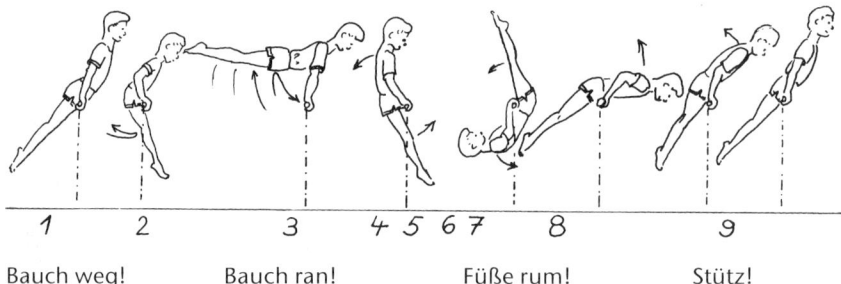

| 1 | 2 | 3 | 4 5 6 7 | 8 | 9 |

Bauch weg!   Bauch ran!   Füße rum!   Stütz!

Bewegungsmerkmale
Ausgangsposition:
1   Stütz vorlings mit Ristgriff.

Bewegungsansatz:
2   Einleitender Vorschwung der Beine mit geringem Vorneigen des Oberkörpers,
3   energischer Beinrückschwung mit Hüftstreckung in den freien Stütz,
4   Vorschwung mit gestrecktem Körper,
5   die gestreckte Hüfte (knapp unterhalb der Hüftknochen) nimmt Stangenkontakt auf.
Hauptphase:
6   Zurücknehmen des Oberkörpers,
7   die Beine schwingen unter der Stange durch,
8   der gesamte Körper rotiert um die Stützstelle (Drehachse Stange).
Endposition:
9   Aufrichten in den Stütz.

Lernvoraussetzungen
Psychische Voraussetzung:
-   Erfahrung in Rückwärtsrotationen.
Konditionelle Voraussetzungen:
-   Sehr gute Stützkraft (vor allem der Armstrecker/m. triceps).
-   Haltekraft zur Beibehaltung des Armrumpfwinkels (breiter Rückenmuskel/ m. latissimus dorsi und großer Rundmuskel/m. teres major).
Technische Voraussetzung:
-   Rückschwung in den freien Stütz.

Hilfegebung
Zwei helfende Partner stehen ganz dicht an dem Turnenden, sie gehen bei gebeugten Armen mit den Handinnenflächen unter den Po (mit der nahen Hand an den Bereich „Oberkante-Unterhose", mit der anderen Hand den Bereich „Unterkante-Unterhose" fassen). Damit halten sie den Körperschwerpunkt (Hüfte) an der Stange (vor allem mit der „Oberkante-Unterhosen-Hand" und drehen mit der „Unterkante-Unterhosen-Hand" den Turnenden um die Stange (Foto 19).

Foto 19

Lernschritte

1. Grundübung: Zeitlupenumschwung rückwärts mit Seilhilfe

Ziel: Angstfreies Kennenlernen der Bewegung mit Seilabsicherung (Seil trägt Körperschwerpunkt) und Rotationshilfe der Partner. Kennenlernen des Helfergriffes an einer ruhenden Person und der Helfertätigkeit ohne Verantwortlichkeit für das Gelingen (duch die Seilhilfe), Anwendung unter Zeitlupenbedingungen.

Aufgaben: Auf die Reckstange/den Barrenholm wird ein Seil gelegt (Seilmitte liegt auf der Stange/Holm). Der Turnende springt neben das über die Stange gelegte Seil in den Stütz. Ein Partner geht mit den beiden Seilenden hinter dem Stützenden herum und legt nun die beiden Seilhälften unter den Po des Turnenden und schlägt das Seil – unter der Stange beginnend – weiter zweimal um die Stange (das Seil sollte sich dabei nicht überkreuzen) (Abb. 77a). Der Stützende setzt nun die nahe stützende Hand darauf. Zwei helfende Partner stehen auf der anderen Reck- bzw. Holmseite ganz dicht am Turnenden und gehen mit beiden Händen unter den Po (die gerätferne Hand geht drehauslösend mehr in Richtung Oberschenkel) zum Tragen (vgl. Foto 19). Der Turnende legt sich zurück, um die Umschwungbewegung einzuleiten. Der Schwerpunkt wird nun automatisch vom Seil unter der Stange/dem Holm gehalten. Die Helfenden sorgen durch Druckgebung mit der gerätfernen Hand an den Beinen (s.o.) dafür, dass der Turnende weiter um die Stange bis zum Stütz gelangt (Abb. 77b).

Tipp: Mehrmals hintereinander geturnt wird es zu einem Bewegungserlebnis!

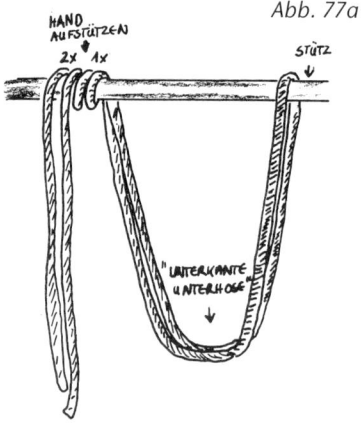

Abb. 77a

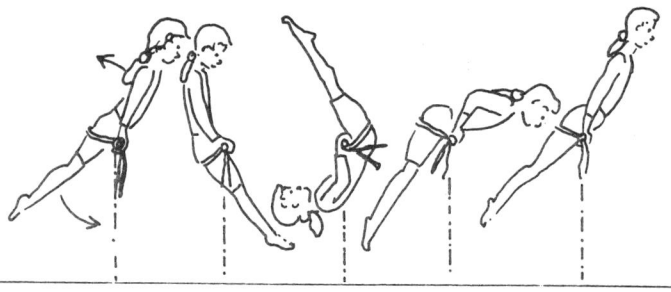

Abb. 77b

2. Grundübung: Verlangsamter „Roboterumschwung" mit Partnerhilfe

Ziel: Ermöglichen einer Bewegungsorientierung, Erfahren des Haltens des Körperschwerpunktes an der Stange und Beibehaltung der Körperspannung (die bei Angst immer aufgegeben wird). Für die Helfenden: Kennenlernen der Funktionen „Tragen und Drehen" sowie Erfahren des zu haltenden Körpergewichtes. *Aufgabe:* Ein Kind springt in den Stütz und macht sich ganz steif. Die zwei helfenden Kinder gehen ganz dicht an den Turnenden heran, gehen bei gebeugten Armen mit den Händen unter den Po (mit der nahen Hand „Oberkante Unterhose", mit der anderen Hand „Unterkante Unterhose") und drehen in Zeitlupe, wie ein Roboter, das Kind um die Stange.

Verbale Aufforderung: „Press die Stange an den Bauch!"

Vertiefung: Umschwung in Serie: „Fließband".

Ziel: Festigen des Bewegungsablaufes. Für die Helfenden: Anwendung des neu erlernten Helfergriffes mehrmals hintereinander.

3. Grundübung: Umschwung rückwärts gehockt: „1..., 2..., Füße-rum"

Ziel: Beschleunigter Umschwung mit Richtungsorientierung: Beinschwung wird in Bewegungsrichtung gezählt.

Aufgabe: Aus dem leichten Pendeln im Stütz zählen Helfende und der Turnende mit Vorschwingen der Beine in Bewegungsrichtung „1", „2" und mit „3" rotiert der Turnende rückwärts um die Stange. Dabei können die Beine etwas angehockt werden, um die Stange besser einzuklemmen und um die Trägheit zwecks Gewährleistung einer ausreichenden Rotationsgeschwindigkeit zu verringern. Die Helfenden unterstützen wieder unter dem Gesäß.

Variation: Sehr viel Spaß bringt diese Übung mit einer anderen Seilhilfe als in Grundübung 1: Der Übende steht während des Stützes mit einem Bein in einer Seilschlaufe (Länge = Beinlänge). Dies ist zum einen stützentlastend und zum anderen kann der Schwerpunkt durch Unterstützung mit dem Fuß auf dem Seil an der Stange gehalten werden. Das freie Bein schwingt nun zweimal vor und schwingt beim dritten Mal den Körper um die Stange.

4. Grundübung: Umschwung aus dem freien Stütz: „1-2-3" und Umschwung

Ziel: Kennenlernen der Energiegewinnung. Kennenlernen des Bewegungsmerkmales „Rückschwung in den freien Stütz". Für die Helfenden: Anwenden des Griffes in einer dynamischen Situation.

Aufgabe: Aus dem Stütz schwingen die Beine 2 x leicht nach hinten („Einstimmung"). Beim dritten Rückschwung wird mit einem energischen Ruf „DREI!" der helfenden Partner der Körper in den freien Stütz abgehoben. Der Körper fällt gestreckt mit der Hüfte an die Stange; mit Zurücknahme den Oberkörpers kann durch schnelles Vorschwingen der Beine die Hüfte etwas einwinkeln, damit wird ein „Einklemmen der Stange" begünstigt. Der Umschwung endet wieder im Stütz. Die helfenden Partner halten zunächst beim Rückschwingen unter der Stange am Po, dann bei Abschwung in den freien Stütz lösen sich die Hände vom Körper und gehen mit Heranschwingen der Hüfte an die Stange wieder an den Po, um stützend den Körperschwerpunkt unter der Drehachse zu halten und zu drehen.

Weitere Möglichkeiten zur Verdeutlichung des Rückschwunges in den freien Stütz:

- Energischer Rückschwung in den freien Stütz und Niedersprung in den Stand vorlings mit Beibehalten des Ristgriffes.
- Zwei Partner halten ein Seil/eine Gummischnur/Toilettenpapierstreifen ca. 1 Meter hinter dem Rücken des Turnenden entfernt in Schulterhöhe. Der Übende versucht, durch kraftvolles Zurückschwingen mit den Beinen das Material zu treffen bzw. das Papier zu zerreißen.
- Der Turnende schwingt zurück in den freien „Liegestütz" (Schultern dabei vorverlagern). Zwei helfende Partner fangen mit der fernen Hand zunächst unter dem Oberschenkel, mit der nahen Hand unter dem Bauch den Turnenden im „Liegestütz" auf und halten diese Position zur Bewusstmachung kurz. Danach wird der gestreckte Körper wieder zur Stange geführt und ein Umschwung rückwärts mit Hilfegebung am Gesäß folgt (dafür taucht die gleiche Hilfegebung unter der Stange beim Umschwung unten durch oder zwei weitere Partner übernehmen den zweiten Part der Hilfegebung).

5. Grundübung: Umschwung aus einmaligem Rückschwungansatz (mit Bewegungsbegleitung)

Ziel: Turnen der Umschwungbewegung mit Bewegungsbegleitung, die nur noch „so viel wie nötig, so wenig wie möglich hält". Vorbereitung des Elementes, dass es in der Übung ohne Zwischenschwung geturnt werden kann. Hilfegebung begleitet die Bewegung mit „Fingerspitzengefühl".
Vertiefung: Zwei- bis dreimal hintereinander Umschwung vorlings rückwärts mit zwischengeschaltetem Rückschwung.

Zielübung: Umschwung vorlings rückwärts in der klassischen Bewegungsverbindung Aufschwung – Umschwung – Unterschwung

Ziel: Festigen der erlernten Fertigkeit und Erleben des Anwendens.
Aufgabe: Aufschwung oder Aufzug, Rückschwung und Umschwung vorlings rückwärts, Rückschwung in den freien Stütz und Niedersprung zum sofortigen Absprung und Unterschwung.

2.3 (Felg-) Unterschwung aus dem Stand

Der Unterschwung gehört zu den *Felgbewegungen* und ist gekennzeichnet durch eine *fußwärts* gerichtete *Teilrotation* rückwärts um die feste Drehachse und Breitenachse, die dann mit zunehmender Hüftstreckung von der Griffstelle weg in *Translation* (nun Vorwärtsrotation um die Breitenachse) übergeht.

Grundprobleme für die Lernenden: Der Zeitpunkt des optimalen Lösens von der Stange/des Holmes (Drehachse) ist nicht automatisch gegeben. Er erfolgt meist zu früh, die Arme sind noch gebeugt und der Kopf ist stark vorgenommen. Oft erfolgt das Grifflösen auch zu spät („Rucken" im Arm-Schulter-Bereich) oder überhaupt nicht. Ursache: Der Unterschwung wurde zu hoch angesetzt. Der Körper befindet sich über dem Kopf. Durch das „Überkopfbefinden" entstehen Orientierungsprobleme, die zum Festhalten an der Stange führen. Fehler treten auch im Flug-/Landeverhalten auf: Schon in der Flugphase werden die Füße unter den Körper gebracht (bedingt durch die gedankliche Handlungsvorwegnahme, mit den Füßen schnell wieder Bodenkontakt bekommen zu wollen). Der Turnende rotiert mit der Landung weiter vorwärts und fällt vor (u.U. bis zum Sturz auf die Hände).

Hinweis: Zur Schulung eines „bewussten" Landeverhaltens wird die Unterschwungbewegung zunächst bei den ersten Versuchen mit Aufmerksamkeitslenkung in die Weite – und nicht über die Höhe – geübt.

Abb. 78

Bewegungsmerkmale

Ausgangsposition:

1 Stand vorlings, der Körper befindet sich senkrecht über dem Standbein, das Schwungbein ist zurückgenommen.
- Die Hände greifen schulterbreit im Ristgriff, die Arme sind zunächst noch leicht gebeugt.

Bewegungsansatz:

2　Vorhochschwingen des Schwungbeines, Abdruck vom Standbein, Oberkörper schwingt zurück (Kopf ist vorgenommen, Blick zur Stange!) und Beginn des Anhebens des Körperschwerpunktes (Hüfte) in Richtung Stange.

3　Mit Beugen in der Hüfte Heranbringen der schnell schließenden Beine (Knie) vor die Stange/den Holm (flüchtiges Vorschwingen im Sturzhang vorlings).

Hauptphase:

4　Arm- und Hüftstreckung in der Aufwärtsphase nach oben vorne.

5　Öffnen des Armrumpfwinkels zur Ganzkörperstreckung in die Weite.

6　Lösen des Griffes und Flug.

7　In der Abwärtsphase streben die nahezu gestreckten Beine mit den Füßen weit vor, Arme bleiben in Hochhalte, Blick nach vorne (Orientierung).

Landephase:

8　Füße setzen mit den Fußballen zuerst vor dem Körper auf.

9　Die Fersen senken sich ab und haltend-nachgebend wird der Körper mit Beugen in allen Gelenken aufgefangen. Die Arme bleiben jedoch in Hochhalte

10　... und werden erst in der Ruheposition abgesenkt.

Lernvoraussetzungen

Konditionelle Minimalvoraussetzung:

- Grifffestigkeit/ Haltekraft der Hände.

Technisch-koordinative Voraussetzung:

- Aus dem Hangstand, Laufen im Hang durch die Bogenspannung und Grifff lösen.

Grundsätzliche Hilfegebung

Der Unterschwung kann ohne Partnerhilfe erarbeitet werden.

Soll die Bewegung unterstützt und gelenkt werden, greifen zwei Partner mit der nahen Hand unter der Stange „von außen" an die Schulter, um den Lernenden damit vor-hochzuziehen und den Oberkörper landungsvorbereitend aufzurichten. Gleichzeitig trägt die ferne Hand unter dem Gesäß („Unterkante Unterhose") den Körper in der Aufwärtsphase hoch. Mit der Landung geht diese Hand schnell vom Gesäß weg, um von vorne den Oberarm zu umfassen. Damit wird

Foto 20

ein Nachvornefallen verhindert. Soll die Landung gesichert werden, ist ein „Eingabeln" notwendig. Die nahe Hand hebt am Rücken und die ferne Hand bremst am Bauch ein Nachvornefallen ab (Foto 20).

Allgemeine methodische Hinweise

Einstieg zur Unterschwungbewegung im Kinderturnen: Kinder lernen ganz natürlich die Grobform des Unterschwunges, wenn sie an den Ringen, am Trapez oder an den Tauen wie „Tarzan" von einer Erhöhung (z.B. Kasten) zu einer gegenüberliegenden Erhöhung (z.B. Pferd) schwingen. Die Füße werden dabei vor der Erhöhung hochgehoben (Hüftwinkel entsteht), zur Landung weit vorgestreckt (Hüftstreckung) und um in den Stand zu gelangen, müssen der Armrumpfwinkel sowie die vorher leicht gebeugten Arme auch gestreckt werden. Um nicht vom schaukelnden Gerät wieder zurück- und runtergezogen zu werden, machen die Kinder sehr schnell die Erfahrung, das Gerät loszulassen. Beim „Aufwinden" folgt oftmals noch eine 1/2-Körperlängsachsendrehung „... perspektivisch ist dies sogar schon eine vorbereitende Bewegungserfahrung für den Unterschwung mit 1/2-Drehung! Fast alle Lernschritte bzw. Übungen sind auch an den Ringen, Tauen, am Trapez oder am Ende eines hohen Parallelbarrens zur Vertiefung oder Unterrichtsintensivierung durchführbar. Auch ein Sprung durch die Gitterleiter mit Griff an eine höhere Sprosse ist eine reizvolle Variation.

Geräthöhe grundsätzlich: Kopfhohe Reckstange oder Holm.

Signalworte: „Füße vor!", „Arme lang!", „Streck dich!", „Füße!", „Loslassen!", „Laaaaanden!"

Gerätehilfen:

- Markierungspunkte als Orientierungshilfen (Reifen, Taschentuch, Toilettenpapier, Moosgummifüße ...).
- Formungshilfen wie Zauberschnur, Zauber-/Gummischnur (auch Hosengummi, Gummitwist), Seilchen oder eine Linie auf der Matte.
- Geländehilfen wie Kastendeckel oder Kasten für erhöhten Abschwung zum Unterschwung.

Anmerkungen zu Bewegungsverbindungen: Bei allen Unterschwungbewegungen – an allen Geräten – lassen sich Übungen aus dem Bodenturnen anschließen. Die Landungen sollten mit Zwischenfederungen als Übergang bzw. Auftakt zum nachfolgenden Element erfolgen. Es kann sich ein Weiterlaufen und gymnastische Sprünge oder Fertigkeiten wie z.B. das Rad anschließen. Landung mit sofortigem Anhüpfer (= Strecksprung in den Ausfallschritt) zum Rad ist anspruchsvoller und setzt einen beherrschten Unterschwung voraus. Es sollte bei *Anfängern* jedoch auf *keinen Fall eine Rollbewegung dem Unterschwung angeschlossen* werden! Das neu erworbene Bewegungsmuster wird damit gestört statt gefestigt. Da die „gestreckte" Unterschwungbewegung noch nicht als automatisiertes Bewegungsmuster abgespeichert ist, würde handlungsvorwegnehmend vor der

Landung der Körper schon die Struktur der Rollbewegung einnehmen wollen. Die Anfänger wollen somit schon in der Luft vor der Landung die Rollbewegung einnehmen und runden sich. Damit verringert sich die Trägheit bei der Vorwärtsrotation und die Turnenden stürzen nach vorne.

Lernschritte

1. Grundübung: Ausarbeiten der Lernvoraussetzung „Laufen im Hang"

Ziel: Kennenlernen der Armstreckung, Öffnung des Armrumpfwinkels und Zeitpunkt des Grifflösens.

Aufgabe: Aus dem Hangstand mit Ristgriff, Arme leicht gebeugt, mit den Füßen so weit bewusst vorlaufen, bis der ganze Körper gestreckt ist. Im Hang dann wieder rückwärts zurücklaufen, um das Vorlaufen im Hang mit Streckung des ganzen Körpers zu wiederholen ...
(Abb. 79)

Abb. 79

Zielübung: „Lauft im Hang mit den Füßen vor, macht euch lang, lasst die Stange los und lauft zwei, drei Schritte mit hochgehaltenen Armen weiter, reckt und streckt euch dabei!" Diese Übungsanregungen sind gut zu Unterrichtsbeginn als Einstimmung und Erwärmung am Gerät einsetzbar. Mit fröhlicher Musik dabei kann ein guter Stundenanfang gefunden werden.

2. Grundübung: „Schersprung im Hang"

Ziel: Kennenlernen des Schwungbeineinsatzes und des Absprungbeines im o.g. Bewegungszusammenhang.

Abb. 80

Aufgabe: Schersprung im Hang. „Stellt euch in Schrittstellung, Gewicht auf dem hinteren Bein, vor die Stange, springt vom vorderen Bein ab und macht einen Schersprung unter bzw. hinter der Stange, streckt euch dabei von der Stange weg, lasst los und lauft weiter mit hochgehaltenen Armen" (Abb. 80).

3. Grundübung: Unterschwung in die Weite mit beidfüßiger Landung
Ziel: Kontrollierte Landung mit bewusstem Vorsetzen der Füße.

In etwa 1 m Entfernung kann eine Orientierungslinie oder ein Markierungspunkt (Reifen, Taschentuch, Toilettenpapier, Moosgummifüße ...) liegen.
Aufgabe: Stand auf einem Bein vor der Stange, das andere Bein pendelt zweimal vor, beim dritten Mal schwingt das Bein weit vor, mit schnellem Schließen der Beine landen beide Füße hinter der tief gehaltenen Schnur bzw. auf einem Markierungspunkt. Betonung wird bei dieser Übung auf die Weite gelegt (Abb. 81).

Abb. 81

4. Grundübung: Unterschwung über ein höheres Seil und ohne Formungshilfe
Ziel: Erarbeiten der Höhe.
Aufgabe: Über die Formungshilfe „Gummischnur" (o.ä.) wird unter Beibehaltung des weiten Vorsetzens der Füße zur Landung die zu überschwingende Schnur mit jedem Durchgang höher – dafür aber auch dichter – gehalten. Automatisch werden die Lernenden an den hohen (und weiten!) Unterschwung herangeführt. „Hebt euren Po (durch leichtes Anziehen in den Armen) über die Schnur!", „Streckt euch... und loslassen!" Um das Anheben des Körperschwerpunktes (Gesäß) weiter zu verdeutlichen, kann mit der Unterschwungbewegung auf einen davor stehenden Kasten in den „Schwebesitz" geturnt werden.

Schließlich wird der Unterschwung ohne Formungshilfe Seil bzw. Kasten geturnt.

5. Grundübung: Unterschwung aus dem beidbeinigen Absprung

Stand vorlings zur Stange, Arme sind leicht gebeut, Hände greifen mit Ristgriff die Stange. Ein bis zwei federnde Schlusssprünge am Ort, mit dem dritten Absprung zum Unterschwung.

Zielübung: Unterschwung in einer Bewegungsverbindung.

Abb. 82

3 PARALLELBARREN

Das Turnen am Parallelbarren ist nicht nur etwas für Jungen! Da es DAS Gerät zur Schulung der Stützkraft ist, werden Übungen am Parallelbarren in den Pflichtübungen des Deutschen Turner-Bundes A1-A4 wie auch im Wettkampf IV und V von „Jugend trainiert für Olympia" der Schulen auch für die Mädchen angeboten. Und die älteren Turnerinnen, die das Turnen am Parallelbarren noch als Wettkampfgerät kennen, bevorzugen heute auf den Turnfesten im Wahlwettkampf noch immer dieses Gerät.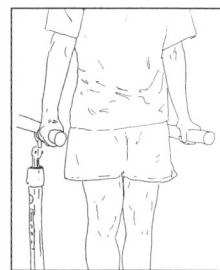

Die ersten Fertigkeiten, die am Parallelbarren geturnt werden, sind *Stützelemente*. Das Haltenkönnen des eigenen Körpergewichtes mit den gestreckten Armen ist somit eine Grundvoraussetzung. Da dies im Anfängerbereich oft nicht gegeben ist, werden die vorbereitenden Übungen so angeboten, dass zunächst nur ein Teil des eigenen Körpergewichtes mit den gestreckten Armen zu tragen ist (die Füße tragen das eigene Gewicht bei den ersten Aufgabenstellungen mit), zum anderen ist die Stützzeit der ersten Übungen sehr verkürzt (z.B. durch Einwegschwünge mit geringer Amplitude). Je höher der Ausgangspunkt des Körperschwerpunktes liegt (= hohe Lageenergie), desto mehr wird die Haltekraft im Schultergürtel – die eine ausgleichende Balance des Körpers durch Vor- und Rückverlagern des Schultergürtels in den Umkehrpunkten bei den Vor- und Rückschwüngen gewährleistet – gefordert. Methodisch wird deshalb zunächst – als dritter methodischer Aspekt – zu Beginn der Schwünge von einer niedrigen Körperschwerpunktlage ausgegangen. Das Schwingen im Stütz ist koordinativ anspruchsvoller als das Schwingen an den Hanggeräten. Zum einen ist – durch den kurzen Schwungweg – die *Zeit der Koordinierung* der Öffnung, des Streckens und des Verkleinerns der großen Körpergelenke sehr kurz, zum anderen befindet sich der Körper in einem *labilen Gleichgewichtszustand*. Dies erfordert Erfahrung in der Koordination der Körperhaltungen und der Verlagerungen des Körpers beim Schwingen im Stütz.

Spielerische Aufgabenstellungen mit zusätzlichem Stütz der Füße und flüchtigem Stütz stehen zu Beginn im Vordergrund, im Grätschsitz kann der Stütz gut überprüft werden. Ein „Stützeln" bzw. „Stützwandern" in der Barrengasse wird für Anfänger abgelehnt, da es neben einer großen Stützkraft (Körper muss kurzfristig mit einer Hand auf der schmalen Unterstützungsfläche Holm getragen werden!) auch koordinative Voraussetzungen (Körperverlagerung und Hüftaktivität) verlangt. Es ist damit *keine* Einstiegsübung für Parallelbarren-Turnanfänger! Dies gilt dann erst recht auch für das Stützspringen (= mehrmaliger, hintereinander ausgeführter Abdruck von beiden Händen und Auffangen im Stütz).

Aus dem Vorschwung entwickelt sich die Kehre als Überqueren eines Holmes mit der Körperrückseite und aus dem Rückschwung dann die Wende, ein Vorlingsüberqueren eines Holmes.

Zwei als Gasse parallel gestellte Kästen – auch als Kastenbarren bezeichnet – fungieren als ergänzend methodischer Aufbau in Parallelbarrenstunden – wenn die Handgelenke (s.u.) hier auch mehr als an den Holmen gewinkelt belastet werden.

Allgemeine Hinweise

1. Die _Holmhöhe_ sollte bei Anfängern immer _unter_ Schulterhöhe sein, um bei einem „Einbrechen" während der Stützübungen nicht ein Auffangen mit den Oberarmen statt mit den Füßen zu provozieren. Ein Schwingen sollte also gerade noch möglich sein. Da viele Barren nicht ausreichend niedrig eingestellt werden können, sollte eine dicke Matte oder ein entsprechend hoher Kasten(-deckel) in die Holmengasse gelegt werden.

2. Die _Barrenbreite_ der Holmengasse zwischen den beiden Holmen beträgt etwas mehr als die Schulterbreite. Folgendes Maßnehmen hat sich seit Jahrzehnten in den Turnhallen bewährt: Der Turnende hält seinen Unterarm zwischen die Holme (ein Ellenbogen berührt einen Holm) und an die Fingerspitze wird eventuell noch die Daumenseite der anderen Hand so angelegt, dass nun die individuelle Breite der Holmengasse „Unterarm-Handlänge" plus eventuell noch Handbreite entsteht. Die „Handbreite" kann weggelassen werden, um ein erleichtertes, „enges" Stützen anzubieten. In einer Gruppe muss natürlich pro Gerät ein Durchschnittsmaß gewählt werden, damit nicht jeder Turnende mit jedem Übungsdurchgang den Barren verstellen muss!

3. Eine _erhöhte Ausgangsposition_ zu Übungsbeginn, wobei der Körperschwerpunkt sich fast in Holmhöhe befindet, ist zu empfehlen (z.B. Stand auf einem kleinen Kasten), um die Kraft auf das Üben des eigentlich zu erlernenden bzw. zu verbessernden Elementes zu konzentrieren.

4. _Tiefe Körperschwerpunktlage_ vor dem Abgang der einfachen Stützübungen ist bei Anfängern, z.B. für das Abschwingen aus dem „Vierpunktstütz" (z.B. aus dem „Vierfüßlergang") dringend notwendig, um nicht beim Vorschwingen mit dem Schultergürtel zurück in die Holmengasse zu fallen.

5. Der _Handstütz_ sollte am Parallelbarren zur Belastungsreduzierung stets dahingehend kontrolliert werden, dass die Handgelenke gestreckt sind, d.h. die Hände werden in Verlängerung der Unterarme positioniert. Ein Abknicken im Handgelenk ist auf Dauer nicht verträglich.

6. Eine „X-Arm-Haltung", d.h. zu sehr durchgedrückte Arme, ist zu vermeiden. Gerade bei Mädchen und Frauen ist darauf zu achten. Die Ellenbogen sind eher nach innen als nach außen gedreht.

7. Der ganze Körper sollte gut gespannt sein.

3.1 Schwingen im Stütz

Das Schwingen im Querstütz ist die Basisfertigkeit am Parallelbarren, da die meisten Elemente daraus eingeleitet oder damit verbunden werden. Die dabei auszuführende Technik ist Grundlage für die weiteren Fertigkeiten an diesem Gerät.

Bewegungsmerkmale

Abb. 83

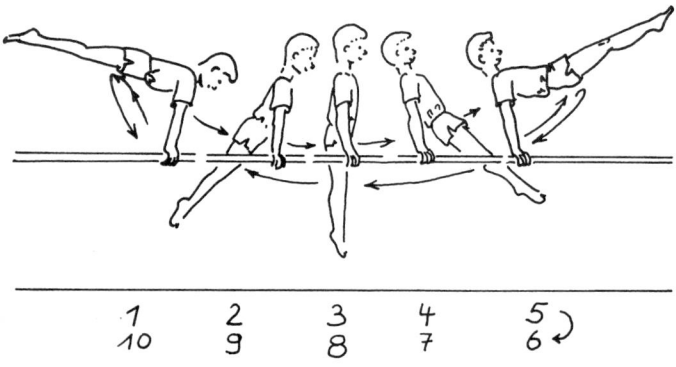

Vorschwung

1   Relativ hohe Ausgangsposition des gestreckten Körpers in annähernd paralleler Position in Schulterhöhe vorlings zu den Holmen („freier Liegestütz vorlings" in der Luft), der Körper ist aus den Schultern herausgestützt, die Arme befinden sich leicht nach vorne geneigt, die Schultern sind leicht vorverlagert, der Kopf ist in Verlängerung des Rumpfes, Blick zu den Händen.

2   Abwärtsschwingen des gestreckten, gespannten Körpers um die Schulterachse (durch Verkleinerung des Armrumpfwinkels) und um die Stützstelle Hände-Holm (durch Zurückverlagern des Schultergürtels über den Händen) bis zur Senkrechten.

3   Die Arme befinden sich senkrecht über den Händen, die Schultern dürfen nicht durchhängen, sondern sind angehoben.

4   Mit Durchschwingen der Senkrechten leichtes Winkeln in der Hüfte, Füße eilen dem Körper aufwärts voraus, der Schultergürtel wird ausgleichend zurückverlagert (Rotation um die Stützstelle der Hände), die gestreckten Arme gehen in die Rücklage, der Armrumpfwinkel wird geöffnet (Rotation um die Schulterachse).

5   Kurz vor dem Umkehrpunkt (zur Abwärtsbewegung) Beinschwungbewegung abbremsen und Streckung des Hüftwinkels, Blick zu den Füßen („freier Liegestütz rücklings" in der Luft, bei Anfängern die Füße nicht über Augenhöhe schwingen!).

Umkehrpunkt

6 Schnellkräftige Hüftstreckung mit Anheben des Körperschwerpunktes (hohe Lageenergie, Vergrößerung der Massenträgheit von der Stütz- und Drehstelle der Hände) und Fixierung der Hüfthaltung, aktiver Stütz der gestreckten Arme und Halten des geöffneten Armrumpfwinkels.

Rückschwung

7 Abwärtsschwingen des gestreckten Körpers, die gestreckten Arme werden wieder leicht vorverlagert und der Armrumpfwinkel wird dabei verkleinert.

8 Die Arme kommen in der Senkrechten wieder senkrecht über die Hände.

9 Mit Durchschwingen der Senkrechten Beginn des leichten Überstreckens in der Hüfte, Füße eilen dem Körper aufwärts voraus, der Armrumpfwinkel wird geöffnet (Rotation um die Schulterachse), die Schultern werden ausgleichend vorverlagert (Rotation um die Stützstelle der Hände) und die gestreckten Arme gehen in die Vorlage.

Umkehrpunkt

10 Kurz vor dem Umkehrpunkt (zur Abwärtsbewegung) abbremsen der Beinschwungbewegung mit leichtem Beugen des Hüftwinkels und Fixierung („gebundene Hüfte"), Arme sind völlig gestreckt, Blick zu den Händen oder Boden („freier Liegestütz vorlings" in der Luft).

Lernvoraussetzungen

Konditionelle Lernvoraussetzungen:

- *Haltekraft* der gestreckten *Arme*: dreiköpfiger Armstrecker (m. triceps brachii).
- *Haltekraft* der Muskelschlinge des Rautenmuskels und des vorderen Sägemuskels (m. serratus anterior und mm. rhomboidei) zur Haltung des Armrumpfwinkels.
- Sehr gut ausgeprägte Muskelkraft zur Öffnung und Verkleinerung des Armrumpfwinkels (breiter Rückenmuskel/m. latissimus dorsi, großer Rundmuskel/m. teres major und großer Brustmuskel/m. pectoralis major).
- *Schnellkraft der Hüftstrecker* (großer Gesäßmuskel/m. glutaeus maximus) und der Hüftbeuger (gerade Bauchmuskulatur/m. rectus abdominis, Lenden-Darmbeinmuskulatur/m. iliopsoas und der vierköpfige Schenkelstrecker/m. quadriceps femoris).
- *Ganzkörperspannung.*

Technische Voraussetzungen:

- Liegestütz vorlings und rücklings.
- Vierfüßlergang vorlings und rücklings am Parallelbarren.

Grundsätzliche Hilfegebung

- Zwei Kinder/Jugendliche können – auf einem Kastendeckel stehend – mit beiden Händen den jeweiligen Oberarm mit Stützgriff (Klammergriff) umfassen und das Strecken der Arme durch anhebende Tätigkeit erleichtern.

- Jugendliche und Erwachsene können den Vor- oder Rückschwung unterstützend und bewegungssteuernd begleiten, indem sie mit der einen Hand an den Oberarm unter der Achsel stützen, wobei sie auch für die zweite helfende Hand, die unter den Körperschwerpunkt hebend geht, ein Widerlager bilden.

Lernschritte und Übungsvariationen

Einstiegstipps:
- Einstiegsübungen am Parallelbarren für Kinder: Für Kinder eignen sich hier vor allem die Aufgabenstellungen, Tiere darzustellen. Dabei sind die Beanspruchungsformen automatisch sehr unterschiedlich. So wird beim „Froschhüpfen" kurzfristig das Körpergewicht einmal von den Händen, dann von den Beinen getragen. Im „Kamelgang" ist der Körperschwerpunkt durch die gestreckten Beine sehr hoch, durch den dabei geturnten „Passgang" (paralleles Vorsetzen des rechten Beines und der rechten Hand, Gleiches dann mit der linken Seite) ist das Körpergewicht einmal auf dem rechten Bein und rechten Arm, dann von der anderen Seite zu tragen. Wenn wie ein Panther, flach mit großen Schritten, über den Barren gegangen wird, sind abwechselnd das Ziehen, Stützen und Schieben die Belastungsformen. Mit dem „Bienentanz" dreht sich das Kind im Hockstütz vorlings im Kreis um sich selbst und mit vielen Griffwechseln über den Holm. Der Krebs wandert im Hockstütz rücklings sowohl vorwärts, rückwärts als auch seitwärts über die Holme. Daraus kann sogar als Vorführung ein Krebstanz zu zweit mit Synchronbewegungen und Körperkontakten entwickelt werden.

1. Grundübung: Kleines Stützschwungwandern vorwärts aus dem Hockstütz vorlings in den Grätschsitz/Hockstütz/Liegestütz rücklings

Ziel: Kennenlernen des Vorhochschwingens der Beine und des Körperschwerpunktes mit gering hoher Körperschwerpunktlage und geringer Schwungamplitude.

Aufgabe: Von einem kleinen Kasten in den Vierfüßlerstand vorlings gehockt auf einen Barren steigen, im Stütz „rutschen" die Füße vom Holm in die Holmengasse und gehockt schwingen sie – mit Aufsetzen der Füße vor den Händen rechts und links auf den Holm – vor. Vorverlagern des Körpergewichtes auf die Füße, Griffwechsel der Hände mit Stützen der Hände vor den Füßen und erneut gehocktes Ab- bzw. Vorschwingen in den Hockstütz rücklings (Abb. 84).

Aufgabenerweiterungen (vorbereitend und ergänzend gut am Kastenbarren zu turnen!):
- Aus dem Hockstütz vorlings vorschwingen mit Überschwingen der sich streckenden Beine rechts und links über den Holm zum Grätschsitz, Aufsetzen der Füße und Vorverlagerung mit Griffwechsel zum erneuten Ab- und Vorschwingen in den Grätschsitz.

Abb. 84

- S.o., jedoch aus dem Grätschsitz von den Beinen abdrücken und einschwingen mit Schließen der Beine zum Rückschwung, Vorschwung in den erneuten Grätschsitz ...

2. Grundübung: Wandern im Stützschwung vorwärts gestreckt („Stützunterschwung")

Ziel: Kurzzeitiges Stützen, Kennenlernen des Vorschwungs mit gestreckten Beinen, Winkeln und Strecken in der Hüfte und ausgleichende Zurückverlagerung des Schultergürtels mit Absprung und Landung auf einer Erhöhung mit geringer Balanceanforderung.

Aufgabe: Stand auf einer Erhöhung (z.B. kleiner Blockkasten) vor der Holmengasse, vorgreifen mit gestreckten Armen zum flüchtigen „Stützstand", beidbeiniger Absprung (nach hinten oben), voraufwärtsschwingen der gestreckten Beine mit leichtem Winkeln in der Hüfte im Stütz, Vorbringen der Füße mit Hüftstreckung („Unterschwungbewegung") zur Landung auf einer in der Holmengasse stehenden Erhöhung (kleiner Blockkasten/zweiteiliger Kasten). Lösen des Griffes, erneutes Vorgreifen mit gestreckten Armen und Absprung zum zweiten Vorschwingen auf einen dritten Kasten (Abb. 85).

Abb. 85

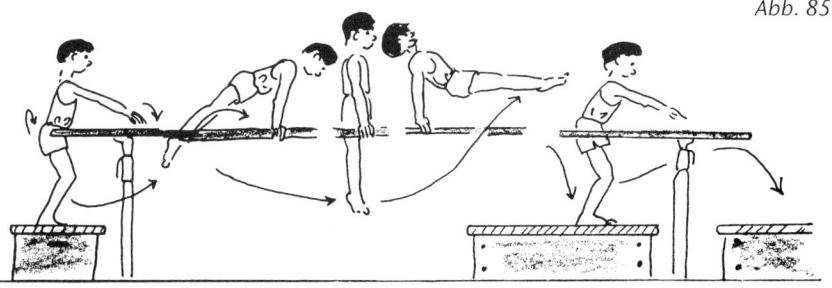

Hinweis: Diese 2. Grundübung kann auch als „erste Einstiegsübung" durchgeführt werden.

Variationen: Kleiner Anlauf und Absprung vom Sprungbrett oder Minitrampolin zum Stütz, stützendes Vorschwingen, Landung auf einer Erhöhung (erhöhte Anforderung an die Stützkraft, das Balancegefühl und die Bewegungssteuerung).

3. Grundübung: Stützschwingen rückwärts aus dem Hockstütz rücklings in den Liegestütz/Hockstütz vorlings

Ziel: Kennenlernen des hohen Beinrückschwunges und Mitschwingen des Körperschwerpunktes und ausgleichende Vorverlagerung des Schultergürtels.

Aufgabe: Von einem kleinen Kasten in den Vierfüßlerstand rücklings gehockt (= Hockstütz rücklings) – rückwärts zur Bewegungsrichtung – auf einen Barren steigen, im Stütz „rutschen" die Füße vom Holm in die Holmengasse und gehockt schwingen sie zurück. Am Ende des Rückschwunges werden die Füße hinter den Händen rechts und links auf den Holm gesetzt. Zurückverlagern des Körpergewichtes auf die Füße, Griffwechsel der Hände mit Stützen der Hände wieder hinter den Füßen und erneut gehocktes Ab- bzw. Rückschwingen in den Hockstütz vorlings (... etwas Mut gehört hier schon zu!).

Tipps: Zunächst an der Kastengasse üben, da die Kastendeckel gepolsterte Landeflächen sind. Auch die Kombination von Parallelbarren und Kasten ist wertvoll: Stütz am Barrenende, Landung nach Rückschwung im Liegestütz gegrätscht auf die in Verlängerung des Parallelbarrens stehenden Kastendeckel der Kastenbarren.

4. Grundübung: Stützschwingen vorwärts und rückwärts aus den Ausgangspositionen Liegestütz vorlings und rücklings

Ziel: Kombination der Vor- und Rückschwungtechniken aus einer höheren Ausgangsposition, die der angestrebten Position des Umkehrpunktes der späteren Stützschwünge entspricht: Entwickeln eines Lagegefühls. Erfahren der Vor- und Rückverlagerung des Schultergürtels im harmonischen Wechsel.

Aufgabe: Aufsteigen in den Liegestütz vorlings gegrätscht am Parallelbarren (kein Hohlkreuz!), Abdruck von den Füßen (u.U. mit einleitendem einbeinigen Schwungbeineinsatz nach hinten oben), Schließen der Beine und Voraufwärtsschwingen der Beine und des Körperschwerpunktes zum Liegestütz rücklings gegrätscht auf die Holme. Gleiches nun wieder zurück in den Liegestütz vorlings (Abb. 86).

Abb. 86

5. Stützschwingen vorwärts und rückwärts mit Energiegewinnung:
Kennenlernen des Bewegungsrhythmuses im Wechsel von Vor- und Rückschwung, Verbesserung der Körperstreckung im Umkehrpunkt zur Abwärtsbewegung. Erhöhte Balanceanforderungen durch Vor- und Rückverlagerung des Schultergürtels im dynamischen Wechsel.

Aufgabe: Stand in der Mitte des Parallelbarrens und Sprung in den Stütz, Vorschwingen der Beine mit Winkeln in der Hüfte in Kopfhöhe (Foto 21), schnelle Hüftstreckung im (bzw. kurz vor dem) Umkehrpunkt („freier Liegestütz rücklings in der Luft"), Körper schwingt gestreckt abwärts und Rückaufwärtsschwung des Körpers über Holmenhöhe mit Strecken des Körpers im Umkehrpunkt („freier Liegestütz vorlings in der Luft", vgl. Abb. 83).
Verbale Bewegungsbegleitung für die Optimierung des Vorschwunges: „Füße (... hoch) – Bauch (... an die Decke)!" oder „Beine – Bauch!" oder „ Beine (... hoch) – strecken (... der Hüfte)."

Foto 21

Variationen:
- Vor- und Rückschwingen, dabei versuchen, im Umkehrpunkt ein in Kopfhöhe gehaltenes Seil/Gummiband/Toilettenpapierstreifen o.ä. mit den Unterschenkeln zu berühren. Zwei Partner stehen auf einer Erhöhung, um die Orientierungshilfe zu halten.
- Ein Luftballon wird über dem Bauch gehalten (oder er hängt an den Ringen/am Reck, wenn der Parallelbarren darunter aufgebaut wurde) und muss beim Vorschwung durch Körperstreckung hochgestupst werden.
- „Wer kann sowohl vorne als auch hinten nach dem Durchschwingen der Holmengasse die Beine über den Holmen grätschen?!"
Synchronturnen:
- Zwei Partner befinden sich in einem Abstand von ca. einem halben Meter hintereinander im Querstütz und versuchen, synchron im Stütz zu schwingen.
- S.o., jedoch vorlings zueinander gestützt, jeweils an einem Barrenende, synchron in das Schwingen kommen.
- S.o., jedoch mehrere (u.U. sogar die ganze Gruppe des jeweiligen Gerätes) versuchen, in das Synchronschwingen zu kommen; zunächst mit leicht gebeugten Beinen, dann im zweiten Durchgang mit gestreckten Beinen.

- „Schweizer Gruppenturnen": Von zwei Seiten (an allen Geräten) Anlauf, Absprung vom Sprungbrett und Vorschwung, Rückschwung, Vorschwung zum Grätschsitz und Abwenden mit Anheben des entfernten Beines zum Abgang seitlich vom Barren. Mit Abwenden zum Abgang laufen die Nächsten schon zum Absprung und Einschwingen an.
- Auf Musik bringt es am Stundenende besonders Spaß: Ein Walzer bietet sich an! ... und im Winter natürlich der „Schneewalzer"!

3.2 Kehre

Mit dem Begriff „Kehre" werden Turnelemente bezeichnet, die, aus einem Absprung oder Schwung ausgelöst, dem Bezugsgerät in der Hauptphase ihrer Bewegung den Rücken „zukehren". Das Gerät wird somit rücklings überturnt. Die Beine schwingen dazu aufwärts-vorwärts in der ersten Phase und abwärts-rückwärts in der landungsvorbereitenden Phase.

Am Parallelbarren ist die Kehre der leichteste und für die allgemeinen Turnstunden der gängigste und brauchbarste Abgang für jedes Können und Alter. *Parallel zum Stützschwingen* ist die *Kehre als Basiselement* für Turneinsteiger nicht nur eine ergänzende Schulung des Vorschwunges im Querstütz, sondern auch als Stützkraftschulung einzusetzen. Die kurze Stützzeit erlaubt – auch bei geringer Stützkraft – eine hohe Übungswiederholung. Vor allem die Wettbewerbsformen mit schnellem Überkehren (s.u.) sollten hierzu für alle Altersgruppen eingesetzt werden.

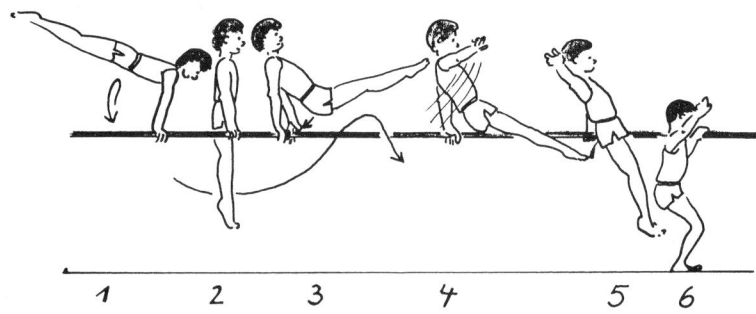

Abb. 87

Bewegungsmerkmale

1 Aus dem Absprung oder Rückschwung mit Speichengriff und Stütz auf den gestreckten Armen, Körperschwerpunkt befindet sich über den Holmen.

2   Vorschwung in der Holmengasse mit gestrecktem, gespanntem Körper bis zur Senkrechten.

3   Vorauseilen der gestreckten Beine mit leichtem Winkeln in der Hüfte und weiterem Aufwärtsschwingen des gesamten Körpers, der sich nun – durch Öffnen des Armrumpfwinkels – um die Schulterachse dreht, bis über Holmenhöhe. Die Arme befinden sich in leichter Rücklage.

4   Mit Handabdruck Lösen der Hand von dem zu überkehrenden, entfernten Holm und leichte „Stemmbewegung" des Stützarmes, Einleiten des Überkehrens.

5   Abwärtsschwingen der Beine mit Strecken in der Hüfte und mit Aufrichten des Rumpfes, Lösen des Stützarmes hinter dem Körper und Nachfassen mit der erstgelösten Hand an den nun nahen Holm (Gleichgewichtshilfe).

6   Landung im Außenquerstand seitlings.

Lernvoraussetzungen
Konditionelle Lernvoraussetzung:
- Stützkraft (siehe 3.1 Stützschwingen).
Technische Lernvoraussetzung für die Kehre aus dem Stützschwingen:
- Technisch gutes Schwingen im Querstütz mit ausgeprägtem Vorschwung.

Grundsätzliche Hilfegebung
Ein Helfender steht auf der Landeseite und stützt mit der nahen Hand am Oberarm (auch Widerlager für die zweite helfende Hand), die zweite Hand geht mit dem Vorschwung unter den Körperschwerpunkt (an die „Oberkante Unterhose") und hebt – zu sich ziehend – den Turnenden über den Holm. Dabei muss mit dem Bein der „hebenden Hand" ein Schritt zurück gemacht werden.

Lernschritte und Übungsvariationen
Für die Gewährleistung einer hohen Übungsintensität sollte der Parallelbarren zeitgleich von *beiden Seiten beturnt* werden. Die Aufgabenstellungen sollten das *beidseitige Turnen* der Kehre rechts und links berücksichtigen, wobei die gegenüberliegenden Seiten jedoch (zur Vermeidung von Unfällen) voneinander wegturnen sollten; d.h. beispielsweise, dass beide Turner nach rechts, im zweiten Durchgang dann beide nach links die Kehre turnen.

Bei den ersten Übungen sollte der Parallelbarren mit Absprung in den flüchtigen Stütz in der Ausgangsposition (z.B. auf einem kleinen Kasten stehend) nur *hüfthoch* oder *oberkörperhoch* sein, um ein „Hinaufmühen" zu vermeiden. Jeder kann dann (bei entsprechend hoher Ausgangsposition) beim Üben der Kehre – ohne Partnerhilfe – mitmachen, wenn zugestanden wird, die Beine auch nacheinander über den Holm zu bringen (Laufkehre/Spreizkehre) und gegebenenfalls über den flüchtigen Außenquersitz das Überkehren zu turnen.

1. Grundübung: Absprung und Überscheren der Beine zum Außenquersitz

Ziel: Kennenlernen des schwungvollen Beineinsatzes und der Gewichtsverlagerung durch Handabdruck bis über den Holm zum Sitz.

Aufgabe: Aus dem erhöhten Stand, mit gestreckten Armen vorgreifen, Rückführen des „Schwungbeines" an der Seite des zu überquerenden Holmes, Vorschwingen des Schwungbeines und Absprung vom Standbein in den flüchtigen beidarmigen Stütz. Nacheinander die Beine über den Holm zum Außenquersitz schwingen, Schwungbein ist gestreckt hinter dem Körper, das Absprungbein leicht gebeugt vor dem Körper. Lösen der entfernten Hand, Abdruck zum Niedersprung vom Holm in den Außenseitstand seitlings (Abb. 88).

Abb. 88

2. Grundübung: Absprung und Überkehren der Beine zum Außenquersitz

Ziel: Kennenlernen des Überkehrens mit geschlossenen Beinen bis über den Holm zum Sitz.

Aufgabe: Aus dem Stand, Schwungbeineinsatz des nahen Beines und Absprung vom fernen Bein. Mit Aufwärtsschwingen der Beine Schließen der Beine und leichtes Winkeln in der Hüfte, Handabdruck vom entfernten Holm zum Aufsetzen des Gesäßes auf den nahen Holm, Absenken und Öffnen der Beine zum Querspreizen (s.o. Grundübung 1) in den Außenquersitz. Niedersprung zur Landung.

3. Grundübung: Absprung und Überkehren des Holmes zum Außenseitstand seitlings

Ziel: Erlernen des Überkehrens ohne Gesäß-Holm-Kontakt.

Aufgabe: Aus dem Stand, Schwungbeineinsatz des nahen Beines und Absprung vom fernen Bein. Mit Aufwärtsschwingen der Beine, Beine schließen und leichtes Winkeln in der Hüfte, wenn das Gesäß über Holmhöhe ist, kräftiger Handabdruck vom entfernten Holm zum Überkehren des nahen Holmes, Absenken der Beine und Strecken des Körpers zur Landung im Querstand.

Übungserleichterung/Variation: Alternativ zur Grundübung 3 können die Beine zunächst auch wie bei Grundübung 1 über den Holm nacheinander geschert werden. Die Landung erfolgt dann einbeinig und wird als „Spreizkehre" oder als „Laufkehre" bezeichnet, wenn ohne Frontveränderung das zweite Bein zum Weiterlaufen vorgesetzt wird. Diese Form eignet sich zudem für das schnelle Überqueren bzw. Überkehren des Holmes, z.B. bei nachfolgendem Wettbewerb.

Verfolgungsjagd: Zwei Partner stehen sich an den jeweiligen Enden der Holmgasse (auf jeweils einem Kasten stehend) gegenüber. Auf ein Startzeichen hin versuchen sie, sich mit Kehre bzw. Laufkehre zu jagen, indem sie den für sie rechten Holm jeweils mit einer Kehre überturnen, dann in Blickrichtung weiterlaufen, auf den Kasten des Partners springen, um sofort wieder den für sie rechten Holm (der nun gegenüberliegenden Barrenendenseite) zu überkehren. „Wer kann den Partner einholen?"

4. Grundübung: Aus dem Stützschwingen Überscheren/-kehren eines Holmes zum Außenquersitz
Ziel: Verknüpfung von Stützschwingen und Kehrbewegung.
Aufgabe: Stand auf einer Erhöhung mit Vorgreifen mit Absprung und mit Vorschwingen der Beine, Rückschwung, Vorschwung mit Überscheren/Überkehren der Beine in den Außenseitsitz, Niedersprung zur Landung. Nach beiden Seiten üben.

5. Grundübung: Aus dem Stützschwingen Überscheren/-kehren zum Außenquerstand seitlings
Ziel: Üben der Zielform.
Aufgabe: Schwingen im Stütz vor, zurück und vor zunächst mit Überscheren, dann Überkehren der Beine über einen Holm zum Außenquerstand seitlings (Foto 22).

3.3 Wende

Als Wenden werden Turnelemente bezeichnet, die in der Hauptphase ein Überturnen des Gerätes mit der Körpervorderseite, d.h. vorlings, beinhalten. Allen bekannt ist als Beispiel die Hockwende über die Schwebebank.

Foto 22

Genauso sieht auch die Wende am Parallelbarren über einen Holm aus. Anfänger werden zunächst noch die Beine hocken, später werden die Beine und sogar die Hüfte gestreckt.

Um am Parallelbarren eine Wende auszuführen, muss der Turnende zurückschwingen und dann seitwärts einen Holm überturnen. Es ist logisch, dass somit ein hoher Rückschwung mit Hochbringen des Körperschwerpunktes Voraussetzung für ein Gelingen ist. Zum anderen ist es auch eine „Mutsache" für Ungeübte, da die Bewegung visuell nicht kontrollierbar ist. Der Mensch als „Augentier" muss bei fehlender visueller Orientierung räumlich-zeitlich-dynamische Bewegungserfahrungen gesammelt haben, bis er „blind" und ohne „feuchte Hände" solche Übungen ausführen mag. Die Übungssituationen müssen somit – ausgehend von der Lernvoraussetzung des hohen Stützschwingens – für das Vorlingsüberqueren ein Könnensbewusstsein langsam aufbauen (Abb. 89).

Abb. 89

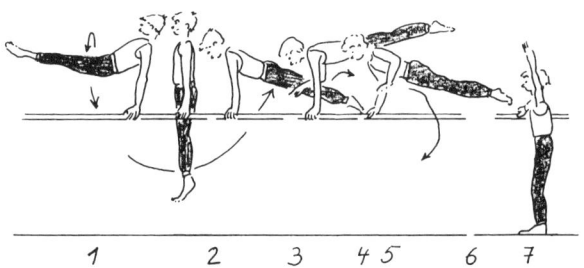

Bewegungsmerkmale

1   Aus dem hohen Vorschwung im Querstütz mit Speichengriff,
2   hoher Rückschwung über Holmhöhe/in Kopfhöhe, d.h. die Körperlinie liegt in Schulterhöhe.
3   Abdruck von der fernen Hand und Stützverlagerung auf den Arm des zu überquerenden Holmes.
4   Beginn des Überquerens vorlings (gehockt) des Holmes, „Zug-/Stemmbewegung" des stützenden, gestreckten Armes.
5   Kurzzeitiges Stützen auf beiden Armen durch Nachstützen der „fernen" Hand vor der Stützhand des zu überturnenden Holmes.
6   Absenken (mit Strecken) der Beine mit Hüftstreckung und Aufrichten des Rumpfes, die holmferne Hand stützt weiter am nahen Holm, während der Stützarm sich vom Holm löst.
7   Landung im Außenquerstand seitlings.

Foto 23

Lernvorausetzungen
Konditionelle Lernvoraussetzung:
- Sehr gute Stützkraft (siehe 3.1 Stützschwingen).
Technische Lernvoraussetzung:
- Schwingen im Querstütz mit hohem Rückschwung (Foto 23).

Hilfegebung
Ein Helfender steht auf der Landeseite und stützt mit der nahen Hand am Oberarm (auch Widerlager für die zweite helfende Hand), die zweite Hand geht mit dem Rückschwung unter den Bauch und hebt zu sich ziehend den Turnenden über den Holm. Dabei muss mit dem Bein der „Bauchhand" ein Schritt zurück gemacht werden.

Lernschritte und Übungsvariationen
Da bei der Wende kurzfristig mit dicht voreinander gesetzten Händen der Körper vorlings zum Boden gestützt werden muss, sind vorbereitende bzw. ergänzende Übungen im Liegestütz hilfreich. Beispielsweise hebt ein Partner einen Turnenden an den Oberschenkeln (Beine gegrätscht, geht auch mit eng angehockten Beinen) im Liegestütz an, der- bzw. diejenige stützt sich daraufhin im Liegestütz mit Überkreuzen der Arme seitwärts, oder geht – die Hände auf eine Linie hintereinander setzend – so vorwärts.

1. Grundübung: Hockwende von einer erhöhten Absprungposition über einen Holm
Ziel: Kennenlernen des Raumweges, ausgehend von einem bekannten Bewegungsmuster (Hockwende über die Bank/Kasten) und Erlernen des Griffwechsels mit Nachstützen auf einen Holm.
Aufgabe: Stand auf einem zweiteiligen Kasten/kleinen Blockkasten/Schwebebank/Minitrampolin (etwas in der Holmengasse von der Landeseite wegziehen) in der Holmengasse, Speichengriff. Mehrmals auf dem Kasten mit Stütz der gestreckten Arme federnd hochspringen und Hockwende über den in die- *Abb. 90*
ser Ausgangsposition nun *hüfthohen*
Holm. Bewusst auf dem Stützarm des
zu überturnenden Holmes tragen,
die ferne Hand stützt vor der Stützhand, stützender Niedersprung zum
Außenquerstand seitlings (Abb. 90).

2. Grundübung: Hockwende aus dem Rückschwung auf einen in Holmverlängerung stehenden Kasten

Ziel: Kennenlernen der Gewichtsverlagerung zur Hockwende aus dem Rückschwung mit erhöhter Landung.

Aufgabe: Ein Kasten befindet sich in Verlängerung eines Holmes (Kastenlängskante ist Verlängerung der Holmengassenkante). Vor- und Rückschwingen im Querstütz am Ende der Holmengasse, mit hohem Rückschwung Gewichtsverlagerung auf den Stützarm des zu überquerenden Holmes und Hockwende auf den Kasten (Abb. 91).

Abb. 91

3. Grundübung: Hockwende aus dem Rückschwung über eine in Holmverlängerung gehaltene Gummischnur/Seil o.ä.

Ziel: Überturnen eines holmähnlichen Hindernisses mit Hockwende.

Aufgabe: Ein Gummiband/Zauberschnur/Seilchen/Toilettenpapier wird von ein bis zwei Partnern in Verlängerung des Holmes gehalten. Am Barrenende Vorschwung, hoher Rückschwung und Hockwende über die „bewegliche" Holmverlängerung.

Differenzierung: Für weniger gute Turner kann die Zauberschnur o.ä. bei den ersten Versuchen leicht abfallend schräg gehalten werden, bei guten Turner dagegen sogar leicht aufsteigend (Abb. 92).

Abb. 92

4. Grundübung: Aus dem Stützschwingen nach hohem Rückschwung (Hock-) Wende über die schräg tiefgestellte Holmseite

Ziel: Zielform unter erleichterter Bedingung.

Aufgabe: Der Barren wird auf einer Seite um eine Einstellung mit ein oder beiden Holmen zum „Schrägbarren" abgesenkt. In der Barrenmitte Vor- und Rückschwung und Hockwende über die niedrige Seite des Schrägbarrens (Abb. 93).

Differenzierung: Gut Turnende versuchen, den Holm gestreckt, d.h. mit einem „Liegestütz vorlings frei in der Luft" zu überqueren. In der Phase des Überquerens den Körper gut mit beiden gestreckten Armen auf dem zu überturnenden Holm stützen!

Abb. 93

5. Grundübung: Aus dem Stützschwingen nach hohem Rückschwung (Hock-) Wende mit Hilfegebung

Ziel: Zielform mit Bewegungsunterstützung.
Aufgabe: Vor- und Rückschwung in der Barrenmitte, ein Helfer steht auf der Landeseite und unterstützt bzw. begleitet nach dem Prinzip „so viel wie nötig, so wenig wie möglich" die Wende am brusthohen Parallelbarren (Helfergriff siehe oben).

Bewegungserweiterungen
Wenden mit 1/4-Drehungen zum Barren in den Außenseitstand vorlings oder mit 1/2-Drehung vom Barren weg (Wendekehre) in den Außenquerstand seitlings. Die Aufgabenstellungen können hierzu von denen der Kehren mit Drehungen abgeleitet werden (siehe S. 160f.). Grundsätzlich erfolgen die Drehungen immer mit Absenken der Beine und werden durch die Hüftstreckung eingeleitet. Der Oberkörper muss jedoch – unterstützt durch Abdruck der stützenden Hand – schnell nachgedreht werden.

IV Balanciergeräte

Zur Begrifflichkeit

Balance, der lat.-frz. Begriff für Waage und Gleichgewicht, hat sich in unserem Sprachgebrauch wie selbstverständlich eingefügt. Wird von Gleichgewichtstätigkeiten
erzählt, so verwenden wir fast immer das Balancieren als
Begriff: Ein Kind balanciert auf einer Mauer; und der See-
hund balanciert einen Ball.

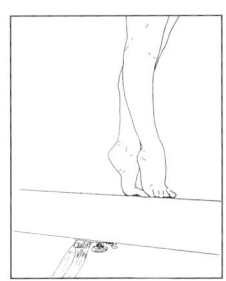

Beim *„Gleichgewicht"* halten sich Kräfte gegenseitig in der
Waage, d.h., die muskulären Kräfte müssen den Körper
gegen die wirkende Schwerkraft durch Positionierung des Körperschwerpunktes
über der Stützstelle halten. Je minimaler die Ausgleichbewegungen sind, umso
ökonomischer und damit harmonischer und kontrollierter erscheinen die Bewegungen bzw. „Halten" (= statische Gleichgewichtselemente). Je schmaler die
Unterstützungsflächen sind (z.B. Stand auf der hohen Fußspitze oder Stand auf
einer Stange), umso anspruchsvoller werden die zu bewältigenden Aufgaben für
das regulierende menschliche System. Das *Gleichgewicht* ist beim Fahrradfahren,
beim Stelzenlaufen, Skifahren, Skateboarding, Inlinefahren und in der Akrobatik
gefragt. Für Alltagsbewegungen und für fast alle Sportarten ist die Balancierfähigkeit als Grundlage von Bedeutung. In vielen Sportbereichen wird die
Gleichgewichtsfähigkeit inzwischen über das Turnen speziell trainiert.

Bei näherer Betrachtung ist Gleichgewicht mehr, als nur auf einem Bein stehen
zu können. Gleichgewichtselemente enthalten verschiedene Arten des Stehens
und Haltens sowie Sprünge, Beschleunigungen und Verzögerungen beim Gehen und Laufen und das Ausbalancieren bei Drehungen. Das, was wir als Balance beobachten können, sind die äußeren Erscheinungsbilder der *koordinativen
Fähigkeit „Gleichgewicht".* Gleichgewicht ist der ständige Kampf des Menschen,
seinen Körper gegen die Schwerkraft auszusteuern. Je geringer und instabiler
die Unterstützungsflächen sind, umso schwerer gelingt dies. Spätestens, wenn
die Arme in der Luft zu „rudern" beginnen, sieht jeder den Kampf um das
Gleichgewicht.

Es können drei Erscheinungsformen der Gleichgewichtsfähigkeit unterschieden
werden:
*   Die *„statische" Gleichgewichtsfäkigheit* versucht, einen Körper ohne wesentli-
    che Lageveränderung im Gleichgewicht, das heißt in Ruhe zu halten. Als Bei-
    spiel fällt jedem spontan die Standwaage ein.

- Bei der *„dynamischen" Gleichgewichtsfähigkeit* sind zwei Anforderungssituationen zu nennen. Zum einen muss bei Fortbewegungen das Gleichgewicht des Körpers im Raum „ständig gesucht und erhalten bleiben". Diese schnellen Lageveränderungen (mit freien Bewegungen in der Luft) können Sprungverbindungen in die Weite oder auch Höhe auf einer umgedrehten Bank beinhalten als auch Drehungen. Bewegungen unter Zeitdruck und wechselnden Bedingungen profitieren von einer gut ausgeprägten dynamischen Gleichgewichtsfähigkeit. Die Schulung der dynamischen Gleichgewichtsfähigkeit erfolgt durch das Turnen der gymnastischen Fortbewegungselemente in die Vertikale (z.B. Strecksprünge) und Horizontale (z.B. Laufen und Pferdchensprünge). Aber auch zügig geturnte Übergänge vom Stand in den Sitz, in die Kniewaage, gehören dazu.
- Letztlich aus einer Bewegung kommend das Gleichgewicht *„wiederherstellen"* ist eine weitere Form (als Kombination der o.g. beiden Formen definierbar), die vor allem bei Landungen nach Sprüngen zum sicheren Stand zu erkennen ist. Aus dem Laufen auf dem Balken abstoppen und auf einem Bein zwei, drei Sekunden stehen; Spreizsprung mit Landung auf einem Bein und Einnehmen der Standwaage, Niedersprünge vom Balken zum sicheren Stand sind Beispiele für diese dritte Gruppe.

1 MIT SPIELERISCHEN ÜBUNGSFORMEN VORAUSSETZUNGEN SCHAFFEN

1.1 Balancierfähigkeit verbessern

Um gymnastische und turnerische Elemente auf einem Balken zu turnen, die am Boden bereits gekonnt werden, ist ein Mindestmaß an Balancierfähigkeit erforderlich.

Methodik

Die Aufgabenstellungen können in drei großen, aufeinander aufbauenden Abschnitten (vgl. Abb. 94) angeboten werden.

1. Balancieraufgaben beginnen am Boden mit Aufgabenstellungen auf einem Bein und dem Bewegen auf Linien.
2. Im zweiten Abschnitt werden zunächst Übungsaufgaben auf *feststehenden Geräten* angeboten, wobei in niedriger Höhe und breiterer Balancierfläche (z.B. auf der Sitzfläche der Schwebebank oder Kastendeckelsteg) begonnen wird und die Balancierfläche dann in den weiteren Übungsstunden immer schmaler angeboten wird (z.B. umgedrehte Bank, niedriger Schwebebalken, Lüneburger Stegel, Rundbalken, dann Reckstange, Foto 24). Mit zunehmender Höhe wird es spannender. Die Bewegungssicherheit wird durch die zusätzliche psychische Anforderung der Höhe und Schräge von Geräten herausgefordert. Kommen noch Zusatzaufgaben in Form von Ausbalancieren, Zuwerfen und Fangen von unterschiedlichsten Materialien und Handgeräten dazu, kann spielerisch der Grad der Balancierfähigkeit erprobt werden.

Foto 24

3. Erst danach sollte die Gleichgewichtsfähigkeit auf *schwankenden Unterstützungsflächen* geschult werden. Auch hier wird nach den gleichen Prinzipien vorgegangen. Zu der bodennahen Gleichgewichtsschulung auf schwanken-

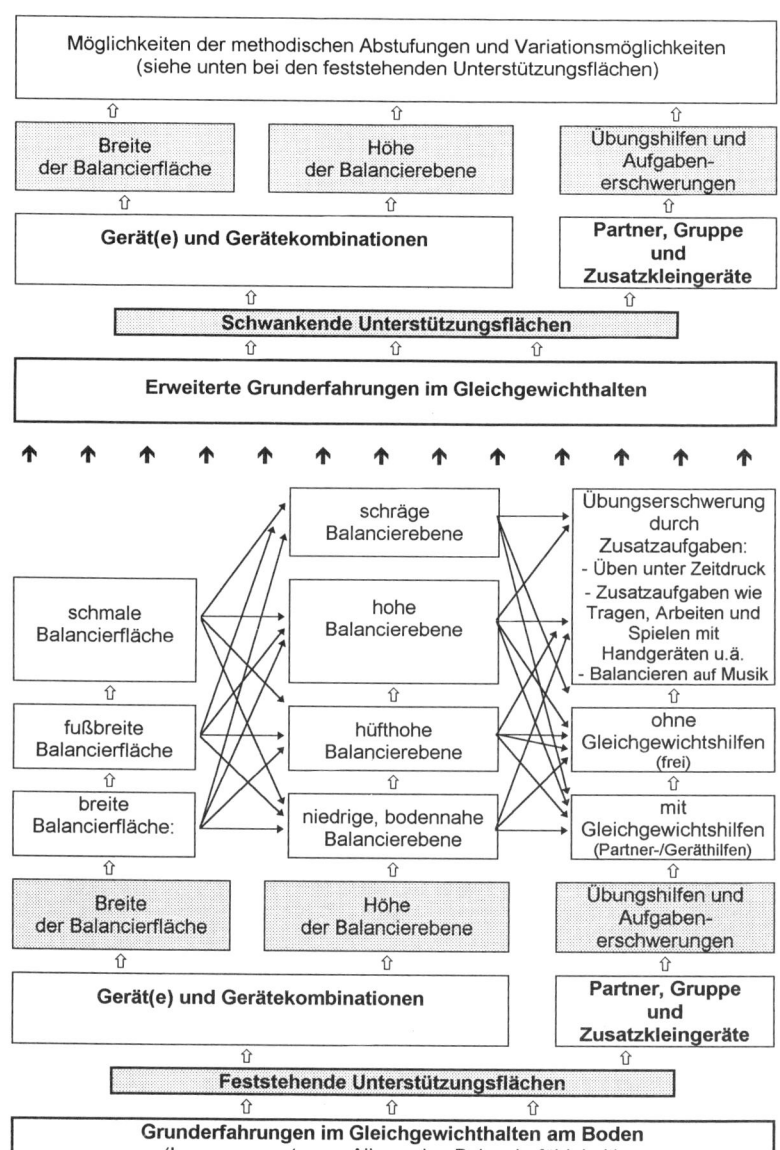

Abb. 94

den Unterstützungsflächen ist auch die Partner- und Gruppenakrobatik zu zählen. Schwankende Unterstützungsflächen üben einen besonderen Reiz auf alle Altersgruppen aus. Im Erlebnis- und Abenteuerturnen werden sie bevorzugt eingesetzt. Die wichtigsten vier, fünf Knotentechniken aus dem Segel- oder Klettersport (Palstek, Rundtörn, Halbe Schläge, Kreuzknoten, Mastwurf) sollte heute jeder Sportlehrer und Übungsleiter hierfür im Gerätturnen beherrschen.

Immer sollte der Spaß bei diesen Aufgabenstellungen im Vordergrund stehen. Spielerische Aufgabenstellungen, ungewöhnliche Alltagsmaterialien sowie stimulierende oder zur Ruhe führende Musikstücke bereichern die Balancierstunden.

Abb. 95

1.2 Ein Balancierstationsturnen

Motivierende, fröhliche, jedoch nicht hektische Musik einsetzen.
40/45 Sekunden Belastung, 15/20 Sekunden Pause zwischen den Stationen.
(Abb. 95)

Station 1: _Schlafender Flamingo_
Wie: Zwei Partner geben sich die Hand, schließen die Augen und stehen zwanzig
Sekunden auf dem rechten und zwanzig Sekunden auf dem anderen Bein.
Warum: Statische Gleichgewichtsfähigkeit.

Station 2: _Kissenschlacht_
Wie: Zwei Partner versuchen, sich mit Kissen vom Balken/von der Bank zu schlagen.
Warum: Halten der dynamischen Gleichgewichtsfähigkeit unter Störfaktoren.

Station 3: _Doppelbank_
Wie: Ein Partner kniet in der Bankposition, der andere legt sich mit dem Rücken
obenauf. Bein- und Armhaltung kann variiert werden. Jeder sollte zwanzig Sekunden obenauf liegen bleiben.
Warum: Statische Balancierfähigkeit auf schwankender Unterstützungsfläche.

Station 4: _Bootssteg mit untergelegtem Rollbrett_
Wie: Auf- und Abwärtssteigen zu zweit mit variierten Bewegungen.
Warum: Dynamische Gleichgewichtsfähigkeit auf schwankender Unterstützungsfläche.

Station 5: _Paarlauf mit Löffel-Ball-Balance_
Wie: Nebeneinander in der Standwaage hüpfen, dabei sich auf die Schulter fassen und mit einem Löffel einen Ball ausbalancieren.
Warum: Dynamische Gleichgewichtsfähigkeit mit Anpassung an Partner und Objektbalance.

Station 6: _Spinne an der Wand_
Wie: An der Wand vorlings (rücklings) „klebend" auf einem Balken stehen, gegebenenfalls seitwärts bewegend.
Warum: Statische Balancierfähigkeit auf feststehender Balancierfläche.

Station 7: _„Auf und nieder"_
Wie: Auf einem Bein auf einem Balken gegenüberstehend senkt sich Partner A,
mit Handfassung, in den Sitz ab. Mit Aufrichten in den Stand senkt sich B ab.
Beinwechsel nach zwanzig Sekunden.
Warum: Wiederherstellen der Balance nach Bewegung mit Partnerhilfe.

Station 8: _Waage auf der Wippe_
Wie: Von der Mitte beginnend gehen zwei Partner gleichzeitig nach außen und
versuchen, die Wippe in der Waagerechten in Balance zu halten.
Warum: Statische Gleichgewichtsfähigkeit auf schwankender Unterstützungsfläche mit Zusatzanforderung.

2 GYMNASTISCHE ELEMENTE

2.1 Gehen

Erfahrungen mit dem Gehen auf den schmalen Unterstützungsflächen sollten in vielfältigen Balanciersituationen auf festen und instabilen Unterstützungsflächen über vielfältige Spielformen gesammelt worden sein. Das Gehen ist auch die erste Form der geformten gymnastischen Elemente auf dem Balken. Die Kinder gehen zunächst balancehaltend – und u.U. mit partnerschaftlicher Balancierhilfe – über die Schwebebank, dann über die schmale Seite der umgedrehten Bank. Die älteren Kinder, die Jugendlichen und die Erwachsenen gehen dann schon über den Schwebebalken. In der Praxis werden über Monate und Jahre leider immer die gleichen Formen angeboten: Kinder gehen in der Schule mit ausgebreiteten

Bewegungsrichtungen		
vorwärts	rückwärts	seitwärts

⇩ ⇩ ⇩

Räumlicher Aspekt	
Ebenen	*Bewegungsweiten*
- hohe Ebene: auf dem halbhohen/hohen Fußballen - normale Gangebene: „Alltagsgehen" - halbtiefe Ebene: Gehen mit gebeugten Knien - tiefe Ebene: Gehen in der Hocke	- normale Schrittweite - enge Schrittgröße - weite, große Schrittlänge

⇩ ⇩⇩ ⇩

Zeitlicher Aspekt	
Tempo	*Rhythmischer Aspekt*
- langsames/verzögertes/ Gehtempo - normales Gehtempo - zügiges, eiliges, schnelles Gehtempo - beschleunigendes Gehtempo	- gleichförmig: Gehgrundform - lang-kurz-lang: Nachstellschritt - Walzerschritt u.a. Tanzschritte - Gehen auf unterschiedlichen Musiken

⇩ ⇩⇩ ⇩

Körper-, Arm- und Beinhaltung		
Qualitäten des Gehens	*Armhaltung*	*Spielbeinvariationen*
- schlendernd gehen - beschwingt gehend - torkelnd gehen - aufrecht gehend - müde gehend - marschierend gehen ...	- Seithalte - Hochhalte - Tiefhalte - Schräghalten und Kombinationen - haltend, führend oder schwingend ...	- gestreckt - schwingend - gebeugt - gebeugt zur Streckung geführt - geschlagen - gehoben ....

Abb. 96: Variationsmöglichkeiten zum Gehen

Armen vorwärts und rückwärts über die Schwebebänke, manchmal fast unverändert über vier Grundschuljahre! Die Turnerinnen in den Vereinen üben nahezu in jeder Trainingsstunde das Gehen auf den hohen Fußspitzen. Die Bewegungssicherheit über das Gehen zu verbessern, setzt jedoch die *Variation* des „Übungsmittels Gehen" voraus. Es gibt sie, die Variationsformen! Die Abb. 96 verdeutlicht dies anschaulich.

Aufgabenstellungen mit Variationen zu Bewegungsrichtung, -tempo, -rhythmus, -weite, zur Veränderung der Körperpositionierung im Raum und Veränderungen der Körperhaltung bieten genügend Übungsstoff. Werden die verschiedenen Möglichkeiten zudem noch „kreuz und quer" kombiniert, scheint das Variieren unerschöpflich zu werden. Schließlich können heitere Akzente durch darstellerische Aufgabenstellungen wie auch über Bewegungsgeschichten und Musik gesetzt werden.

Hinweise zur Technik des Gehens auf dem Balken
* Die Füße werden leicht *auswärts* gedreht.
* Die *Fußspitzen* werden zuerst aufgesetzt.
* Die *Zehen* „ertasten" mit Aufsetzen die Balkenkante.
* Der Fuß *rollt ab* und *„greift"* den Balken.
* Mit Gewichtsverlagerung wird das nun zum Standbein gewordene belastete Bein leicht gebeugt und das hintere Bein leicht gebeugt vorgeholt.
* *Aufrechte Körperhaltung,* Schultern runter- und zurückziehen.
* *Kopf* in Verlängerung des Körpers hochnehmen und zum Balkenende schauen.
* Die *Arme* werden gerade, aber nicht verspannt an der Seite gehalten. Sie befinden sich unter Schulterhöhe und leicht vor der Körperfront.
* Nicht steif oder „staksig" gehen; weiche, harmonische und fließende Bewegungen anstreben!

(Vorwärts gehen in den) Ausfallschritt: Der Ausfallschritt ist eine technische Variante des Gehens; aus der Gehbewegung geturnt, wird er in einer Übung aber meist nur als beidbeinige „Halte" und nicht als Fortbewegung gezeigt.

Es gibt den hohen und den tiefen Ausfallschritt im Quer- oder Seitverhalten geturnt. Stets sollte dabei das vordere Bein gebeugt und das hintere gut durchgestreckt sein. Meistens ist der Oberkörper aufrecht und die Arme werden zur Balance gegengleich gehalten (Beispiel: rechter Arm und linkes Bein vorgenommen). Im Seitverhalten sieht es auch gut aus, wenn der Arm des gebeugten Beines in Vor-, der andere in Seithalte genommen wird.

Nachstellschritt: Schritt vorwärts, Heranziehen des hinteren Beines in die enge Schlussstellung, Gewichtsverlagerung auf das hintere Bein, Schritt vorwärts, einen zweiten Schritt vorwärts mit dem anderen Bein und erneut auf das hintere (nun andere) Bein zurückverlagern und wieder zwei Schritte vorwärts ... . Die Folge sollte zügig und „weich" erfolgen, nicht „staksig". Der Nachstellschritt ist zudem die vorbereitende Übung für den späteren Nachstellhüpfer, der vor Pferdchen- und Schrittsprüngen als Bewegungsansatz in Übungen gerne gezeigt wird.

Seitwärtsgehen: Das Seitwärtsgehen ist von der Gleichgewichtsanforderung das anspruchsvollste Gehen, da der Körperschwerpunkt mit Beugen in der Hüfte stets vom Balken wegweichen will, der Oberkörper muss ausgleichend gut ausgesteuert und nicht zu hastig vorgenommen werden. Es muss versucht werden, den Bauch/Po stets über dem Balken zu halten. Der Oberkörper sollte hierzu aufrecht gehalten werden. *Variationen:* Auf dem Mittelfuß – als Erschwerung später auf dem Fußballen – stützend einen Schritt seitwärts, mit Gewichtsverlagerung auf diesen Fuß, Heranziehen des zweiten zur Schlussstellung, dann erneut mit dem ersten Fuß wieder einen Seitwärtsschritt („seit-ran-seit-ran").

Überkreuztes Seitwärtsgehen: Schritt seitwärts, Gewichtsverlagerung und Beugen des Beines, das entlastete Bein hinter dem Standbein mit der Fußspitze *vor* das Standbein setzen und darauf das Gewicht verlagern. Das erste Bein löst sich vom Balken und kann einen erneuten Schritt seitwärts machen. Danach nur das Spielbein vor dem Standbein überkreuzend aufsetzen und als Variation Rück- und Vorkreuzen im Wechsel.

2.2 Federn, Hüpfen und Springen

Ist das Gehen noch balkennah, da mindestens ein Fuß bei der horizontalgerichteten Fortbewegung stets noch Kontakt zur Unterstützungsfläche hat, so ist das Ziel der weiteren Fortbewegungsformen, den Balken kurzfristig zu verlassen. Je nach Element ist der Akzent in die Höhe oder Weite oder in ausgewogenem Mittel in beide Richtungen zu turnen (Abb. 97).

Höhe: Weite:	gering hoch	hoch	sehr hoch
am Ort	„Einspringen" von einem Bein auf beide Beine	Schersprung	Strecksprung gestreckt und mit Beinvariationen
gering	Federn und Hüpfen	Pferdchensprung	Spreizsprung mit einbeiniger Landung (Sisson)
sehr weit	Nachstellhüpfer	Schrittsprung	

Abb. 97: Räumliche Ausprägung der Grundsprünge

Die Schwierigkeit der Sprünge hängt aber nicht nur von der Höhe und Weite und damit von der Dauer der Flugzeit ab, entscheidend ist auch, ob die Landung ein- oder beidbeinig erfolgen soll. Dies ist auf dem Balken bei der Realisierung von größerer Bedeutung als am Boden. So ist beispielsweise der Strecksprung mit der beidbeinigen Landung auch der erste Sprung für Anfänger auf einer schmalen Unterstützungsfläche, am Boden kann es der einfache „Straßenhüpfer" oder der Pferdchensprung sein. Aus diesem Grund soll auch in diesem Kapitel zu den gymnastischen Sprüngen die Strukturierung aufgezeigt werden. Zudem, um die Möglichkeiten auszuschöpfen, vielfältig auf dem Balken gymnastisch abzuheben, ist das Abdecken von verschiedenen Absprung- und Landungsmöglichkeiten anhand einer Übersicht als Checkliste gewährleistet (Abb. 98).

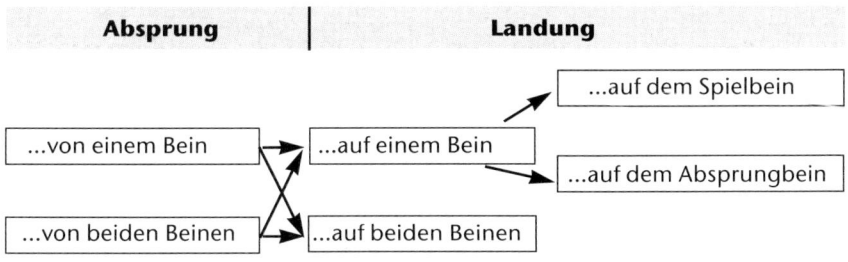

Abb. 98: Absprung- und Landemöglichkeiten bei Sprüngen

Beispiele:
(Nachfolgend steht „1" für ein Bein und „2" für zwei Beine)
Von 1 auf 1: Landung auf dem Absprungbein: federn, hüpfen, Galopp und „hinken".
Von 1 auf 1: Landung auf dem Spielbein: Pferdchen, Scher- und Schrittsprung.
Von 1 auf 2: Einspringen vor beidbeinigen Absprüngen: Schritt vorwärts mit Vorhochschwingen des (hinteren) Spielbeines und Absprung, schnelles Schließen der Beine und beidbeinige Landung.
Von 2 auf 1: Strecksprung mit Landung auf dem vorderen oder hinteren Bein („Sisson").
Von 2 auf 2: Strecksprünge, Hocksprung, Spreiz- und Grätschsprung.

Beinhaltung in der Flugphase: Zwischen Absprung und Landung findet der Flug statt. In der Flugphase können die Beine variiert werden. Sie können geschlossen, gespreizt (Querspreizen) oder gegrätscht (Seitspreizen) sein, beide Beine oder nur ein Bein kann gestreckt oder vorgehockt oder rückgebeugt sein.

Zur Technik: Die Sprünge unterscheiden sich zudem auch durch eigenständige Rhythmen (z.B. Federn, Hüpfer und Galopp).

Grundsätzlich gilt für alle Sprünge:

• *Vorbereitend* wird in eine *halbe Kniebeuge* gegangen ("demi plié").
• Schnellkräftig werden die Beine bzw. das Sprungbein *zum Absprung gestreckt* (konzentrische Muskelarbeit).
• Mit den *Fußballen beginnend* und dem *anschließenden Abrollen* wird das *Auffangen zur Landung* eingeleitet, das Knie des Landebeines bzw. die Knie werden wieder gebeugt (exzentrische Muskelarbeit), dann richtet sich der Körper zum Stand auf oder streckt sich zum zweiten Absprung aus der halben Kniebeuge heraus.
• Die Landung sollte *stets weich aufgefangen* werden, harmonisch sollten die Übergänge von Sprung zu Sprung erfolgen. Hartes Aufkommen, was sehr oft auch bei Kunstturnerinnen zu sehen ist, sollte nicht akzeptiert werden. Gesundheitliche, technische und ästhetische Gründe können hierzu aufgeführt werden.

Hinweis zur Methodik

Strecksprung: Mit dem Strecksprung sollte das Abheben vom und das Landen auf dem Balken eingeführt werden, da beidbeinig abgesprungen und gelandet wird (Abb. 99). Die leicht auswärts gedrehten Füße werden hierzu dicht voreinander gestellt ("V. oder III. Position" aus dem Ballett). Eine Variation ist das Wechseln der Beine: Wird mit rechts-vor-links abgesprungen, so wird hierbei links-vor-rechts gelandet, bzw. umgekehrt. Stets ist darauf zu achten, dass vom Ansatz bis zur Landung keine Hohlkreuzhaltung eingenommen wird. Hinweis: „Kneif die Pomuskeln fest zusammen und versuche, den Po dabei herunterzuziehen (Aufrichten in der Hüfte). Auch die Bauchmuskeln durch Baucheinziehen helfen, das Hohlkreuz wegzudrücken." Die Arme unterstützen die Aufwärtsbewegung durch Vorhochschwingen, mit der Landung gehen sie zur Balancefindung an die Seite.

Abb. 99

Federn und Hinken: Als einbeiniger Absprung mit einbeiniger Landung auf dem gleichen Bein kann das „Hinken", d.h. das mehrmalige Abspringen und Landen auf dem gleichen Bein, als Aufgabe gestellt werden, bei Älteren auch das Federn, wobei stets ein Wechsel vom rechten zum linken Bein usw. erfolgt. Anfänglich „huschen" die Übenden dabei eher über den Balken, als dass sie abheben zum

Springen. Mit zunehmender Sicherheit lösen sie sich jedoch schon nach einigen Versuchen vom Balken. Das Wort drückt begleitend den Rhythmus aus: „FE-DERN, FE-DERN, ...".

Hüpfen: Das Hüpfen unterscheidet sich im Rhythmus vom Federn, das Spielbein wird jedoch nicht viel variiert, sondern leicht gebeugt am Körper oder „turnerisch" vor dem Körper hochgezogen. Am Boden sollte – mit Handfassung mehrerer Teilnehmer – das Hüpfen auf der Linie in das Bewegungsgedächnis gerufen werden, unmittelbar daran anschließend (d.h. möglichst ohne Stopp) auf eine Bank gestiegen werden und das Hüpfen übertragen werden. Variation für den Schwebebalken: Zwei Kästen werden – in Höhe des Schwebebalkens – längs hintereinander vor einen Balken gestellt (Kastensteg). Mit dem Hüpfen wird auf dem Kasten begonnen und versucht, dies ohne Unterbrechung auf dem Schwebebalken fortzusetzen. Das Wort drückt begleitend den Rhythmus aus: „ HÜP-FER, HÜP-FER ...".

Nachstellhüpfer: Die Nachstellhüpfer sind beschleunigte Nachstellschritte. Im Prinzip wird die gleiche Methodik und die gleiche Gerätehilfe wie beim Hüpfen (s.o.) eingesetzt. Zunächst sollten mehrere Nachstellhüpfer mit dem gleichen Bein vorgesetzt geturnt werden, dann mehrere mit dem anderen, schließlich erfolgen die Nachstellhüpfer rechts und links im Wechsel. Der Begriff ist gleichzeitig rhythmusgebend: NACH (Schritt vor)-STELL (hinteres Bein wird an das vordere herangezogen und es erfolgt ein Aufsprung = Landung darauf)-HÜPFER (vorderes Bein führt wie beim „Hinken" ein zweikontaktiges Hüpfen mit Landung aus). Mit dem Vorschwingen des hinteren Beines erfolgt der nächste NACHSTELLHÜPFER, mit dem anderen Bein vorangeführt. Hilfreich ist auch die Vorstellung, dass das hintere das vordere Bein „vorkickt".

Pferdchensprung _(Kniewechselsprung gehockt, Abb. 100):_ Mit dem anfänglichen Übersteigen eines Hindernisses auf der Bank oder dem Balken wird mit zunehmender Bewegungssicherheit ohne viele Erklärungen auch ein Pferdchensprung. Automatisch werden die Knie gebeugt, das Schwungbein (= Spielbein) wird zum Landebein. Die Hindernisse können leicht erhöht werden. Mit Erarbeiten der Feinform sollte darauf geachtet werden, dass die Beine vor dem Körper gehockt werden und die Fersen nicht an das Gesäß schlagen.

Abb. 100

Scherssprung: Der Scherssprung ist ein „Pferdchensprung" mit gestreckten Beinen und sollte nicht verbindlich allen – vor allem ungeübten – Turnerinnen auf dem Schwebebalken auferlegt werden. Sehr oft erfolgt eine unkontrollierte Landung mit häufigem „Fallenlassen" des Schwungbeines ohne visuelle Kontrollmöglichkeit.

Schrittsprung (Abb. 101): Mit der Aufgabe, über ein breiteres Hindernis (z.B. T-Shirt) auf dem Balken zu springen, werden die Beine zunehmend gestreckt. Ist der Sprung noch flach, kann von einem Laufsprung gesprochen werden, der Schrittsprung ist schon höher. Bildlich wird mit Absprung ein „Schritt" in der Luft gemacht. Die Kunstturnerinnen können die Beine bei einem hohen Sprung noch so weit gestreckt spreizen, dass man von einem „Spagatsprung" sprechen kann.

Abb. 101

Bei den Übenden sollte darauf geachtet werden, dass auch das hintere Bein (= Absprungbein) gestreckt wird. Die Arme gehen in die Seithalte, schöner jedoch gegengleich (d.h. z.B. dass der rechte Arm zum linken vorderen Bein zieht), um die Balance zu sichern.

Tipps zur Armhaltung

Die Armhaltung kann den Charakter eines Sprunges betonen:

- Der Hüpfer und das Federn sollen eine spielerische Leichtigkeit vermitteln, die Arme schwingen ganz natürlich, wie beim Gehen, gegengleich zu den Beinen mit dem Wechseln der Beine mit.
- Strecksprung und Pferdchensprung sollen hoch erscheinen, die Arme gehen deshalb auch in Hochhalte.
- Der Schersprung will die gespreizten und gestreckten Beine zeigen, die Arme gehen gestreckt in die Seithalte.
- Der Schrittsprung betont die Weite und das weite, gestreckte Spreizen der Beine, die Arme werden (wie beim Hürdenlauf) in Vor- und Schräg-Rück-Seithalte genommen.

2.3 Drehungen

Drehungen sind Rotationen in horizontaler Ebene um eine vertikale Achse, d.h. es sind Drehungen mit Rotation um die Körperlängsachse. Drehungen können mit Kontakt zur Unterstützungsfläche und durch Absprung frei in der Luft erfolgen. Im Anfängerbereich wird während der Längsachsendrehung der Kontakt zum Balken beibehalten. Zunächst wird nur die beidbeinige Drehung geübt, später kommt die einbeinige Drehung mit ihren Stand- und Spielbeinvariationen und den Möglichkeiten der Vorwärts- und Rückwärtsdrehungen hinzu. Die Drehungen können zu den Gleichgewichtselementen gezählt werden. Mit vestibularer Reizung muss dynamische Gleichgewichtsfähigkeit nachgewiesen werden, auch das Herstellen des Gleichgewichtes ist eine herausfordernde Aufgabe. Gerade bei Drehungen fallen viele Turnerinnen vom Schwebebalken. Deshalb sollte sowohl der Technik als auch dem ausreichenden Üben dieses gymnastischen Elementes viel Aufmerksamkeit geschenkt werden.

2.3.1 Beidbeinige Drehungen

Damit eine beidbeinige Drehung gelingt und auch gut aussieht, sollten folgende Punkte beachtet werden:

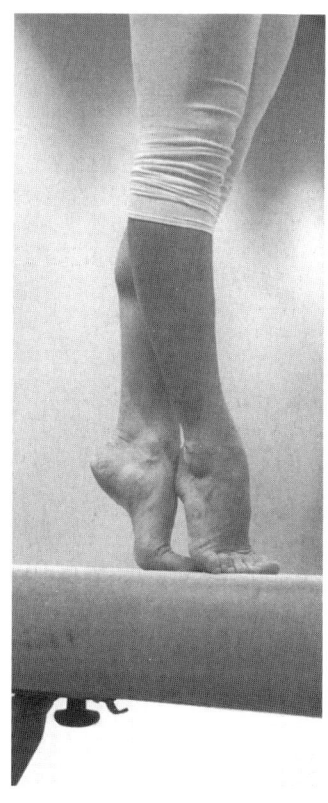

* Mit dem letzten Schritt zur Drehung muss das hintere Bein *dicht* an das vordere herangesetzt werden. Es ist schwierig und sieht nicht gerade gut aus, wenn die Beine bei der Drehung geöffnet sind. Leicht wird dabei das Gesäß nach außen geschoben und man fällt.
* Die Drehung sollte auf *hohem Fußballen* erfolgen (Foto 25), um möglichst wenig Reibungsfläche zu bieten. Dazu kann zuvor der Körper in den hohen Ballenstand *gehoben* werden („rélevé") oder mit Aufsetzen des ersten Fußes schon auf die hohe Fußspitze *gestellt* werden, wobei das hintere Bein dann auch dicht mit hoher Fußspitze an das vordere herangestellt wird („piqué").
* Der Körper muss *völlig gestreckt und gespannt* sein, der Körperschwerpunkt muss sich über den Füßen/dem Balken befinden. Mit dem Verlust der Körperspannung weicht der Körperschwerpunkt aus, die Hüfte winkelt sich, der Po geht zurück und der Körper vor, man fällt.

Foto 25

* Die beidbeinige Drehung sollte rückwärts zur „offenen Seite" erfolgen, d.h. *es wird zum hinteren Bein gedreht.*

2.3.2 Einbeinige Drehungen

Für den Grundfertigkeitsbereich sollen nur zwei Beispiele für halbe einbeinige Drehungen aufgeführt werden:

- Voraufsetzen eines Beines auf die *hohe Fußspitze* (Ballenstand) mit gestrecktem Bein und Abdruck vom hinteren Bein zur 1/2-Drehung zur *geschlossenen Seite* (= zum hinteren Bein drehen). Das „Abdruckbein" befindet sich nach der 1/2-Drehung in gebeugter Haltung vor dem Körper (Abb. 102a).

Abb. 102 a

- Aus dem Vorwärtsgehen oder aus der Schrittstellung (s.o.) Vorschwingen des gestreckten hinteren Beines, mit Erreichen der Vorhalte 1/2-Körperdrehung zur geschlossenen Seite, d.h. zur Standbeinseite; das Spielbein befindet sich nach der 1/2-Drehung in Rückhalte (wie bei einer niedrigen Standwaage). *Variation:* Aus dem einbeinigen Stand und Vorhalte des Spielbeines, Rückschwingen des Spielbeines und Nachdrehen rückwärts des Körpers, Spielbein befindet sich wieder gestreckt vor dem Körper (Abb. 102b).

Abb. 102b

3 EIN GLEICHGEWICHTSELEMENT: DIE STANDWAAGE

Es gibt wohl niemanden, der es nicht schon einmal probiert hat: das Stehen auf einem Bein, das andere hinten angehoben und die Arme zur Balance ausgebreitet. Voilà, die Standwaage! Diese Form des Einbeinstandes wird im Turnen der Gruppe der Gleichgewichtselemente – auch als „Halten" bezeichnet – zugeordnet. Kinder lieben es, das „Kunststück" Waage vorzuführen und so gehört es auf der Schwebebank oder auf dem Schwebebalken zu den Standardelementen (Foto 26).

Doch die Standwaage ist in einer Übung nur schön anzusehen, wenn ein paar Ausführungshinweise beherzigt werden. Ein Grundsatz soll schon vorweg genannt werden:

Foto 26

> **Wenn das Bein nicht höher als waagerecht gehoben werden kann, sollte der Oberkörper nie tiefer als waagerecht abgesenkt werden!**

Ist zudem auch noch bei Ungeübten das hintere Spielbein gebeugt, dann sieht die Standwaage wie ein „Hündchen am Baum" aus. Es lohnt sich also, die Standwaage zu „erlernen"!

Abb. 103

Bewegungsmerkmale

1 Aus dem *Stand* Heben eines Beines mit leichtem Auswärtsdrehen des Fußes.
2 Schritt vorwärts mit Aufsetzen der Fußspitze und Gewichtsverlagerung auf das vordere Standbein.
3 *Rückspreizen* des entlasteten, hinteren Spielbeines und
4 *Anheben* des auswärts gedrehten, gestreckten *Spielbeines* genau hinter dem Körper, die Hüfte wird dabei noch nicht verdreht, der Oberkörper bleibt aufrecht.
5 Das Spielbein wird weiter bis *zur Waagerechten* angehoben, die Hüftseite des Spielbeines dreht sich leicht aufwärts, der Oberkörper neigt sich auf ca. 45° leicht vor. Die gewünschte Armhaltung wird eingenommen.
6 Bei guten Turnern wird das Spielbein *weiter über die Waagerechte* angehoben, zeitgleich kann sich der Oberkörper absenken.
7 Im optimalen Fall wird das Spielbein bis zur Senkrechten angehoben. Ist das Spielbein senkrecht, kann im Extremfall auch der Oberkörper senkrecht – am Standbein anliegend – abgesenkt werden. Die Arme können in Rumpflinie am oder vor dem Körper parallel oder gegengleich gehalten werden, oder die Hände greifen am Schwebebalken balancehaltend.

Lernvoraussetzungen

Koordinative Lernvoraussetzung:
- Statische Gleichgewichtsfähigkeit.
Koordinativ-konditionelle Lernvoraussetzung:
- Körperspannung (Fixierung der Gelenke in der gewählten Halteposition).
Technische Voraussetzung:
- Standwaage am Boden.

Methodik

Eine Standwaage kann sicherlich mit Heben eines Beines auf Anhieb gemacht werden. Soll eine sichere und ästhetisch schöne Standwaage entwickelt werden, so kann dies jedoch auch mit methodischen Aufgabenstellungen erarbeitet werden. Als methodische Aneignung des Bewegungsablaufes sollten phasenweise und langsam die o.g. Bewegungsabschnitte bewusst eingenommen werden. Zunächst sollte die Standwaage mit Gleichgewichtshilfen am Boden erarbeitet werden, um sich auf die gute Ausführung der Teilphasen zu konzentrieren:

1. Grundübung: Einnehmen eines ruhigen Einbeinstandes mit Rückaufzehen

2. Grundübung: Einbeinstand mit Spielbeinhalte in Rückhalte bei 45° (Foto 27)

3. Grundübung: Standwaage mit Spielbeinführung in die Waagerechte

4. Grundübung: Zügig eingenommene Position der Standwaage

Foto 27

Variationsformen bezüglich Stand- und Spielbeinhaltungen, Arm-, Hand- und Oberkörperhaltungen, Kopfhaltungen und Position im Raum
Eine Standwaage scheint auf den ersten Blick einfach ein Einbeinstand mit Halten eines Beines hinter dem Körper zu sein. Bei genauerem Betrachten ergeben sich jedoch unzählige Kombinationsmöglichkeiten, die in die Übungsstunden als Übungsanregungen und für die individuelle Gestaltung einer Schwebebalkenübung nützlich sein können (vgl. Foto 27: Standwaage im Schrägstand). Eine Übersicht (Abb. 104 auf S. 186) verdeutlicht dies.

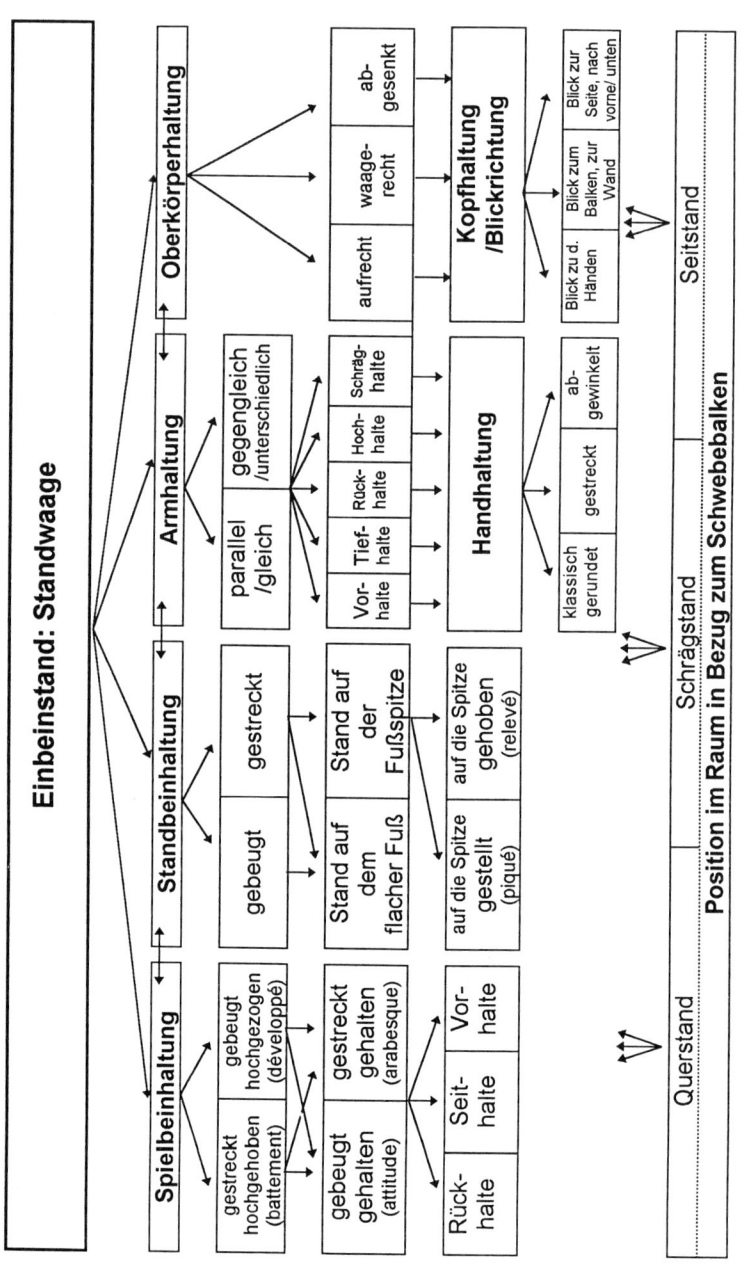

Abb. 104: Übersicht zu Variationsmöglichkeiten der Standwaage

V Terminologie

Jeder Arbeits- und Sportbereich besitzt seine eigene Fachsprache. Diese eigene Terminologie hat sich auch im Turnen entwickelt, um mit eindeutigen Bezeichnungen und Begriffen sprachlich und schriftlich Teilbewegungen, Turnfertigkeiten und die Beziehungen zum Gerät ohne langes Erklären angeben bzw. darstellen zu können. Jeder Übungsleiter und Sportlehrer muss die Fachsprache kennen, um Übungsausschreibungen, Richtlinien oder Fachbücher lesen zu können. Er sollte die turnspezifischen Bezeichnungen auch seinen Turnenden vermitteln. Ohne langes Erklären können dann Bewegungen angesagt und geturnt werden.

Die Bezeichnungen im Turnen wurden seit F.L. JAHN teilweise überarbeitet und bewegungsstrukturell begründet (entscheidend sind hierzu die Arbeiten von LEI-RICH und RIELING Ende der 60er Jahre gewesen). Wenn die Turnsprache beherrscht wird, lassen sich aus den Begriffen heraus auch technische und methodische Zusammenhänge ableiten.

1 KÖRPERACHSEN

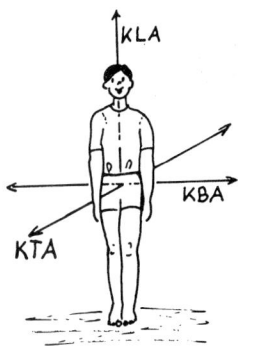

Abb. 105

Gerätturnen ist dreidimensionales Bewegen des Körpers im Raum. Dabei wird versucht, in hohem Maße um verschiedene Körperachsen zu drehen. Das Kennen der Körperachsen (Abb. 105) gehört somit zum Verstehen turnerischer Bewegungen dazu.

Die *Körperlängsachse* (KLA) verläuft von Kopf bis zu den Füßen.
Beispiele für Turnbewegungen: Strecksprung mit 1/2-Drehung, 1/1-Drehung auf dem Schwebebalken.

Die *Körperbreitenachse* (KBA) verläuft von der einen zur anderen Körperseite (z.B. von Schulter zu Schulter).
Beispiele für Turnbewegungen: Rolle vorwärts, Salto rückwärts, Umschwung vorlings rückwärts.

Die *Körpertiefenachse* (KTA) verläuft von der Körpervorderseite zur Körperrückseite (bzw. umgekehrt). Die Tiefenachse wird auch als *Sagittale* bezeichnet.
Beispiel für Turnbewegung: Rad aus dem Seitverhalten in das Seitverhalten.

2 BEWEGUNGSARTEN: TRANSLATION UND ROTATION

Translation

Translationen sind geradlinige oder fortschreitende Bewegungen. Alle Körperpunkte laufen parallel und durchlaufen bei Auf- oder Abbewegungen während horizontaler Fortbewegung parallele Bahnkurven. Translatorische Bewegungen können in alle Bewegungsrichtungen erfolgen: vorwärts, rückwärts, seitwärts, auf- oder abwärts (s.u.).
Beispiele: Anlauf, z.B. zu einem Sprung, Strecksprung am Ort, gymnastische Sprünge in die Fortbewegung, z.B. Schrittsprung, Aufwärtsdrücken in den Handstand.

Rotation

Bei Rotationen durchlaufen alle Körperpunkte Kreisbahnen. Die Rotationen verlaufen meist in vertikaler Ebene um horizontale Achsen (z.B. Umschwung am Reck, Salto), aber auch in horizontaler Ebene um vertikale Achsen (z.B. Strecksprung mit 1/2-Drehung, Fertigkeiten am Pauschenpferd).

Der Mittelpunkt aller Körperkreisbahnen liegt in der Drehachse.
Beispiele:
* Bei Rotationen um *feste* Drehachsen ist der Mittelpunkt die Reckstange/der Holm: z.B. Riesenfelge (Abb. 106a).
* Bei Rotationen um *momentane* Drehachsen dreht der Körper kurzfristig um Drehachsen zwischen Körper und Kontaktstelle Boden oder Gerät: z.B. Rolle auf dem Boden oder Balken (Abb. 106b).
* Bei Rotationen um *freie* Achsen ist der Mittelpunkt der Körperschwerpunkt: z.B. Salto (Abb. 106c).
Rotationen können vorwärts, rückwärts und seitwärts erfolgen.

Abb. 106a,b,c

3 BEWEGUNGSRICHTUNGEN

3.1 Bezeichnungen von Bewegungsrichtungen des Körpers

Jede Bewegung hat eine Richtung. Körperbewegungen im Raum können *vor, rück, seit, auf und ab* gehen. Im Zusammenhang mit Bewegungsrichtungen wird das Teilwort *„-wärts"* zugefügt. Bezeichnungen von Bewegungsrichtungen geben die Richtung an, in die geturnt werden soll.

Vorwärts:
- Die Bewegung geht bei Translation nach vorne, z.B. *„vorwärts* gehen".
- Bei Rotationen um die Breitenachse weist die Körpervorderseite in die Drehrichtung, z.B. Hüftumschwung *vorwärts*, Handstützüberschlag *vorwärts*.
- Sonderfall: Gehen *vorwärts* im Handstand (Körperrückseite weist in die Bewegungsrichtung): Durch einen Lagewechsel des Körpers zu „Kopf unten" kehrt sich auch die Richtungsbezeichnung um. Aus diesem Grund weist auch bei der Riesenfelge vorwärts der Rücken in die Bewegungsrichtung (Kammgriff-Riesenfelge).

Rückwärts:
- Die Bewegung geht bei Translation nach hinten, z.B. *„rückwärts* gehen".
- Bei Rotationen um die Breitenachse weist die Körperrückseite in die Drehrichtung, z.B. Hüftumschwung *rückwärts*, Handstützüberschlag *rückwärts*.
- Sonderfall: Siehe unter „vorwärts". Aus o.g. Grund weist auch bei der Riesenfelge *rückwärts* die Körpervorderseite in die Bewegungsrichtung (Ristgriff-Riesenfelge).

Seitwärts:
- Der Körper bewegt sich mit seiner „Flanke" rechtwinklig zu seiner Tiefenachsenebene.
- Die Bewegungen können nach *rechts oder links* zur Seite gehen, z.B. Ausfallschritt seitwärts.
- Rotationen erfolgen um die Tiefenachse. Die Körperseite weist in die Drehrichtung nach rechts oder links, z.B. Handstützüberschlag links seitwärts (= Rad links).

Aufwärts:
- Bewegungen nach oben, die von einer tiefen Ausgangsposition in eine höhere Endposition führen, werden aufwärts geturnt. Traditionell wird ihnen jedoch nur das „Auf-" begrifflich vorgesetzt, z.B. *Auf*schwung (also *nicht*: Schwung aufwärts), *Auf*rollen.

Abwärts:
- Bewegungen nach unten, die von einer höheren Ausgangsposition in eine niedrigere Endposition führen, werden abwärts geturnt. Traditionell wird ihnen jedoch nur das „Ab-" begrifflich vorgesetzt, z.B. *Ab*zug, *Ab*senken, *Ab*rollen.

3.2 Räumliche Bezeichnungen bei Bewegungen von Körperteilen

Auch die Bewegungen von Körperteilen orientieren sich an o.g. räumlichen Bezeichnungen:

Vor-   Z.B. Vorschwung (... der Beine, der Arme), Vorspreizen eines Beines.

Rück-   Z.B. Rückschwung (... der Beine, der Arme), Rückspreizen eines Beines.

Seit-   Z.B. Seitspreizen eines Beines.

Auf-   Z.B. Aufhocken, Aufgrätschen, Aufbücken.

Ab-   Z.B.: Spreizabsitzen.

Über-   Z.B. Überhocken, Übergrätschen (an einer Stange wird mit dem Überturnen das Gerät zum Abgang verlassen).

          Hinweis: Das „Überhocken, -grätschen, -bücken" am Kasten, Pferd oder Bock wird gerätspezifisch als „Sprunghocke, -grätsche, -bücke" bezeichnet!

Durch- Z.B. Durchhocken eines Beines (an einer Stange/einem Balken wird mit dem Durchturnen das Gerät nicht verlassen, das Verhalten zum Gerät verändert sich nur).

4 ZEITLICHE AUSDRUCKSMITTEL (BEISPIELE)

„*mit*"   Die Bewegungen verlaufen gleichzeitig: „Schritt vorwärts mit einem Armkreis rückwärts".

„*und*"   Die Bewegungen verlaufen nacheinander: „Rolle vorwärts und Strecksprung".

„*durch*" Die Bewegung geht nur flüchtig, nur für einen Moment durch eine Position: „Rolle rückwärts durch den Handstand".

„*in ...*" Die Bewegung führt in eine Halteposition: „Rolle rückwärts/Felgrolle in den Handstand".

5 KÖRPERHALTUNGEN

5.1 Körperbezogene Körperhaltungen (Abb. 107)

Der Körper ist gestreckt
Der Körper ist gestreckt: Bis auf den Armrumpfwinkel (z.B. Strecksturzhang) müssen alle Körperwinkel geöffnet sein. Wird von der gestreckten Körperhaltung als Normalfall der Fertigkeit ausgegangen, so wird dies nicht begrifflich besonders betont, z.B. Handstand. Das Adjektiv kann einzeln nachgestellt oder eingebunden vorgesetzt werden. Handstützüberschlag gestreckt, Salto rückwärts gestreckt, aber auch Strecksalto rückwärts, Strecksturzhang. Im Hang wird oft für „Streck-" synonym der Begriff „Lang-" verwendet: Schwingen im Streck- = Langhang, Streckhang- = Langhangkippe.

Abb. 107

Streckhang   *Beugehang*   *Hockhang*   *Beugehang gehockt*

Je nach dem, welches Körperteil die gestreckte Ausgangsposition verlässt, werden für das Winkeln der entsprechenden Gelenke besondere Begriffe benutzt.

Die Hüfte wird gewinkelt (gebückt)
Erfolgt abweichend von der gestreckten Körperhaltung ein Beugen in der Hüfte, so wird dies als Winkeln bezeichnet. *Beispiele:* Handstütz-Sprungüberschlag gewinkelt, gewinkelter Stütz, aber Winkelstütz an den stillhängenden Ringen, Spitzwinkelstütz, gewinkelter Hang.
In den Turnhallen hat sich, traditionell bedingt, bei vielen Fertigkeiten auch der Begriff „*Bücken*" synonym durchgesetzt. *Beispiel:* Aufbücken, Abbücken, die „Sprungbücke" über das Pferd (Sprung durch den gewinkelten Stütz).

Die Arme werden gebeugt
Werden die Arme „gebeugt", so wird auch der Begriff „Beugen" für diese Tätigkeit gesetzt. *Beispiele:* Beugehang, Beugestütz, Beugestütz-Überschlag.

Die Beine werden gehockt
Werden die Beine „gebeugt", so wird dies als „hocken" bezeichnet. Oft wird dabei gleichzeitig auch der Körper gerundet. Das Adjektiv kann einzeln nach- oder eingebunden vorgesetzt werden. *Beispiele:* Überdrehen rückwärts gehockt, Salto rückwärts gehockt, aber auch Hocksalto rückwärts, Hockhang, Hocksturzhang, Hockstütz. Ausnahme: Der Begriff „Kniebeuge" hat sich seit Jahrzehnten für eine Übungsform durchgesetzt.

Anmerkung: Da häufig mit dem Hocken der Beine ein Winkeln in der Hüfte verbunden ist, wird dies sprachlich nicht besonders hervorgehoben (also nicht Hockstand gewinkelt).

Kombinationen
Werden die Körperhaltungen kombiniert, so beginnt man bei der begrifflichen Zusammensetzung immer von oben nach unten, also mit den Armen, dann folgen die Beine oder die Hüfte. *Beispiele:* Beugehang gehockt, Beugehang gewinkelt, Beugestützüberschlag gehockt.

Spreizen und Grätschen
Die Beine können zudem noch gespreizt bzw. gegrätscht werden. Das Öffnen der gestreckten Beine oder das Vor-, Seit- und Rückbringen eines gestreckten Beines wird als „Spreizen" bezeichnet. *Beispiele:* Spreizsprung, Vorspreizen, Überspreizen eines Beines.

Werden beide Beine in die Seithalte (nach außen) „gespreizt", spricht man auch von Grätschen.
Beispiele: Grätschwinkelsprung, Grätschsitz, Grätschstand.

Abb. 108

5.2 Räumliche Arm- und Beinhaltungen/-positionen

Über die räumlichen Zuordnungen hoch, vor, tief und rück sowie die dazwischen liegenden Positionen, die kombiniert und mit schräg beschrieben werden, können Arm- und Beinhaltungen bezeichnet werden (vgl. Abb. 108): *Beispiele:* Hochhalte, Schräg-Vor-Hochhalte, Vorhalte, Schräg-Tief-Vorhalte, Tiefhalte, Schräg-Tief-Rückhalte, Rückhalte, Schräg-Rück-Hochhalte, Seithalte, Schräg-Seit-Hochhalte, Schräg-Seit-Tiefhalte.

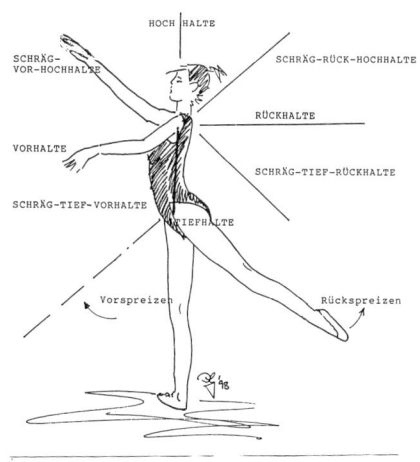

6 STELLUNG UND VERHALTEN DES KÖRPERS ZUM GERÄT

Für Übungsbeschreibungen, aber auch für Übungsanweisungen sind die genauen Bezeichnungen von Ausgangs-, Zwischen- und Endpositionen – unabhängig davon, ob das Gerät berührt wird oder nicht – wichtig. Die beiden Bezugsgrößen bilden der Körper mit seiner Körperbreitenachse (Schulterachse) und seine Körperseiten und das Gerät mit seiner Gerätlängsachse (Beispiele: Abb. 109).

Abb. 109: Beispiele für das Verhalten zum Gerät

6.1 Körperseiten zum Gerät

Orientierungskriterium aus der Sicht des Körpers sind zunächst die Körperseiten, die mit vorlings, rücklings und seitlings zum Gerät definiert werden (► = Turnender, Spitze ist Blickrichtung).

Begriff	Erläuterung	Skizze
vorlings	Die Körpervorderseite ist dem Gerät zugewandt. Das Gerät ist vor dem Turnenden (auch den Boden betreffend: z.B. Liegestütz vorlings).	z.B.: Seitstand vorlings
rücklings	Die Körperrückseite ist dem Gerät zugewandt. Das Gerät ist hinter dem Turnenden (auch den Boden betreffend: z.B. Liegestütz rücklings).	z.B.: Seitstand rücklings
seitlings	Linke oder rechte Körperflankenseite ist dem Gerät zugewandt. Das Gerät ist links oder rechts neben dem Turnenden.	li re z.B.: Querstand links seitlings

6.2 Körper und Gerätgassen

Beim Stufen- und Parallelbarren ist es bei der terminologischen Bezeichnung zunächst wichtig, ob der Turnende in die Holmengasse gehen muss oder außerhalb des Gerätes bleiben soll.

innen	Der Turnende befindet sich in der Holmengasse. Die Bezeichnungen vorlings, rücklings und seitlings entfallen, außer wenn beim Stufenbarren ein Bezug zum unteren od. oberen Holm gegeben werden soll.	z.B.: Innenseitstand (vorlings ... vor dem unteren Holm)
außen	Der Turnende befindet sich außerhalb der Holmengasse.	z.B.: Außenquerstand vorlings

6.3 Beziehung der Körperbreiten- zur Gerätlängsachse

Körperbreitenachse (KBA) und Gerätlängsachse (GLA) stehen terminologisch mit den Begriffen seit, quer und schräg in Beziehung. Allgemein wird die Position als Verhalten (z.b. Querverhalten) bezeichnet. In den Übungsausschreibungen wird das genauere Verhalten zum oder am Gerät eingebunden (z. Außenquersitz, Seitstand ...)

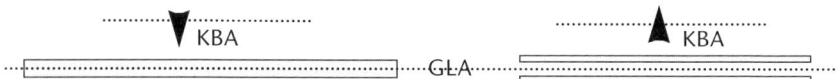

Begriff	Erläuterung	Skizze
seit	Die Körperbreitenachse verläuft parallel zur Gerätlängsachse.	z.b.: Seitstand, Seithandstand
quer	Die Körperbreitenachse verläuft rechtwinklig zur Gerätlängsachse.	z.b.: Querstand, Quersitz
schräg	Die Körperbreitenachse verläuft schräg im Winkel von 45° zur Gerätlängsachse.	z. B.: Schrägstand
links und rechts	Die rechte oder linke Körperseite weist im Seit-, Querverhalten seitlings, im Schrägverhalten vorlings oder rücklings zum Gerät	li re z.b.: Außenseitstand links seitlings Außenquerstand rechts seitlings Außenschrägstand rechts vorlings

6.4 Seit- und Querspreizen der Beine

Für das Bezeichnen des Spreizens der Beine nach vorne und hinten sowie zur Seite wird die „Beinachse" der gespreizten Beine statt die Gerätachse in Bezug zur Körperbreitenachse genommen.
Beispiele:

Strecksprung mit Seitspreizen der Beine (Abb. 110a)
Strecksprung mit Querspreizen der Beine (Spreizsprung) (Abb. 110b)
Handstand mit Seitspreizen der Beine (Abb. 110c)
Handstand mit Querspreizen der Beine (Abb. 110d)
Spagat: Sitz mit Querspreizen der Beine (Abb. 110e)
Seitspagat: Sitz mit Seitspreizen der Beine (Abb. 110f)

Abb.
110a-f

7 VERHALTEN DES KÖRPERS AM GERÄT

7.1 Lage, Sitz, Stand, Hang und Stütz

Lagen/Liege ...

Der Körper befindet sich gestreckt oder leicht gebeugt in (annähernd) waagerechter Haltung.

Er liegt auf dem Gerät (z.B. Liegehang) bzw. Boden (Bauch-, Rücken- oder Seitlage, wird teilweise von ihnen gestützt (z.B. beim Waageliegen am Massenmittelpunkt) bzw. er liegt annähernd waagerecht über dem Boden (z.B. Liegestütz). In den Lagen liegt er in ganzer Ausdehnung auf dem Boden (z.B. Bauch- oder Rückenlage).

Abb. 111

| Liegehang | Knieliegehang | Wagge liegen | Bauchlage | Liegestütz |

Sitz

Der Körper wird vom Gesäß und/oder Oberschenkel auf dem Gerät/Boden gestützt. Die Hüftgelenke sind gebeugt.

Abb. 112

| Langsitz | Hocksitz | Außenquersitz | Schwebesitz |

Stand

Der Körper befindet sich über mindestens einem Bein (Standwaage) oder mindestens einem Arm (einarmiger Handstand) im Gleichgewicht und in einem ca. zwei Sekunden dauernden Ruhezustand.

Abb. 113

Schlussstand   *Seitstand*   *Hangstand*   *Standwaage*   *Handstand*

Hang

Die Schulterachse befindet sich nahezu unter der Gerätachse, wobei der Zug der Arme (z.B. Streckhang/Langhang) und/oder der Beine (z.B. Knieliegehang oder Kniehang) übertragen wird.

Abb. 114

Streckhang   *Kniehang*   *Knieliegehang*   *Hüfthang*

Die Körperhaltung bezeichnet die Form des Hanges näher. Beugen bezieht sich auf die Arme, Winkeln auf die Hüfte und Hocken auf die Beine.

Befindet sich der Kopf beim Hang in einer Kopf-unter-Position, spricht man von *Sturz*hang.

Hinweis: Der gewinkelte Sturzhang wird – vor allem im männlichen Bereich – auch als Kipphang bezeichnet.

Abb. 115

Strecksturzhang   *gewinkelter Sturzhang*   *Hocksturzhang*   *Sturzhang vorlings*

Hinweis zum Oberarmhang siehe unter Stütz (s.u.).

Stütz

Die Schulterachse befindet sich über der Gerätachse/dem Boden, wobei die Arme den Druck auf das Gerät/den Boden übertragen.

Abb. 116

Stütz vorling   *Beugestütz*   *Unterarmstütz*   *Liegestütz*   *Spitzwinkelstütz*

Hinweis: Der Oberarmstütz am Parallelbarren wird auch als Oberarmhang bezeichnet, da das Verhalten nicht eindeutig zuzuordnen ist: Die Schulterachse befindet sich in Geräthöhe. Damit ist sie weder für die Bezeichnung Stütz – da nicht über den Holmen befindlich – noch für die Bezeichnung Hang – da auch nicht unter den Holmen befindlich – eindeutig definiert.

7.2 Kombiniertes bzw. gemischtes Verhalten am Gerät/Boden

Das Verhalten am Gerät kann auch in Kombination auftreten.

Beispiele: Liege-hang (Abb. 111), Hang-stand (Abb. 113), Liege-stütz (Abb. 111, 116)

8 BEISPIELE FÜR DIE REIHENFOLGE BEI DER BILDUNG DER BEZEICHNUNGEN AM GERÄT

Innen- Außen-	quer- seit- schräg-	Stand Stütz Sitz ...	rechts links	vorlings rücklings seitlings
Außen-	schräg-	stand	rechts	vorlings
Innen-	seit-	stand	-	vorlings
-	Quer-	stand	-	rücklings
Innen-	(seit-)	stütz	-	rücklings
Außen-	quer-	sitz	-	-
Außen-	quer-	stand	-	vorlings

9 BEZEICHNUNGEN NACH STRUKTUR-GRUPPEN

Vereinfacht formuliert gliedert sich eine Turnfertigkeit in eine Vorbereitungs-, Haupt- und Endphase. Die Hauptphase spiegelt die Kernbewegung einer Fertigkeit wider. Viele Turnfertigkeiten weisen in ihren Kernphasen biomechanische und bewegungsstrukturelle Gemeinsamkeiten auf. Das erkannte schon Fr. L. JAHN, als er seine Turnkunststücke bezeichnete und noch heute heißen – trotz neuerer Definitionen – viele Elemente, wie von JAHN bezeichnet.

Die Fertigkeiten mit auffallenden Gemeinsamkeiten werden in Gruppen gebündelt. Als übergeordneter Begriff für diese Zusammenfassungen wird die Bezeichnung *Strukturgruppe* gewählt. Die Einordnung der unzähligen Turnfertigkeiten ist nicht unproblematisch und richtet sich nach gewählten Definitionen. Die bekannteste Strukturierung erfolgte in der Fachliteratur nach Arbeiten von J. LEIRICH, K. RIELING u.a., die von 1962-1969 gemacht wurden.

In der Fachzeitschrift „Theorie und Praxis der Leibeserziehung" (Berlin-Ost) wurden in den nachfolgenden Jahren diese Ordnungen veröffentlicht. Die Zuordnungen, die sich über Anfangs- und Endlagen sowie über die relativen Bewegungen der Körpersegmente und die biomechanischen Grundlagen unterscheiden lassen, wurden nach folgenden acht Strukturgruppen vorgenommen: Rollbewegungen – Überschlagbewegungen – Felgbewegungen – Auf- und Umschwungbewegungen – Sprungbewegungen – Kippbewegungen – Stemmbewegungen – Beinschwungbewegungen.

Bis heute strukturieren zahlreiche Fachbuchautoren ihre Veröffentlichungen in Anlehnung an diese Gruppierung. Viele haben für ihre Überlegungen diese Strukturierung als Ausgangspunkt ihrer Diskussionen gewählt. Überarbeitete, modifizierte Strukturierungen wurden in den Jahren danach veröffentlicht. Die Zuordnung nach gleichen Merkmalen hat auf die Bezeichnungen im Gerätturnen großen Einfluss genommen. Nahezu jeder weiß heute, was unter einer Rolle, einem Überschlag oder einer Kippe zu verstehen ist. Strukturgruppen geben Fertigkeiten ihren „Familiennamen". Neben dem Erkennen, um welche Fertigkeit es sich handelt, können daraus zudem technische und methodische Überlegungen abgeleitet werden.

Neben statischen „Halten" (z.B. Standwaage) und Kraftteilen (Heben in den „Schweizer Handstand") können die Schwungfertigkeiten im Turnen zur Begründung von Begrifflichkeiten nach Gesichtspunkten wie Drehachsen (z.B. Umschwünge), Hauptaktionen in den großen Körpergelenken (z.B. Kippen) und des Gesamtkörpers (z.B. Sprung) gegliedert werden.

Gerätturnen bedeutet, sich vielfältig drehen. Eine Drehachse ist der „Dreh"-Punkt, um den ein Körper dreht. Ein Ordnungsmerkmal gibt für Definitionen die Art der Drehachse her:

Der Körper kann
- ... um eine feste Drehachse (z.B. Riesenfelge um die Reckstange),
- ... um kurzzeitig feste Drehachsen (z.B. bei Absprungbewegungen),
- ... um annähernd feste Drehachsen (Schultergürtel beim Stützschwingen),
- ... um eine mitpendelnde, feste Drehachse schaukeln (Sonderfall an den Ringen) und
- ... um momentane, sich ständig ändernde Drehachsen (Körper-Bodenkontakt bei Rollen).
- ... um freie Drehachsen (Körperschwerpunkt beim Salto) rotieren.
- Oft herrscht während der Bewegung auch ein Wechsel des Rotierens um verschiedene Drehachsentypen vor.

9.1 Fertigkeiten mit Rotation um *feste* Drehachsen an Hang- und Stützgeräten, z.T. auch Stützfertigkeiten am Boden und Balken

1. Aufschwünge
Aufschwungbewegungen sind Teilrotationen um eine horizontale (annähernd) feste Drehachse in vertikaler Ebene, wobei eine Höhendifferenz von unten nach oben überwunden wird.
Beispiel: (Hüft-) Aufschwung in den Stütz.

2. Abschwünge

Aufschwungbewegungen sind Teilrotationen um eine horizontale, (annähernd) feste Drehachse in vertikaler Ebene, wobei eine Höhendifferenz von oben nach unten abgeturnt wird.

Beispiel: Abschwung in den Hang.

3. Umschwünge

Umschwungbewegungen sind Ganzrotationen um 360° um eine horizontale, feste Drehachse in vertikaler Ebene, wobei die Endposition der Ausgangslage entspricht.

Beispiel: (Hüft-) Umschwung vorlings rückwärts.

Abb. 117

4. Felgen

Felgbewegungen sind rückwärts verlaufende Teilrotationen in vertikaler Ebene um horizontale, feste Drehachsen, die in Translation übergehen. Kennzeichnend ist eine damit verbundene Streckbewegung der großen Körperwinkel (Beinrumpf- und Armrumpfwinkel).

Beispiel: Felge in den Handstand (Abb. 117).

5. Stemmen

Stemmbewegungen sind Rotationen in vertikaler Ebene um horizontale, feste Gerätdrehachsen und annähernd feste Körperdrehachsen (Schultergürtel), die durch Beinschwungbewegungen (oder Beinabdruck) eingeleitet werden. Der Armrumpfwinkel wird mit Druck der gestreckten Arme auf die Stützstelle geschlossen (Aufstemmen). Die umgekehrte Bewegung kann als Abstemmen bezeichnet werden.

Abb. 118

Beispiele: Schwungstemme rückwärts am Barren, Aufstemmen am Stufenbarren (Abb. 118).

6. Kippen

Kippbewegungen sind Rotationen in vertikaler Ebene an horizontalen festen Drehachsen, wobei der Körper aus einer tiefen Hüftbeuge mit einer anschließenden schnellkräftigen Hüftstreckung und -fixierung (Impulsübertrag durch Ab-

bremsung der Beinschwungbewegung) und Stemmbewegung der
Arme (Verkleinerung des Armrumpfwinkels) aus einer niedrigen in eine
höhere Ausgangsposition gelangt.
Beispiele: Oberarmkippe, Liegehang-
kippe (Abb. 119).

Abb. 119

7. Schwungbewegungen

Schwungbewegungen sind Teilrotationen vor und rück um feste Drehachsen
(Stange/Holme), annähernd feste Drehachsen (Schultergürtel) und mitpendelnde feste Drehachsen (Ringe/Trapez) im Stütz oder Hang (einschl. Konterschwün-
ge im Langhang und Kreisschwünge am Pauschenpferd).
Beispiele: Vor- und Rückschwünge im Stütz am Barren, Reck und an den Ringen.

9.2 *Kurzfristige, momentane* und *freie* Drehachsen: Rollen, Überschläge und Sprung

1. Rollen

Rollbewegungen sind mit Translation verbundene Rotationen um momentane
Drehachsen, die zwischen einer Unterlage (Boden, Matte, Balken) und der kon-
vex gekrümmten Körperfläche gefunden werden. Im weitesten Sinne können
Rollen zu den Überschlägen gezählt werden.
Beispiel: Rolle vorwärts.

2. Handstützüberschläge

Handstützüberschlagbewegungen sind mit Translation verbundene Rotationen
des Körpers von 360° um kurzzeitig feste Drehachsen (Stütz) und freie Drehachsen (Körperschwerpunkt in den kurzen Flugphasen) um die Breiten- oder Tiefenachse in vertikaler Ebene.
Beispiel: Handstützüberschlag vorwärts.

3. Freie Überschläge/Salti

Stützlose Überschläge/Salti sind Rotationen mit 360° und mehr im Flug um freie
Drehachsen (Körperschwerpunkt) am Boden und an/von allen Geräten mit Rota-
tionen um eine oder mehrere Körperachsen.
Beispiele: Freier Überschlag gespreizt, Salto rückwärts.

Die Sprungbewegungen können zu der Gruppe der „kurzfristigen und freien Drehachsen in Kombination" gezählt werden. Diese sind jedoch durch den Zusatz „Sprung-" im Begriff besonders gekennzeichnet, um eindeutig eine Gerät- bzw. Ausführungszuordnung zu verdeutlichen.

4. Sprung
Es kann grundsätzlich bei den turnerischen Fertigkeiten in
a) Gymnastische Sprünge (siehe Balken, S. 176f.) und
b) Stützsprünge (an Sprunggeräten) unterschieden werden.

Stützsprungbewegungen sind rotatorische Bewegungen und durch eine Absprungbewegung mit Übergang in ein freies System und anschließende Handstützphase sowie eine weitere Flugphase gekennzeichnet. Kurzfristige und freie Drehachsen wechseln sich ab. Stützsprünge können einbeinig abgesprungen (Fechtersprünge) und beidbeinig erfolgen.
Bei den beidbeinigen Sprüngen kann unterschieden werden in
- Sprünge mit Mehrfachrotationen (vorwärts, rückwärts, seitwärts), ohne zu überschlagen (z.B. Sprunghockwende, vgl. S. 104f.).
- Sprünge mit Gegenrotation (vorwärts-rückwärts, z.B. Sprunghocke, vgl. S. 110f.) und
- Sprünge mit fortlaufender Rotation (z.B. Handstütz-Sprungüberschlag).

9.3 Kombinationen aus verschiedenen Strukturgruppen

Sind innerhalb einer Technik Merkmale aus mehr als einer der o.g. Strukturgruppen enthalten, so wird eine dementsprechende Zusammensetzung der Bezeichnung gebildet.
Beispiele: Kippe und Umschwung = Kippumschwung; Felge und Rolle = Felgrolle; Sprung und Rolle = Sprungrolle.

9.4 Nähere Bezeichnungen von Fertigkeiten gleicher Strukturgruppen durch Zusätze

Oft reicht der „Familienname" der Strukturgruppe nicht aus, so werden „Vornamen" zur besseren Unterscheidung gegeben.

Beispiele:
- Ein Element kann über die besondere Form des Stützes näher gekennzeichnet werden: *Sitz*umschwung – *Knie*umschwung – *Sohlen*umschwung – *Hüft*umschwung. Liegt der Körper beim Umschwung nicht am Gerät an, wird von einem *freien* Umschwung gesprochen. Oder: *Handstütz*überschlag – *Nacken*überschlag – *Kopf*überschlag – *Freier* Überschlag.

Eine weitere Möglichkeit zur zusätzlichen Bezeichnung, bietet das Hinzufügen der entsprechenden Körperhaltung: *Streck*salto – *Hock*salto – *Bück*salto – *Spreiz*salto.

Konventionelle Ausdrücke („Turnhallen-Gebrauchssprache"): Viele Turnelemente haben Bezeichnungen, die überliefert sind, bildlich die Bewegung ausdrücken oder nach dem Erstturner benannt wurden, um sich einen längeren, komplizierten Ausdruck zu ersparen.

Beispiele:
Mühlumschwung: Spreizumschwung.

Schwebekippe: Vorschwung im gewinkelten Hang und Kippe.

Wolkenschieber oder Kreuzkippe: Kippe rücklings vorwärts.

Mutsprung: Aus dem Fersensitz auf dem Kasten Abdruck zum Niedersprung vom Kasten.

Flick-Flack: Handstützüberschlag rückwärts.

Rad: Handstützüberschlag seitwärts gespreizt.

Menichelli (ital. Turner): Handstützüberschlag rückwärts gespreizt.

Gienger-Salto, Tkatchev, Yamashita ...

10 GRIFFARTEN AM GERÄT

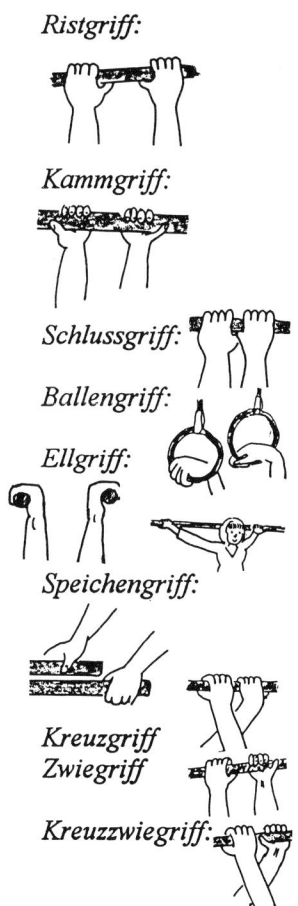

Ristgriff: Die Daumen zeigen zueinander. Der Handrücken zeigt
- in der Hochhalte nach hinten,
- in der Vorhalte nach oben,
- in der Tiefhalte nach vorne und
- in der Rückhalte nach unten.

Kammgriff: Die kleinen Finger zeigen zueinander. Der Handrücken zeigt
- in der Hochhalte nach vorne,
- in der Vorhalte nach unten,
- in der Tiefhalte nach hinten und
- in der Rückhalte nach oben.

Schlussgriff: Die Hände sind im Rist- oder Kammgriff so eng gefasst, dass sie sich berühren.

Ballengriff: Beim gewählten Griff liegen die Handballen auf dem Gerät (z.B. an den Ringen).

Ellgriff: Handrücken zeigen zueinander, die Ellen weisen in der Tiefhalte nach vorne und in der Rückhalte nach unten; die Ellen und kleinen Finger zeigen in der Rückhalte am Reck/Barrenholm zueinander. Es wird dabei am Reck/Barrenholm mit Kammgriff gefasst.

Speichengriff: Die Speichen zeigen
- in der Hochhalte nach hinten,
- in der Vorhalte nach hinten,
- in der Tiefhalte nach vorne und
- in der Rückhalte nach unten.

Kreuzgriff: Die Hände greifen im Rist- oder Kammgriff über Kreuz die Stange.

Zwiegriff: Jede Hand hat eine andere Griffart, eine Hand greift im Rist-, die andere im Kammgriff die Stange.

Kreuzwiegriff: Die Stange wird mit gekreuzten Armen gefasst, wobei jede Hand einen anderen Griff (Rist- und Kammgriff) hat.

Abb. 120

VI Kleine Gerätturnanatomie

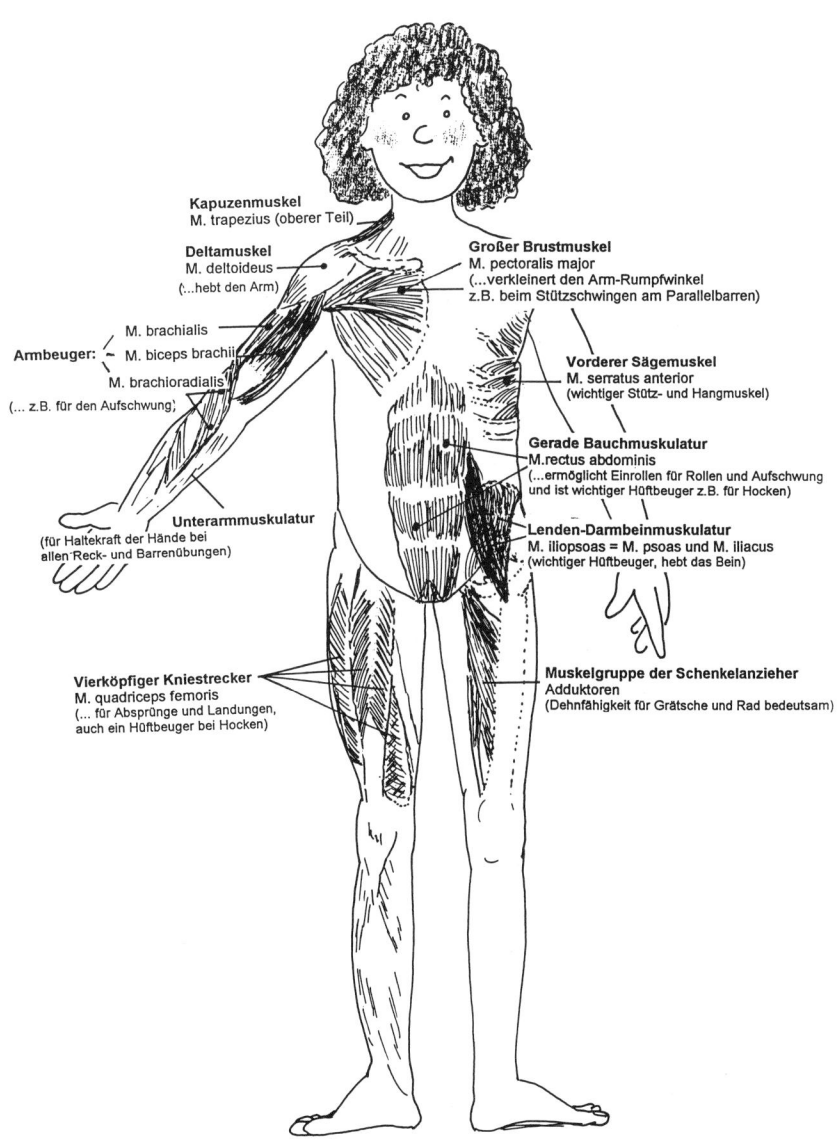

Kapuzenmuskel
M. trapezius (oberer Teil)

Deltamuskel
M. deltoideus
(...hebt den Arm)

M. brachialis

Armbeuger: M. biceps brachii
M. brachioradialis
(... z.B. für den Aufschwung)

Unterarmmuskulatur
(für Haltekraft der Hände bei
allen Reck- und Barrenübungen)

Großer Brustmuskel
M. pectoralis major
(...verkleinert den Arm-Rumpfwinkel
z.B. beim Stützschwingen am Parallelbarren)

Vorderer Sägemuskel
M. serratus anterior
(wichtiger Stütz- und Hangmuskel)

Gerade Bauchmuskulatur
M.rectus abdominis
(...ermöglicht Einrollen für Rollen und Aufschwung
und ist wichtiger Hüftbeuger z.B. für Hocken)

Lenden-Darmbeinmuskulatur
M. iliopsoas = M. psoas und M. iliacus
(wichtiger Hüftbeuger, hebt das Bein)

Vierköpfiger Kniestrecker
M. quadriceps femoris
(... für Absprünge und Landungen,
auch ein Hüftbeuger bei Hocken)

Muskelgruppe der Schenkelanzieher
Adduktoren
(Dehnfähigkeit für Grätsche und Rad bedeutsam)

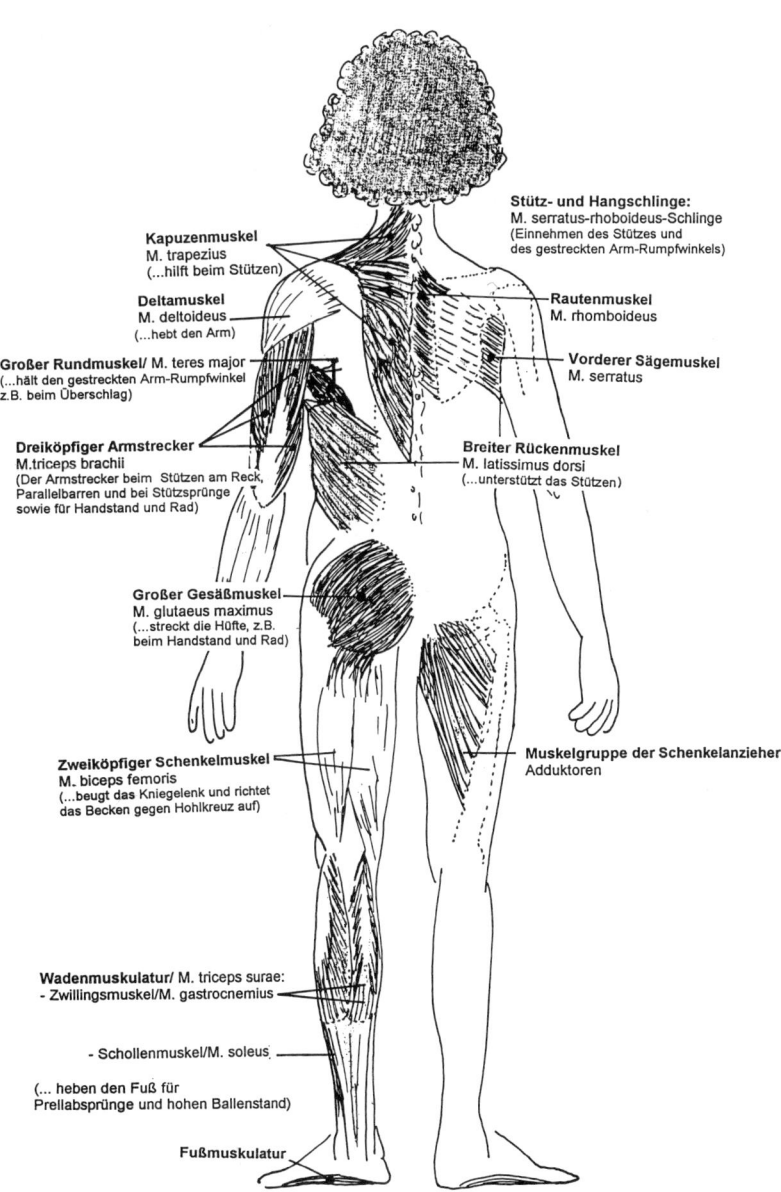

Kapuzenmuskel
M. trapezius
(...hilft beim Stützen)

Deltamuskel
M. deltoideus
(...hebt den Arm)

Großer Rundmuskel/ M. teres major
(...hält den gestreckten Arm-Rumpfwinkel
z.B. beim Überschlag)

Dreiköpfiger Armstrecker
M.triceps brachii
(Der Armstrecker beim Stützen am Reck,
Parallelbarren und bei Stützsprünge
sowie für Handstand und Rad)

Stütz- und Hangschlinge:
M. serratus-rhoboideus-Schlinge
(Einnehmen des Stützes und
des gestreckten Arm-Rumpfwinkels)

Rautenmuskel
M. rhomboideus

Vorderer Sägemuskel
M. serratus

Breiter Rückenmuskel
M. latissimus dorsi
(...unterstützt das Stützen)

Großer Gesäßmuskel
M. glutaeus maximus
(...streckt die Hüfte, z.B.
beim Handstand und Rad)

Zweiköpfiger Schenkelmuskel
M. biceps femoris
(...beugt das Kniegelenk und richtet
das Becken gegen Hohlkreuz auf)

Muskelgruppe der Schenkelanzieher
Adduktoren

Wadenmuskulatur/ M. triceps surae:
- Zwillingsmuskel/M. gastrocnemius

- Schollenmuskel/M. soleus

(... heben den Fuß für
Prellabsprünge und hohen Ballenstand)

Fußmuskulatur

VII Die Turnbibliothek

1 LITERATURHINWEISE ZU GRUNDLAGEN UND GRUNDFERTIGKEITEN

BAUMANN, H.: Turnen in Freizeit, Schule und Verein. BLV Verlagsgesellschaft, München/Wien/Zürich 1980.

BAUMANN, S.: Turnen. Sport in der Grundschule 1. Limpert Verlag, Bad Homburg 1983.

BERG, van den, Tj.: Turnen in Beeld, 4. überarb. Auflage, De Vrieseborch, Haarlem/Niederlande 1996.

BODDIEN, W. (Ltg. d. Autorenkollektiv): Gerätturnen in der Schule. Volk und Wissen, Volkseigener Verlag Berlin 1986.

BRUCKMANN, M. /DIECKERT, J. /HERMANN, Kl.: Gerätturnen für alle. Pohl-Verlag, Celle 1991.

BRUCKMANN, M:. Wir turnen miteinander. Fördergesellschaft des Schwäbischen Turnerbundes. Stuttgart 1990.

BUCHER, W.: 1008 Spiel- und Übungsformen im Gerätturnen. 6. Aufl. mit Lehrbeilage, 1983, Verlag Hofmann, Schorndorf.

BUNDESMINISTERIUM FÜR FAMILIE, SENIOREN, FRAUEN UND JUGEND UND DEUTSCHE SPORTJUGEND (Hrsg.): Neues Konzept Bundesjugendspiele. Frankfurt/M. 1998.

CURT, B./MEDLER, M./ RÄUPKE, R.: Erlebnisturnen (Bd. 17). Sportbuchverlag Corinna Medler, Flensburg 1998.

DANØ, Kl.: Redskabsgymnastik i skolen- springe-rulle-svinge, clausen bøger. Kopenhagen/ Dänemark 1983 (in Dänisch).

DEUTSCHER SPORTBUND (Hrsg.): Sportabzeichen-Treff, Arbeitsmappe, Arbeitshilfen und Anleitungen zur Theorie und Praxis – Breitensport. Heft 19. Frankfurt/M. 1998, S. 32 – 38.

DEUTSCHER TURNER-BUND (Hrsg): Handbuch Teil 7: Gerätturnen. Fördergesellschaft des DTB, Frankfurt/M. 1998.

DEUTSCHER TURNER-BUND (Hrsg.): Handbuch DTB: Teil 1 – Aufgabenbuch. Gerätturnen Männer, Wettkampfform A+B, überarbeitete Ausgabe 1997, Band 5, Frankfurt/M. 1997.

DEUTSCHER TURNER-BUND (Hrsg.): Handbuch DTB: Teil 1 – Aufgabenbuch. Gerätturnen Frauen, Wettkampfform A+B, überarbeitete Ausgabe 1997, Band 6, Frankfurt/M. 1997.

FIEBRANDT, K./ HEINY, H./ SPIES, P.: Rollen und Überschläge, Sport in der Primarstufe. Bd 4, Limpert Verlag, Frankfurt/M. 1975.

FRIES, A./SCHALL, R.: Kinder-Turnen: Die Geräte lernen uns kennen. Buchverlag Axel Fries, Mühlheim- Kärlich/Koblenz, 1998.

GANTOIS, J./SCHROVEN, W./ESSER, van, M.: Van kopstand tot kasamatsu – Handboek voor toestelturnen. Uitgeverij Acco, Leuven/amersfoort/ (België) 1984/1996.

GERLING, I.E.: „Spiel- oder Zielturnen?" In: Sport Praxis, 1989, Nr. 2, S.3-6.

GERLING, I.E.: Kinder turnen – Helfen und Sichern. Meyer & Meyer Sportverlag Aachen 1997.

GERLING, I.E./STEURI, R.: „Fundamentale Bewegungsformen im Gerätturnen". In: FÉDÉRATION INTERNATIONALE DE GYMNASTIQUE (Hrsg.): Handbuch Ausbildung zum Übungsleiter/zur Übungsleiterin/Allgemeines Turnen mit FIG-Zertifikat, FIG/Schweiz 1994, S. 23ff.

GUSEK, E. u.a.: Kinderturnen. Sportbuchverlag C.Medler, Neumünster 1991.

HÄUSLER, W. (Hrsg.): Turnen. Kallmeyer Verlag, Seelze-Velber 1993.

HERRMANN, Kl.: Elementare Formen des Boden- und Gerätturnens. Pohl Verlag, Celle 1977.

KATZ, I.: Bodenturnen für Anfänger – Jeder kann es. Wingate Institut für Körpererziehung und Sport, Maor publication. Tel Aviv, Israel 1989 (in Hebräisch).

KNIRSCH, K./MINNICH, M:. Gerätturnen mit Mädchen und Frauen. Knirsch-Verlag, Kirchentellinsfurt 1996.

LAGING, R:. Stundenblätter Turnen: Bewegungsgelegenheiten zum Erkunden-Lernen-Gestalten/5.-7. Schuljahr. E. Klett Verlag für Wissen und Bildung, Stuttgart 1990.

MAIER, W. /PETSCH, W.: Stundenbilder für vielseitiges Bewegen an Geräten. Bd. 3 der Schriftenreihe Stundenbilder für die einzelnen Sportarten. O.Verlagsangabe (Autoren sind Hrsg.).

MARTIN, D. (Red.): Handbuch – Vielseitige sportartübergreifende Grundausbildung – Trainingsmodelle für die Talentaufbaugruppe. Hessisches Institut für Bildungsplanung und Schulentwicklung (HIBS), Wiesbaden 1994.

MARTIN, K./BANTZ, H.: Vielseitigkeitsschulung für Kinder an Geräten. Schriftenr.z.Pr.d.L.u.d.Sports, Bd. 199, Hofman Verlag, Schorndorf 1992.

MEDLER, M. u.a.: Gerätturnen Teil 2. Ch. Medler Verlag, Neumünster 1988.

MEDLER, M./RÄUPKE, R.: Gerätturnen im 5./6. Schuljahr. Ch. Medler Verlag, Neumünster 1983.

MULVIHILL, D./DAY, D.: Skill Progressions: The „Show me Gymnastics" series. Book Numbers 1, 2 3 and 4. Linton Day Publishing Company Atlanta, Georgia (USA) 1990.

NOLTE, G.: Gerätturnen – Handbuch der Grundfertigkeiten. Limpert-Verlag, Bad Homburg 1980.

RIELING, K. (Ltg. d. Autorenkollektivs): Gerätübungen. Volk und Wissen, Volkseigener Verlag, Berlin 1973.

SCHEMBRI, G.: Instructory Gymnastics – a Guide for Coaches and Teachers. Australien Gymnastic Federation Inc. Sydney/Melbourne (Australien) 1983.

SCHEMBRI, G.: AUSSIE GYM FUN – A Resource for Schools and Clubs. Australien Gymnastic Federation Inc. Sydney/Melbourne (Australien) 1984/1991.

SÖLL, W.: „Vom Bildungswert des Gerätturnens." In: Sportunterricht 22, 1973 Heft 9, 301 – 305.

STEURI, R./STOCKER, R.: Geräteturnen. Schweizer Turnverband (Hrsg.) Aarau 1987.

2 LITERATURHINWEISE ZUR TURNGESCHICHTE

DECKER, W.: Sport und Spiel im Alten Ägypten. Verlag C.H. Beck, München 1987.

DECKER, W.: Sport in der griechischen Antike. Von minoischem Wettkampf bis zu den Olympischen Spielen. Verlag C.H. Beck, München 1995.

DIEM, C.: Weltgeschichte des Sports. Bd. I, Cotta Verlag, Stuttgart 1971.

GASCH, R:. Handbuch des gesamten Turnwesens und der verwandten Leibesübungen. Bd. I: A-N, Bd. II: D-Z. Verlag Pichlers, Wien und Leipzig 1928.

GÖHLER, J./SPIETH, R.: Geschichte der Turngeräte. Spieth (Hrsg.) Eßlingen/Neckar 1981.

GOETHE, J.-W.v.: „Wilhelm Meisters Lehrjahre". Zweites Buch, viertes Kapitel (Entwurf ab 1776-1786, Überarbeitung Berlin 1796/97). In: Düntzer, H. (Hrsg.): Goethes Werke, Deutsche Verlagsanstalt, Stuttgart und Leipzig 1898, S. 613f.

LUKAS, G.: Die Körperkultur in frühen Epochen der Menschheitsentwicklung. Sportverlag Berlin 1969.

NEUENDORF, E.: Geschichte der neueren deutschen Leibesübung vom Beginn des 18. Jahrhunderts bis zur Gegenwart in 4 Bänden. Limpert-Verlag, Dresden 1930-1932.

Ohne Angabe von Autoren: Leitfaden für das Mädchenturnen in den preußischen Schulen. Cotta'sche Buchhandlung, Berlin 1913/1916.

PAHNCKE, W.: Gerätturnen einst und jetzt. Sportverlag Berlin 1983.

SAURBIER, Br.: Geschichte der Leibesübung. Limpert Verlag, Frankfurt/M. 1972.

TUCCARRO, A.: Trois Dialogues. A Reproduction of the Copy in the British Library, Archival Facsimiles Limited, Alburgh 1987 (Erstausgabe in Paris 1599).

UEBERHORST, H.: Geschichte der Leibesübungen. Bd. 1 „Ursprungstheorien ..." Verlag Bartels & Wernitz, Berlin-München-Frankfurt/M. 1972. Bd. 3/1: Leibesübungen und Sport in Deutschland von den Anfängen bis zum Ersten Weltkrieg. Verlag Bartels & Wernitz, Berlin-München-Frankfurt/M. 1980.

WEILER, I.: Der Sport bei den Völkern der alten Welt. Wiss. Buchgesellschaft, Darmstadt 1981, S. 230.

ULF, Chr.: „Sport bei den Naturvölkern". In: Weiler, I.: Der Sport bei den Völkern der Alten Welt. Wiss. Buchgesellschaft, Darmstadt 1981, S.14-52.

VIII Bildnachweis

S. 14:
Abb. 1a: Brücke einer Akrobatin. Darstellung auf einer Scherbe, zwischen 1650-1070 v. Chr., Turin 7052. (aus: DECKER 1987)
Abb. 1b: Überschlag vor 3500 Jahren – Block der Hatschepsut, (Altägyptische Königin um 1490-68 v. Chr.), Karnak (aus: DECKER 1987)

S.16:
Abb. 4: aus: TUCCARRO,A.; Trois Dialogues. A Reproduction of the Copy in the British Library. Archival Facsimiles Limited, Alburgh 1987 (Erstausgabe in Paris 1599)

S. 19:
Abb. 5: aus: BÖTTCHER: Der Turnunterricht für die Volksschule (1861)

S. 20:
Abb. 6: Turnkleidung zu Beginn des 20. Jahrhunderts (aus: Jahrbuch für Volks- und Jugendspiele, Bd. 21, 1912, S. 65)

S. 188:
Foto: Karl-Heinz Friedrich

Alle übrigen Fotos und Grafiken: Ilona E. Gerling

ANHANG I

Handstützelemente Handstützüberschläge		Kombination	Rollbewegungen	
vorwärts	seitwärts	vorwärts/rückwärts	vorwärts	rückwärts
MÄNNLICH/WEIBLICH (12 m Mattenbahn)				
A1 * Anhocken zum Hockstand			* Rückenschaukel	* Rückenschaukel
A2 * Anhocken zum Hockstand * Scherhandstand			* Rolle vw	* Zurückrolle mit Handaufsatz neben dem Kopf
A3 * Scherhandstand			* Rolle vw mit weitem Handaufsatz	* Rolle rw i. d Grätschstand
A4 * Handstand	* Rad		* Sprungrolle	* Rolle rw i.d. Hockstand
WEIBLICH (12 m Mattenbahn oder 12 x 12 m Bodenfläche, mit Musik)				
A5	* Rad * Radwende	* Handstand- Abrollen	* Sprungrolle	* Rolle rw durch d. hohen Hockstütz
A6 * Handstand mit ½- Dreh.	* Rad links, Rad rechts * Radwende- Anhüpfer Rad	* Handstand- Abrollen * Rolle rw durch den Handstand		
MÄNNLICH (12 m Mattenbahn oder 12 x 12 m Bodenfläche)				
A5 siehe Kombination	* Rad * Radwende	* Handstand- Abrollen ◄─■	* Sprungrolle	* Rolle rw durch d. hohen Hockstütz
A6 * Handstand.	* Rad links, Rad rechts * Radwende- Streckspr. mit ½- Dreh.	* Handstand- Abrollen ◄─■ * Rolle rw durch den Handstand ◄──►	* Sprungrolle	* Rolle rw durch den Handstand

Anhang I:
Übersicht zu Kernelementen der Pflichtübungen A1-A6
männlich/weiblich am Boden. Teil I: Akrobatische Elemente.

ANHANG II

Halten und Wellen	Drehungen	Sprünge
MÄNNLICH/WEIBLICH (12 m Mattenbahn)		
A1	* ½-Längsachsendreh. i.d. Bauchlage	* Schlusssspr. am Ort
A2 * Kerze (flüchtig)	* ½-Längsachsendreh. i.d. Bauchlage	* Streckspr. aus Anlauf u. Abprellen
A3	* ½-Dreh. im Streckspr.	* Streckspr.mit ½-Dreh.
A4 * Standpose (frei gestaltet)	* ½-Dreh. im Streckspr.	* Streckspr. mit ½-Dreh. * Pferdchenspr., Scherspr.
WEIBLICH (12 m Mattenbahn oder 12 x12 m Bodenfläche, mit Musik)		
A5 * Ballenstand * Standwaage	* ½- u. $^1/_1$-Dreh. im Streckspr	* ½ Drehspr. * Streckspr. mit ½-bzw. $^1/_1$-Dreh. * Pferdchenspr.-Schrittspr.
A6 * Ballenstand * Standwaage	* ½- u. $^1/_1$-Dreh. im Streckspr	* Streckspr.mit Seitgrätschen * Streckspr. mit ½- bzw. $^1/_1$-Dreh. * 2x Schrittspr.- ½-Drehspr.
MÄNNLICH (12 m Mattenbahn oder 12 x 12 m Bodenfläche)		
A5 * Standwaage	* ½ Dreh. im Streckspr.	* Streckspr. * Streckspr. mit ½ Dreh. * Streckspr. mit Seitgrätschen
A6	* ½ Dreh. im Streckspr.	* Streckspr. mit $^1/_1$ Dreh. * Streckspr. mit Seitgrätschen * ½ Drehspr. mit Vorspreizen eines Beines, beidbeinige Landung

Anhang II:
Übersicht zu Kernelementen der Pflichtübungen A1-A6 männlich/weiblich
am Boden. Teil II: Gymnastische Elemente.

ANHANG III

Stützsprung mit Rotationswechsel vorwärts-(seitwärts)-rückwärts	Stützsprünge mit Gegenrotation vorwärts-rückwärts		Stützsprünge mit fortlaufender Rotation vorwärts: Überschläge
Sprungwende	Sprunghocke	Sprunggrätsche	Handstütz-Sprungüberschlag
MÄNNLICH/WEIBLICH			
A1	Aufhocken, Aufrichten, Vorlaufen, Strecksprung (Kasten lang, 3-teilig/0,70 m)		
A2 Hockwende in den Querstand (Kasten seit, 4-teilig/1,00 m)	oder Aufhocken und sofort Strecksprung (Kasten seit, 3-teilig/0,70 m)		
A3		Sprunggrätsche (Bock seit, Höhe 1,00m)	
A4	Sprunghocke (Bock seit, Höhe 1,00 m)		
WEIBLICH			
A5	Sprunghocke (Kasten/Pferd seit, Höhe 1,10 m)	oder: Sprunggrätsche (Kasten/Pferd seit, Höhe 1,10 m)	
A6	Sprunghocke (Kasten/Pferd seit, Höhe 1,20 m)	oder: Sprunggrätsche (Kasten/Pferd seit, Höhe 1,20 m)	
MÄNNLICH			
A5	oder: Sprunghocke (Pferd lang, Höhe 1,20 m)		Handstütz-Sprungüberschlag gestreckt (Kasten/Pferd lang Höhe 1,10 m)
A6			Handstütz-Sprungüberschlag gestreckt (Pferd lang, Höhe 1,10 m)

Anhang III:
Übersicht zu Pflicht- und Alternativsprünge A1-A6 männlich/weiblich

ANHANG IV

(Hüft-) Abzug (Hüft-) Umschwung (vorlings) _vorwärts_	Überdrehen rw/ (Hüft-) Aufschwung (Hüft-) Aufzug (Hüft-) Umschwung vorlings _rückwärts_	Stützelemente Beinschwung-elemente	Hangschwung-elemente, (Felg-) Unterschwünge	Kipp-bewegungen _vorlings_ vorwärts
MÄNNLICH/WEIBLICH				
A1 * Abzug vw		* Sprung i.d. Stütz		
A2 * Abzug vw	* Überdrehen rw i.d. Hangstand	* Sprung i.d. Stütz * Vor- u. Rückschw. (nachfolgend nicht mehr genannt)		
A3	*Aufschwung	* Rückschw. i.d. freien Stütz	* Unterschw. mit Schwungbeineinsatz	
A4	* Aufzug * Umschwung vl rw	* Rückschw. i.d. freien Stütz	* Unterschw.aus der Schlussstellung	
WEIBLICH (ab A6 Stufenbarren)				
A5 * Spreizumschw. vw	* Aufzug * Umschw. vl rw	* Stütz, ½-Dreh. mit Rückspreizen	* Unterschw. aus dem Stütz	
A6 * Spreizumschw. vw	* Umschw. vl rw am _oberen_ Holm	* Sprung i. d. freien Stütz * Durchhocken mit einem Bein * Stütz, ½-Dreh. Aufhocken	* Unterschw. aus dem Stütz oder * Aufgrätschen zum Sohlunterschw.	
MÄNNLICH (ab A6 Hochreck)				
A5	* Umschwung vl _rw_		* Unterschw. a. d. Stütz	* Lauf- oder Schwebekippe
A6	* Umschwung vl _rw_		* Schwungholen im Kammgriff * Umspringen i.d. Ristgriff * Unterschw. a. d. Stütz mit ½-Dreh.	* Langhangkippe

Anhang IV:
Übersicht zu Kernelementen der Pflichtübungen A1-A6 männlich/weiblich
am Stützreck, Stufenbarren und Hochreck

ANHANG V

	Stütz(schwung) elemente (einschl. Abgänge)	Rollbewegungen	Hangelemente Kippbewegungen (1x Felgunterschwung)	Stemm-bewegungen vorwärts
MÄNNLICH/WEIBLICH (für beide alternativ statt Schwebebank/-balken)				
Holmenhöhe: Im Stand über Hüfthöhe (Ausgleich mit Matten)				
A1	* Sprung i.d.Stütz * Vor- und Rückschw.			
Holmenhöhe: brusthoch				
A2	* Sprung i.d.Stütz * Vor- und Rückschw. *(bis in A9 vorkommend)* * Kehre zum Außenquerstand			
A3	* Sprung i.d.Stütz * Vorschwung mit Grätschen und Schließen der Beine * Rückschwung, Aufhocken der Beine * *Wende* i.d. Außenquerstand			
A4	* Sprung i.d. Stütz mit Zwiegriff, Drehwende i.d. Innenquerstütz * Vorschwung i.d. Grätschsitz * *Kehre mit ¼-Dreh.* i.d. Außenseitstand vorlings	* Rolle vw i.d. Grätschsitz		
MÄNNLICH				
Holmenhöhe: über kopfhoch				
A5	* Vorschwung i.d. flüchtigen Grätschsitz, Abfedern u. Rückschwung * Hohe Wende i.d. Außenquerstand	* Rolle vw i.d. Grätschsitz	* Kippe i.d. Grätschsitz a. d. *Strecksturzhang*	
A6	* Sprung i.d. Oberarmhang = Oberarmstütz * *Heben* i.d. Oberamstand * *Wendekehre* (Wende rechts mit ½-Dreh. rechts o.umgek.) i.d. Außenquerstand	* Abrollen vw aus dem *Oberarmstand*	* *Oberarm*kippe aus dem Vorschwung u. Rücksenken i.d. Oberamkipplage i.d. Grätschsitz	* Schwung-stemme vw i.d.Grätsch-sitz

Anhang V:
Übersicht zu Kernelementen der Pflichtübungen A1-A6
männlich (weiblich) am Parallelbarren

ANHANG VI

Aufgänge	Gymnastische Elemente:			Akrobatische	Abgänge
	Drehungen	Halten	Sprünge	Elemente	
WEIBLICH/ MÄNNLICH (beide alternativ möglich zu Parallelbarren)					
Schwebebank (breite Seite)					
A1 * Aufsteigen	* ½-Drehung	* Ballenstand			* Strecksprung
Schwebebank (schmale Seite)					
A2 * Aufsteigen mit Rückspreizen	* ½-Drehung * ½-Drehung im Hockstand	* Ballenstand	* Strecksprung		* Strecksprung mit Seitgrätschen
Schwebebalken (Höhe 0,80m)					
A3 * Überspreizen mit ½ Dreh. z. Grätschsitz	* ½-Drehung * ½-Drehung im Hockstand	* Schwebesitz	* Strecksprung * Nachstell-schritt		* Strecksprung mit Anhocken
A4 * Hockwende auf den Balken	* ½-Drehung	* Schwebesitz	* Streckspr. mit Beinwechsel * Spreizsprung * Pferdchenspr.		* Grätschwinkel-sprung
WEIBLICH					
Schwebebalken (Höhe 1,00 m)					
A5 * Aufhocken mit 1 oder 2 Beinen	* ½-Drehung, Schritt rw, ½ Drehung	* Standwaage *Ballenstand, einbeinig *Schwebesitz	* Spreizsprung * Pferdchenspr.		* Radwende
A6 * Durchhocken zum Spreizsitz	* ½-Drehung, Schritt rw, ½-Drehung * einbeinige ½-Drehung * ½-Drehung aus dem Hockstand in den Ballenstand	* Standwaage * Schwebesitz	* Pferdchenspr. * Spreizsprung	* Handstand (flüchtig)	* Radwende

Anhang VI:
Übersicht zu Kernelementen der Pflichtübungen A1-A6 weiblich (männlich) an der Schwebebank/ am Schwebebalken

 ist die anspruchsvolle, attraktive Fachzeitschrift des Deutschen Turner-Bundes für engagierte ÜbungsleiterInnen, TurnerInnen, Freizeit- und BreitensportlerInnen.

Was bietet  ?

- Praxisorientierte Beiträge zum Freizeit- und Gesundheitssport,
- Anregungen für die Übungsstunden mit Kindern, Älteren, etc.,
- Neuigkeiten über die fachliche Arbeit des Deutschen Turner-Bundes,
- Berichte über Aktivitäten im Verein,
- Preiswerte Fortbildungsmöglichkeiten für alle ÜbungsleiterInnen.

Im Jahres-Abonnement beziehen Sie sechs Ausgaben zum Preis von DM 34,- inkl. Porto, Einzelhefte kosten DM 6,50.

Deutsches Turnen ist die Verbandszeitschrift des Deutschen Turner-Bundes (DTB). Sie befaßt sich mit den Inhalten der Verbandsarbeit des Deutschen Turner-Bundes und seiner Mitglieder und ist das „amtliche Organ" des DTB.

Was bietet **Deutsches Turnen**?

- Darstellung der Verbandsaktivitäten aus den Bereichen Verbandsführung, Sport, Allgemeines Turnen, Jugend,
- Programmatische Themen zur Verbandspolitik des DTB und der DTJ,
- Forum für sport- und gesellschaftspolitische Themen,
- Forum für Aktivitäten aus den Landesturnverbänden und Turnkreisen,
- Präsentation von Projekten und Programmen mit Partnern des DTB,
- Vereinsservice.

Im Jahres-Abonnement beziehen Sie zwölf Ausgaben zum Preis von DM 58,80 inkl. Porto.

MEYER & MEYER • DER SPORTVERLAG

390 · D-52080 Aachen · Hotline: 0 180 / 5 10 11 15 (0,24 DM/min)
3 10 10 · www.meyer-meyer-sports.com · verlag@meyer-meyer-sports.com

o Sport Spaß macht

Zur DTB-Schriftenreihe „Wo Sport Spaß macht"

Seit Anfang 1996 gibt der Deutsche Turner-Bund im Meyer & Meyer Sportverlag die Schriftenreihe „Wo Sport Spaß macht" heraus. Das Motto ist gleichzeitig Programm, denn allen Büchern dieser Reihe ist gemeinsam, dass sie aktuelle Trends und bewährte Angebote unter neuesten wissenschaftlichen Erkenntnissen flott „'rüberbringen" sollen.

Mindestens sechs neue Titel erscheinen jährlich in der Schriftenreihe. Kompetent und praxisnah werden die aktuellen Trends und Entwicklungen im Sport für die Vereinspraxis aufbereitet. Die Themenpalette reicht dabei vom bewährten Kinderturnen über alle Formen von Gymnastik und Aerobic sowie Fitness- und Gesundheitssport für jede Altersstufe bis hin zum Sport mit Älteren „50 Plus".

Mit der Schriftenreihe „Wo Sport Spaß macht" bietet der DTB als Verband für Turnen und Gymnastik einen weiteren Baustein seiner Dienstleistung für die Übungsleiterinnen und Übungsleiter in den Vereinen. Die Schriftenreihe stellt eine sinnvolle Ergänzung des bundesweit flächendeckenden Aus- und Fortbildungssystems im DTB und seinen Landesturnverbänden dar.

Weitere Informationen zum aktuellen Programm der Aus- und Fortbildung sind zu erfragen beim zuständigen Landesturnverband sowie zentral in der DTB-Geschäftsstelle, Otto-Fleck-Schneise 8 in Frankfurt/Main (Tel.: 069 / 67801-0).

Der DTB bietet darüber hinaus weitere Materialien zum Turnen, zur Gymnastik und Aerobic an: Musik-Kassetten und -CDs, Handbücher, Kleingeräte, Sportbekleidung etc. Fordern Sie unverbindlich den aktuellen Katalog an bei der DTB-Fördergesellschaft, Otto-Fleck-Schneise 10a, 60528 Frankfurt/Main (Tel.: 069 / 67801138).

MEYER & MEYER • DER SPORTVERLAG

Von-Coels-Str. 390 · D-52080 Aachen · Hotline: 0 180 / 5 10 11 15 (0,24 DM/min)
Fax 02 41 / 9 58 10 10 · www.meyer-meyer-sports.com · verlag@meyer-meyer-sports.com

Katrin Engel
**Fitnesstraining
mit dem Physiotape®**

128 S., 100 Fotos,
10 Tab., 10 Zeichn.,
Broschur, 14,8x21 cm
**ISBN 3-89124-457-6
DM 24,80/
Sfr 23,-/ÖS 181,-**

Engel-Korus/Haberlandt
**Fitnesstraining durch
Bewegung**
184 Seiten, 234 Fotos,
10 Grafiken, 25 Tab.,
10 Zeichn., Broschur,
14,8 x 21 cm
**ISBN 3-89124-384-7
DM 29,80/
Sfr 27,70/ÖS 218,-**

Christiana Rosenberg
**Fitnesstraining –
aktiv und entspannt**

152 S., inkl. Musik-CD
geb., 14,8 x 21 cm
**ISBN 3-89124-678-1
DM 49,80/
Sfr 46,30/ÖS 364,-**

Dieter Koschel
Allround Fitness

120 Seiten,
25 Fotos, Abbildungen
Broschur, 14,8 x 21 cm
**ISBN 3-89124-417-7
DM 24,80/
Sfr 23,-/ÖS 181,-**

Gudrun Paul u.a.
Aerobic-Training

168 S., 126 Fotos,
20 Zeichn., 4 Tabellen
Broschur, 2. Aufl.,
14,8 x 21 cm
**ISBN 3-89124-355-3
DM 29,80/
Sfr 27,70/ÖS 218,-**

Pahmeier/
Niederbäumer
Step-Aerobic

144 S., Tab., Fotos
und Graf., Broschur,
14,8 x 21 cm
**ISBN 3-89124-354-5
DM 29,80/
Sfr 27,70/ÖS 218,-**

Jordan/Graeber/
Schmidt
Fitball-Aerobic

176 Seiten, 160 Fotos,
12 Abb.
Broschur, 14,8 x 21 cm
**ISBN 3-89124-413-4
DM 29,80/
Sfr 27,70/ÖS 218,-**

Remuta/Stengl/
Daubner/Walter
**Aerobic als
Wettkampfsport**

216 S., 116 Fotos,
Broschur, 14,8 x 21 cm
**ISBN 3-89124-582-3
DM 29,80/
Sfr 27,70/ÖS 218,-**

Klaus Herrmann u.a.
**Power-Man
Fitness für Männer**

136 S., 91 Fotos,
Broschur, 14,8 x 21 cm
**ISBN 3-89124-520-3
DM 24,80/
Sfr 23,-/ÖS 181,-**

Bettina M. Jasper
Brainfitness

146 Seiten, 25 Fotos,
25 Abb., Zeichn.
Broschur, 14,8 x 21 cm
**ISBN 3-89124-458-4
DM 29,80/
Sfr 27,70/ÖS 218,-**

Henner Böttcher
Rope Skipping

136 Seiten,
12 Fotos, Grafiken
Broschur, 14,8 x 21 cm
**ISBN 3-89124-382-0
DM 24,80/
Sfr 23,-/ÖS 181,-**

Bös/Renzland
**Fitness und Fun für
Eltern und Kinder**

184 S., 75 Fotos u. Abb
Broschur, 14,8 x 21 cm
**ISBN 3-89124-496-7
DM 29,80/
Sfr 27,70/ÖS 218,-**

MEYER & MEYER • DER SPORTVERLAG

Von-Coels-Str. 390 · D-52080 Aachen · Hotline 0 180 / 5 10 11 15* · Fax 02 41 / 9 58 10 10

Loschel/Brinkmann
**Spiel – Spaß – Sport
für Kinder**

104 S., Abb., Tab., Fotos
Broschur, 14,8 x 21 cm
ISBN 3-89124-416-9
DM 24,80/
Sfr 23,-/ÖS 181,-

Nils Neuber
**Kreative
Bewegungserziehung –
Bewegungstheater**

208 S., 80 Fotos, Abb., Tab.
Broschur, 14,8 x 21 cm
ISBN 3-89124-595-5
DM 29,80/
Sfr 27,70/ÖS 218,-

Ilona E. Gerling
**Kinder turnen
Helfen und Sichern**

224 S., Fotos und Zeichn.,
Broschur, 14,8 x 21 cm
ISBN 3-89124-385-5
DM 29,80/
Sfr 27,70/ÖS 218,-

Wilhelm Kelber-Bretz
Kinder machen Zirkus

168 S., 80 Fotos, Broschur,
14,8 x 21 cm
ISBN 3-89124-594-7
DM 29,80/
Sfr 27,70/ÖS 218,-

Jürgen Schmidt-Sinns
Freies Turnen am Trapez

169 S., 70 Fotos, 10 Skizzen
Broschur, 14,8 x 21 cm
ISBN 3-89124-596-3
DM 29,80/
Sfr 27,70/ÖS 218,-

Gisela Stein
Kinder und Eltern turnen

192 S., 50 Geräte-Aufbau-
Zeichn., 35 Illustr., Liedtexte
Broschur, 14,8 x 21 cm
ISBN 3-89124-414-2
DM 29,80/
Sfr 27,70/ÖS 218,-

Bernd Müller
**Spaß für alle durch
Kleine Ballspiele**

160 S., 75 Grafiken,
Broschur, 14,8 x 21 cm
ISBN 3-89124-486-X
DM 29,80/
Sfr 27,70/ÖS 218,-

Bernd Müller
**Spaß für alle durch
Kleine Ballspiele**
Band 2
184 S., 122 Zeichn., Tab., Graf.,
Broschur, 14,8 x 21 cm
ISBN 3-89124-487-8
DM 29,80/
Sfr 27,70/ÖS 218,-

Christlieb/Meyer/Keuning
**Trampolin - Schwerelosigkeit
leicht gemacht**

232 S., 80 Fotos, Tab.,
Broschur, 14,8 x 21 cm
ISBN 3-89124-510-6
DM 29,80/
Sfr 27,70/ÖS 218,-

MEYER & MEYER • DER SPORTVERLAG

von-Coels-Str. 390 · D-52080 Aachen · Hotline: 0 180 / 5 10 11 15* · Fax 02 41 / 9 58 10 10

Beck/Brieske-Maiberger
**Methodik zur Gymnastik
mit Handgeräten**

300 S., 300 Fotos,
Broschur, 14,8 x 21 cm
**ISBN 3-89124-526-2
DM 29,80/
Sfr 27,70/ÖS 218,-**

Meusel/Wiegand
**Gymnastik-Puzzle mit
alten und neuen
Handgeräten**

200 S., 90 Fotos, Zeichn.,
Broschur, 14,8 x 21 cm
**ISBN 3-89124-502-5
DM 29,80/
Sfr 27,70/ÖS 218,-**

Ulla Häfelinger
**Gymnastik für den
Beckenboden**

120 S., 93 Fotos, Broschur,
14,8 x 21 cm
**ISBN 3-89124-538-6
DM 29,80/
Sfr 27,70/ÖS 218,-**

Violetta Schuba
Aktiv kontra Cellulite

152 S., 70 Fotos, Grafiken
Broschur, 14,8 x 21 cm
**ISBN 3-89124-539-4
DM 24,80/
Sfr 23,-/ÖS 181,-**

Paul/Schuba
Aktiv kontra Osteoporose

136 S., 100 Fotos,
5 Tab., 25 Graf.
Broschur, 14,8 x 21 cm
**ISBN 3-89124-459-2
DM 24,80/
Sfr 23,-/ÖS 181,-**

Marianne Eisenburger
**Aktivieren und Bewegen
von älteren Menschen**

144 S., 34 Fotos, Broschur,
14,8 x 21 cm
**ISBN 3-89124-518-1
DM 24,80/
Sfr 23,-/ÖS 181,-**

Bärbel Schöttler
Bewegungsspiele 50plus

160 S., Fotos,
Broschur, 14,8 x 21 cm
**ISBN 3-89124-504-1
DM 29,80/
Sfr 27,70/ÖS 218,-**

MEYER & MEYER • DER SPORTVERLAG
E-Mail: verlag@meyer-meyer-sports.com • http://www.meyer-meyer-sports.com
Unsere Bestellhotline: 0180 / 5 10 11 15 *(0,24 DM/min)